2022年度广东省教育科学规划课题党建研究专项（2022JKZX019）成果
2023年广东省教育厅新师范建设助推基础教育高质量发展研究与实践
项目"促进中小学教师专业发展的校本研修案例研究"成果

校本研修的广东模式

XIAOBEN YANXIU DE
GUANGDONG MOSHI

谈心　龚孝华　主编

中山大学出版社
SUN YAT-SEN UNIVERSITY PRESS

·广州·

图书在版编目（CIP）数据

校本研修的广东模式/谈心，龚孝华主编. —广州：中山大学出版社，2023.10

ISBN 978 - 7 - 306 - 07836 - 0

Ⅰ.①校…　Ⅱ.①谈…②龚…　Ⅲ.①中小学—教学研究　Ⅳ.①G632.0

中国国家版本馆 CIP 数据核字（2023）第 114894 号

出　版　人：王天琪
策划编辑：张　蕊
责任编辑：周明恩
封面设计：曾　斌
责任校对：凌巧桢
责任技编：靳晓红
出版发行：中山大学出版社
电　　话：编辑部 020 - 84110771，84113349，84111997，84110779
　　　　　发行部 020 - 84111998，84111981，84111160
地　　址：广州市新港西路 135 号
邮　　编：510275　　传　真：020 - 84036565
网　　址：http://www.zsup.com.cn　E-mail：zdcbs@mail.sysu.edu.cn
印　刷　者：广州市友盛彩印有限公司
规　　格：787mm×1092mm　1/16　21 印张　410 千字
版次印次：2023 年 10 月第 1 版　2023 年 10 月第 1 次印刷
定　　价：58.00 元

编 委 会

主　编：谈　心　龚孝华

副主编：左　岚

编　委：（按姓氏笔画排序）

万　飞　马锐雄　王　翔　尹祖荣　孔　虹

孔文东　叶丽琳　冯家传　全汉炎　刘　凌

吴冬梅　何　勇　张锦庭　陈圣德　陈志斌

林景飞　罗来金　周　洁　郑建忠　柳中平

姜　楠　聂　莲　黄　岱　彭　娅　裘志坚

蔡晓冰　蔡敏胜　谭根林

序言：促进学校变革的校本研修模式创新

——基于美国康涅狄格州学校校本研修的观察

龚孝华

校本研修是中小学校引领教师实现专业成长，促进自身实现更优发展的最为重要及有效的途径之一。学校如何建构、实施促进自身发展和变革的校本研修模式，是当下一个值得关注的问题。2019 年 12 月，笔者参加了为期三周的广东省赴美教师培训者研修高级研究班，实地考察了美国康涅狄格州（以下简称"康州"）12 所中小学的校本研修，发现康州学校建立的以学校发展目标为导向、以学校变革为重点、以"组织学习、教练指导、专业评价"为动力的校本研修模式，对我国中小学校的校本研修模式创新具有一定借鉴意义。

一、集中研修："组织学习 + 共同建构"，构建学校变革行动计划

按照康州教育局的规定，康州中小学校的校本研修方式分为集中研修和过程研修两种。集中研修通常在每学期开学前集中 3—4 天进行，以学校变革为重点，通过共同学习建构学校变革行动方案，呈现"一校一案"。过程研修通常在学期中每周安排一个下午分学科进行，以落实学校变革行动方案为重点，通过学科指导，提升教师变革实践的能力，实现"一科一策"。现以康州韦斯顿高中（Weston High School）为例，详述集中研修和过程研修的模式创新之处。

作为全美最高水平的高中之一，韦斯顿高中的办学目标是致力于为学生提供一个充满挑战的成长环境，激发学生成为富有创新精神的思考者、具有创造力的问题解决者，以及启发学生做好为社会、为全球做贡献的准备。若想实现这一目标，学校需要以高品质的教学满足学生多样化的学习需求，同时通过系统化的社会情感教育，引导学生不断进步，以更好地应对高中和大学的挑战。

为此，学校引入差异化教学改革，以满足学生多样化的发展需求。韦斯顿高中的集中研修以差异化教学改革为重点，按照"组织学习 + 共同建构"的模式推进。学校组织全体教师按章节学习汤姆林森（Carol Ann Tomlinson）的

《差异化教学法》，在明确差异化教学意义和内涵的基础上，进行差异化教学的跨学科对话，研究学科差异化教学目标和教学策略，制订差异化教学行动计划（《2019—2020年行动计划》）。

集中研修采取的"组织学习＋共同建构"模式，实现了校本研修由"专家讲座"到"组织学习"、由"知识学习"到"共同建构"的转变。这一转变使学校变革目标从"喊在嘴上，贴在墙上"的一句标语转变为共同行动方案，更重要的是激发了学校变革主体——教师们的意愿，凝聚了学校变革的力量，形成了学校变革的统一行动。

二、过程研修："教练指导＋分科推进"，落实学校变革行动方案

过程研修分学科进行，是指各学科教师在学术教练的指导下，根据学校差异化教学改革行动计划中提出的学科教学目标和策略，推进各个学科（数学、英语、科学等）的差异化教学改革。过程研修致力于引导各学科教师研究学科教学改革中出现的问题，分析学生差异化数据，创建差异化教学资源，生成新的实施策略，进一步落实差异化教学变革行动计划。

过程研修的主体力量不是外请的专家，而是校内各学科的学术教练。担任学术教练的一般是本校资格较老、学术上有威望的教师，同时必须参加过康州教育局组织的相关研修，并取得学术教练资格证书。有些学术教练是专职的，有些学术教练会承担一些课程教学任务。学术教练类似于我国的教研组长，职能又稍有不同，其主要职责是帮助本学科教师进行专题研修，在专业发展和日常教学两个层面指导本学科教师；具体内容包括指导学科教师设计教学计划、提升和保障教学质量、协调学科教学与学校领导层之间的关系等。

学科不同，其学科变革目标和变革策略就不同，这样就形成了"一科一策"。韦斯顿高中的数学和音乐学科的具体变革目标与策略见表1、表2。

表1　数学学科的变革目标与策略

目标	策略、方案
目标1：为学生提供在情景中学习数学的机会，聚焦数学学科相关素养的培养，如批判性思维、解决问题、沟通和协作的能力等	（1）运用研究性方法教授新概念，促进批判性思维的形成和学生主导学习的实现 （2）通过计划、沟通和协作，解决课程分层问题 （3）采用不太"传统"的方式评估学生的思维方式和对概念的理解

（续上表）

目标	策略、方案
目标2：将技术资源无缝融入课程	（1）利用 UTexas、Desmos、Quizlet、Kahoot 等应用软件和平台，促进协作工作以及对内容的深入理解 （2）使用教师创建的以及已有的视频课程来介绍和强化概念 （3）创建视频课程库，便于组织和使用 （4）进一步探讨 Canvas 学习管理平台的应用

表2　音乐学科的变革目标和策略

目标	策略、方案
目标1：成功开发并重新引进 AP 音乐理论课程，为学生提供支持	（1）以新的课程结构和要求教授 AP 音乐理论课程（2019年夏） （2）在夏季和全年开发新课程，并在学习创新中心的支持下实施 （3）继续提供小组学习课程，以支持学生的学习
目标2：通过表演培养学生的音乐素养	（1）为合奏选定的曲目制订学习计划，为学生提供深度学习机会 （2）选择适合的教学方式，包括差异化教学以及以学生为中心的学习等
目标3：继续为所有学生提供学习音乐和发展感兴趣技能的机会	（1）提供各种表演和非表演课程，允许不同的方法和教学 （2）继续研究学生的兴趣，提升差异化教学效率

　　过程研修通过"教练指导 + 分科推进"的模式，使校本研修实现了由"外请专家指点"向"学术教练引领"、由"学科知识讲座"向"学科教学指导"的重要转变，解决了外请专家难以解决学校学科教学实际问题、难以持续指导学科教学等难题。更为重要的是，这样的方式最大化发挥了校内优秀教师的专业引领作用，持续提升了教师的实践变革能力，使学校教师实现了基于学校场域的专业成长。同时，研修和认证学术教练，成为政府和校外研修机构支持学校校本研修的重要途径，这也实现了校外研修与校本研修的有机衔接。

三、教师评价："标准对接+持续推进"，助力学校变革目标的实现

康州的教师评价制度，把教师评价与学校变革和教师研修结合起来，通过教师评价，促进每一位教师对学校变革的理解和行动，了解每一位教师的行动效果及其面临问题的相关信息。这不仅能够促进本年度学校变革目标的实现，也能提高本年度学校校本研修的有效性，同时也为下一年度学校变革和校本研修的重点提供依据。

（一）以州立教师评价标准评价教师和学校变革

康州的教师评价标准既评价了学校教育教学变革的过程，也评价了学校教育教学变革的结果，实现了教师评价与学校变革行动的全面对接。教师评价活动由学区评价委员会组织实施，评价者为学区主管人员、学校负责人、优秀教师代表等，是每一位教师都必须参加的年度评价活动。

康州的教师评价主要考查学生发展与进步、学校办学目标、教师表现与课堂教学、家长问卷调查与反馈等4个方面。学生发展与进步占比45%，包括以标准化考试分数为依据的学生考试成绩，以及以学生自主学习和过程学习档案为依据的综合表现，如预习、出勤、课堂讨论、作业等。学校办学目标占比5%，主要聚焦学校办学目标的实现程度，学校办学目标的实现程度与每一位教师评价得分挂钩，是学校得分也是每一位教师的得分。教师表现与课堂教学占比40%，这一项内容包括对课堂环境、学生参与和学习投入，主动学习规划，主动学习指导，专业责任与教师领导等4个方面的评价，通常通过正式、非正式的课堂观察进行。家长问卷调查与反馈占比10%，每年春季评价者会对家长开展一次问卷调查，一般包含20个左右的调查题目，调查重点是学生家长对每一位教师教学和管理的满意度。

（二）以有效教学通用核心评价准则指导教师改进

康州的教师评价过程，既是专业考核过程，也是指导和研修过程。以康州2017年有效教学通用核心（The Connecticut Common Core of Teaching）评价准则（以下简称"CCT评价准则"）为例，该评价按照"会前、观察、会后、分析、评分或反馈"5个阶段对教师的表现和实践进行评价。

会前阶段，评价者将审查教师提供的计划文件和其他相关支持性文件，以

便了解其教学背景，包括但不限于学习目标、课程标准的一致性、特定学生的教学差异策略、教学前或教学期间使用的评估方式、教学资源和材料等。观察阶段，观察者在课堂上将主要聚焦课堂环境、学生参与和学习投入、主动学习指导等情况。会后阶段，教师要对观察到的课程或实践、学生的进步、课程的调整、进一步的教育教学支持资料等进行反思和讨论，并且描述这些活动对教育教学和学生学习的影响。分析阶段，评价者将对观察、会前、会后等阶段收集的相关信息进行分析，并确定 2017 年有效教学 CCT 评价准则中包含的适用绩效描述。评分或反馈阶段，根据 2017 年有效教学 CCT 评价准则研修指南，评价者将在其重点关注领域的部分指标上进行标记，并向教师提供反馈。虽未做要求，但评价者可以对指标进行评分。

（龚孝华：教育管理学博士，教授。教育部中小学校长和幼儿园园长培训专家工作组成员，教育部校长国培计划、教师国培计划专家；广东第二师范学院培训与社会服务处处长，广东省中小学校长培训中心副主任，广东教育督导学会副会长，广东教育学会中小学校长领导力研究专业委员会理事长）

目　　录

高中篇

特殊教育篇

绪　论：校本研究的广东模式初探

谈　心　左　岚

一、背景

百年大计，教育为本；教育大计，教师为本。《中共中央 国务院关于全面深化新时代教师队伍建设改革的意见》要求造就高素质专业化创新型教师队伍，为新时期教师队伍建设指明了方向。《中共广东省委 广东省人民政府关于全面深化新时代教师队伍建设改革的实施意见》要求建立与学校整体发展、教师专业发展相统一的校本培训制度。《广东省推动基础教育高质量发展行动方案》要求加强教师队伍建设，实施"新强师工程"和建立全口径、全方位、融入式结对帮扶机制。为深入贯彻中央、省委省政府的要求，省教育厅启动了新一轮广东省校本研修示范学校建设项目，组织专家团队研制了《加强广东省中小学教师校本研修工作的指导意见》（以下简称《指导意见》），明确要求打造具有广东特色的校本研修新模式——"一校一案""一科一策""一师一题"，以此不断促进校本研修工作的科学化和规范化，全面构建校本研修新生态，积极推进广东省基础教育的高质量发展。

广东省教育厅先后遴选了 200 所校本研修示范学校、80 所校本研修示范培育学校、622 所受援学校；研制了《广东省中小学教师校本研修示范学校和示范培育学校工作指南》，建立了校本研修示范学校、示范培育学校和受援学校（1＋1＋3）精准帮扶机制，构建了"示范带动、校际联动、全面推动"的策略，以促进广东省中小学教师校本研修新生态发展的全面落地。

早在 2004 年，教育部就下发了《关于进一步加强基础教育新课程师资培训工作的指导意见》，要求"坚持集中培训和校本研修相结合"；2013 年，教育部发布《关于深化中小学教师培训模式改革全面提升培训质量的指导意见》，强调"要推动网络研修与校本研修整合，推进高等学校、培训机构与中小学结对帮扶，引进优质培训资源，建立校本研修良性运行机制。丰富研修主题，通过集体备课、观课磨课、课题研究等方式，促进教研与培训有机结合，切实发挥校本研修的基础作用"。

基于教育部的政策要求与广东省的区域实际，2007年广东省教育厅下发了《关于加强中小学教师继续教育校本培训工作的意见》。2008年广东省教育厅遴选了371所校本培训示范学校，专门成立广东省中小学教师校本培训专家指导委员会，分为15个学科组，召开了多次面向全省的校本培训现场交流会，凝练了"集体备课三人行"、"雁领式小连环主题"、"基于课例研讨的教学问题改进"、名师工作坊、特色教师工作室、小课题研修等多样化校本培训模式，先后出版了"广东省中小学教师校本培训丛书"（33册）。2013—2014年，为发挥示范学校在全省校本培训工作中的引领作用，省教育厅多次举办省级校本培训示范校网络研修试点培训，探索网络研修与校本培训相结合、学校组织与个人自主选学相结合、能力提升与教学应用相结合的新模式。2015年，省教育厅启动乡村教师校本网络研修，将校本培训示范校与乡村校本网络研修深度结合，采用结对子的方式，由示范学校带动乡镇学校，共同建立学习共同体，开展"研训用一体"的研修活动，促进农村教师专业化发展，探索校本培训常态化运行机制。

近年来，为加强省、市、县、校、工作室"五位一体"的教师专业发展平台建设，省教育厅加强了新时期的校本研修工作指导，启动了新一轮校本研修示范学校建设项目。2020年，研究出台了校本研修指导意见；2021年，遴选校本研修示范学校、出台工作指南、遴选结对帮扶学校、举办校本研修示范学校校长及首席专家专题培训班；2022年，举办了校本研修示范校与培育学校学科首席专家专项培训、校本研修示范培育学校校长专题培训。在推进新一轮校本研修示范学校建设项目之际，省中小学教师校本研修项目办公室组织专家编写了《一校一案、一科一策、一师一题——校本研修的广东模式》，以推广校本研修的广东经验，全面建设高素质专业化创新型的教师队伍。

在此项目的研究中，笔者注重借鉴全国各地在省级层面推进校本研修的同行实践经验，比如上海、浙江、陕西和湖北等地的校本研修经验，在理论探讨、同行对话中，以理论指导新实践，以新实践发展新理论。校本研修的上海经验的代表性著作主要有顾泠沅教授、王洁教授主编的"校本研修理论与实践丛书"，其中包含《行动教育——教师在职学习的范式革新》《有规矩成方圆：区域推进以校为本教研制度建设》等著作。他们重点探索了上海研修一体的运作方式与技能，提出了一种以课例为载体、在教学行动中开展包括专业理论学习在内的教师教育，简称"行动教育"。校本研修的浙江经验的代表性著作有刘宝剑研究员主编的"校本教研丛书",其中包含《校本教研的浙江模式》《重建学校教学管理规范》等著作。这些著作提出了教师研修的层次化模型,具体包括关注教学常规落实的教育教学管理,让"教师心中有规则";关注教育教学能力提高的教研活动,让"教师手上有技术";关注教师教育专业素养积淀的教师培训和教育科研活动,让"教师脑中有理论"。该成果凝练成"旨在理解和落实教学常规的教师实践研修——浙江校本研修十年探索的突破",并荣获国家基础教育教学成果二等奖。校本研修的陕西经验的代表性著作有吴积军研究员和陈朝林研究员的《校本研修与教师专业成长》《校本研修资源开发与利用》等。他们团队认为校本研修的内涵包括校本教研、校本培训、校本科研和校本资源开发与利用,该成果凝练成《陕西省中小学教师校本研修实践与探索》,荣获国家基础教育教学成果二等奖。校本研修的湖北经验的代表性著作有周冬祥研究员的《校本研修:理论与实务》。该书挖掘了校本研修的教育哲学、心理学和管理学的理论渊源,总结归纳了5类21种具体的校本研修活动方式。

同时,笔者也借鉴了国内高校专家团队的相关理论研究成果,例如华东师范大学叶澜教授团队的"'新基础教育'研究",代表著作有《"新基础教育"论》《"新基础教育"研究手册》;华东师范大学吴刚平教授、刘良华教授主编的"校本研究丛书",其中代表著作有《校本行动研究》《校本教师培训》《校本教学研究》《校本课程开发》《校本管理》等;华东师范大学崔允漷教授和柯政教授合作的《学校本位教师专业发展》等;华东师范大学朱益民教授的《校本教师发展论》等;中山大学黄崴教授团队主编的"校本管理研究丛书",其中代表著作有《校本管理:理论、研究、实践》《校本培训:教师专业发展》《校本人力资源:开发与管理》等;北京师范大学朱旭东教授团队主编的"京师教师教育文丛",其中代表著作有《教师专业发展理论研究》《教师专业共同体研究》《教师教育思想流派研究》《当代西方教师学习理论研究》等;香港中文大学卢乃桂教授团队的"教育政策与学校领导系列丛书",其中代表著作有《学习型学校的创建》《伙伴协作与教师赋权:教师专业发展新视角》《中国教师的专业发展与变迁》等;北京大学陈向明教授的《搭建实践与理论之桥:教师实践性知识研究》等;华南师范大学黄甫全教授的《校本学习研究的原理、范式与方法》;东北师范大学农村教育研究所周红研究员的《区域推进校本研修策略的个案研究》。

项目组组织专家在把握校本研修的学术脉络与国内外实践经验的基础上,提炼广东校本研修的本土经验,以建构校本研修的广东模式。

二、校本研修的相关研究

(一) 校本研修的内涵

研修是指教研、科研、培训三位一体的教师继续教育。它是教师专业学习共同体的一种培养模式，其目的是通过多方协作开展教学与科研等活动，实现教师个人与教师队伍专业素养的提升。校本研修是以中小学校为主阵地，中小学教师根据自身专业发展需要，以研究为途径，以提升专业素养为目标，以校本专业学习共同体为基本组织形式，以解决校本教学实践中的实际问题为核心活动，促进教师专业发展的一种教师继续教育的形式。笔者认为，校本研修源于对教师教育中培训工作的系统反思，是"校本培训"的自然延伸；校本研修源于对教研制度和教研活动的建设性反思，是"校本教研"概念的进阶；校本研修是从学校发展目标出发，以促进教师专业发展为重点，在学校中开展的培训、教研和科研活动。

校本研修主要由教师个体（或集体）、研修课题或主题、研修方式与方法、研修环境与资源、研修机制与策略5个部分构成。校本研修的活动要素可以分为课例、合作平台和运作过程3个部分。其中，课例是校本研修的载体；合作平台是研究者与教师通过课例讨论、情景设计、行为反省等途径实现合作；运作过程则包括原行为、新设计、新行为3个阶段。

校本研修的活动类型要素分为教师个体的自我反思、教师集体的同伴互助、研究人员的专业引领3个部分。其中，教师个体的自我反思贯穿校本研修的始终；教师集体的同伴互助可以使教师更好地解决实践问题，进而提高教育教学的效率；研究人员的专业引领是指专家对教师的教学研究进行专业化的指导和智力支持。

(二) 校本研修的影响因素

校本研修受到诸多方面的影响，其中既有教师的个人因素，又有学校的环境因素。

1. 教师的个人因素

教师的个人因素是影响教师专业发展的内在动力。教师的知识结构和教学实践是不断建构的，没有教师内在的个人因素作为驱动力，校本研修则无法开展。而教师的个人因素主要由信念与态度、原有的知识、能力和经验、继续教育经历、责任感与使命感、受关键事件的影响等构成。

首先，在校本研修中，教师的信念与态度发挥着重要的作用，它影响着教师的态度和行为，促进教师不断地学习与创新、反思与质疑。其次，教师原有的知识、能力和经验是其不断学习和进步的基础，对其接受新知识，提升教学与研究能力产生重要的影响。再次，继续教育经历有助于教师更新知识结构、运用新的教学手段等；同时，还能促进教师的教育观念和信念改变，推动其接受并实践新的教学理念，满足教师个性化发展的需求，促进教师提升专业发展能力，成为研修的主动参与者；而且，在教师责任感与使命感的指引下，他们将教育教学看成科研活动，并在此过程中实现经验的反思与知识的重构。最后，教师专业成长过程中的关键事件也会对教师的职业发展产生重要影响。这些关键事件会引发教师原有教学理念的认知冲突，激发教师对原有的理念产生思考与判断，从而形成新的教育理念与行为模式。

2. 学校的环境因素

校本研修是一个整体系统，需要相应的外界环境条件的支持。其中最关键的外界因素包括基础教育课程改革、关键人物的影响、学校研修文化、学校研修制度的建设、智力资源的支持、教师的社会地位和物质条件、物质资源的支持等方面。

具体而言，随着国家基础课程改革的发展，教师的校本研修也从学校的边缘走向了核心，以促进教师专业化的发展来保障学生的全面发展。在校本研修中，学校校长的作用主要体现在理念引领、总体规划与组织、提供资源与保障措施方面。研修带头人，或者是研修组长、名师工作室负责人等，他们在校本研修中既是管理者，又是技术专家，还是合作者，发挥着重要的领导作用。他们负责培育共同愿景，形成合作文化，开展反思型对话，鼓励研修成员生成新的教师知识，带领研修成员在学习与实践中实现共同发展。同时，学校研修文化是学校成员对待校本研修活动的态度和行为。如果学校的研修文化浓厚，那么校本研修就具备持续发展的动力。而学校的研修制度建设明确了校本研修的基本规划和方案，成为校本研修顺利进行的制度保障。校本研修的智力资源支持主要指的是教育研究人员的支持和引导，他们丰富了教师的教育理念，提高了教师的理论素养，促进研究成员更深入地研究教育教学问题。最后，校本研修还需要先进的多媒体设备、资源共享的网络研修平台、完备的研修场所与充足的研修经费的支持。

（三）校本研修与教师专业发展

学界普遍认为，教师专业发展一般具有 3 种发展范式。一是作为素养提升的教师专业发展，强调通过有实证支持的优质教学具备的教师知识来培训教师，目前政府主导的教师培训多是基于此范式来推进；二是作为自我理解的教师专业发展，强调教师知识和自我理解是专业发展的关键，教师撰写的教育叙事、实践性知识就是基于自我理解范式；三是作为生态转变的教师专业发展，强调通过学校、领导、制度以及教师文化的改变，来塑造促进教师专业发展的外部环境。

首先，在素养提升范式上，校本研修要关注教师在参与培训时的学习主体性与建构性，由外部专家提供的专业知识和技能都必须与教师的实践联结起来。一是在培训类专业发展活动设计上，要关注"转化设计"，即要基于教师实践转化的视角来设计项目和课程，其目标、内容、组织都要为教师的未来实践转化做好准备；二是在活动实施过程中，注重培训中互动、生成和实操、实训，促进教师学习、反思、实践的融合。

其次，在自我理解范式上，校本研修要引领教师进行自我导向学习与自主知识管理。一是教师需要对自己的学习负责，拟定目标、确定阶梯、评估发展、持续改进，应成为教师自我发展的内在要素；二是教师实践性知识不应只体现在行动、叙事、案例之中，要经由共鸣、外化、联结、再内化的循环过程，最终提升教师的实践性知识与教学实践的实效性。

最后，在生态转变范式上，校本研修要推进营造支持教师发展的环境，建构"学习共同体2.0"，从宽泛的生态概念落实到以教师学习为核心的外部环境设计。其一要为教师创设包括物理、资源、技术、情感、文化等在内的多维学习环境，让教师在参与实践和问题解决中运用信息资源、知识工具、技术手段、学习策略来达成个体学习目标；其二是基于5G时代重塑新型教师学习共同体，"学习共同体2.0"的核心特质在于共同愿景、知识基础、社群实践和支持性资源，而数字技术为每个要素的提升提供了更为便捷、平等、开放的运行机制。

（四）区域推进校本研修

区域推进校本研修是在校本研修的基础之上，探索在市、区、县级行政区域内整合资源，引领和支持研修活动。从原有的校本研修实践来看，面临着许多自身无法走出的困境，而建构以学校为基地的校本研修区域协作机制，可以有效整合区域内的教师教育资源，解决当前我国中小学教师继续教育质量不佳的难题。区域推进校本研修还能结合当地实际情况，利用自身的优势，通过在实践中反思，创造性地探索一系列实践模式，有效地促进校本研修的开展。

1. 区域推进校本研修的困境与出路

校本研修实施的困境主要体现在以下几个方面：一是研修活动停留于表

面，难以开展深入的教学研究；二是缺乏专家资源，缺乏有效的专业引领；三是教师主体素质较低和优秀教师资源分布不均衡；四是校本研修的组织形式单调刻板，灵活性与创新性较低，与教师个性化发展不适应；五是校本研修制度发展不完善，无法支撑校本研修的有效进行。

针对校本研修的困境，区域推进校本研修的优势在于：一是充分发挥市、县教研、科研、进修学校的专业资源，组织引领校本研修，实现校本研修的常态化与高水平发展；二是引进专家资源，推动不同区域的优质资源共享；三是建设网络知识平台，丰富教师知识，推动研修成果由理论向实践转化。另外，区域推进校本研修，还有利于推动区域中城乡、学校之间的师资平等，改善教师资源薄弱地区的条件，给予学校教师更多的学习机会，推动区域教育的均衡发展。

2. 区域推进校本研修的活动组织与形式

区域推进校本研修的活动组织主要包含"戴明环"与"行动研究"两种取向。以"戴明环"为核心的工作计划导向，主要通过计划（明确理念、目标）、实施（计划落实）、检查（评估实效）、总结（推广经验与总结教训），来明确学校与区域的"自主与统领"关系。即尊重学校是校本研修的主阵地，尊重学校个性化的文化与资源，区域为校本研修提供平台和保障，以推动各个学校校本研修的深入持续开展。以"行动研究"为取向的活动组织，强调从调研活动开始，寻找解决现实问题的方法，并关注制度建设，提倡教师的学习文化。总体来说，以"戴明环"为取向的活动组织，有利于使校本研修系统化；而以"行动研究"为取向的活动组织则有利于立足实践问题，促进校本研修的持续发展，并满足区域教育发展的实际需求。

区域推进校本研修在原有校本研修的基础上，更加关注校本研修的推广性与区域带动性。它通过设立研修平台，为一线教师的跨校学习提供了可能，打破了单个学校的界限，实现了优质资源的校际循环。以下是区域推进校本研修的主要活动形式：

（1）校际联动。校际联动主要体现为不同学校之间的合作研修。在实践上，既有优质学校之间的联动，又有优质学校与薄弱学校的联动，也称为联片教研。尤其是城乡教育共同体，以城市优质学校引领乡村薄弱学校，在教师共同研修活动中支持乡村教师的专业发展。城乡教育共同体的工作方式通常包括两种：一是课堂教学问题研究，包括校际会、教学互访、课例研习等形式；二是以专题研讨的形式，教师就共同关心的焦点与难点问题，组成项目小组开展合作研究，在不断对话、探索与实践中获得专业成长。

（2）名师工作室。名师工作室在区域推动校本研修的过程中，往往以两种方式发挥作用：其一是区域教师基数较大，将有共同愿景与能力的教师组织起来，推广名师的经验，有利于培养一线优秀教师；其二是区域为名师工作室的开展提供了更高的平台，名师工作室的成员来自不同学校，也有利于推动学校之间优质资源的辐射作用。

（3）专题研究小组。专题研究小组是指课题研究共同体，主要研究的议题是现实的教育难题与未来教育的发展方向，研究专题一般聚焦于区域教育发展的前沿议题。专题研究小组主要由教育行政人员、专题研究组长和小组成员组成。其中，教育行政人员为专题研究提供必要的行政支持；专题研究组长主要负责项目的正常运行；小组成员主要是骨干教师，负责将研究的理论运用于改善教学实践，是项目的具体实施者。

（4）区域校本培训课程。区域校本培训课程主要通过互动研修等方式，包括专家报告、实践考察、情景参与、主题交流和专题研讨等，关注教师的学习主动性，以任务为导向，激发教师对新课程改革的教育理念与实践的专业反思，致力于提升教师的专业素养。

3. 区域推进校本研修的实践模式

近年来，在国家科技与教育发展变革的时代背景下，我国区域推进校本研修又产生了多样化的实践模式。

（1）"互联网＋"背景下的云教师工作坊。云教师工作坊是以工作坊培训理念为基础，把云技术作为主要运行手段，整合 Web 2.0 技术，以专题任务为核心，研修团队成员共同合作、分析和解决实践问题。它是以教师为中心，通过云教师工作坊的运行，以视频、文本等多种形式实现教师的在线交流。教师依托 Web 2.0 技术环境，通过云教师工作坊研修，学习与掌握多媒体课件制作、数字图像处理等信息化技术，运用网络进行微课教学，将原有的碎片化知识进行重整与推广，从而提升了教师的学习能力和信息素养。同时，云教师工作坊将自主研修、专题研修和小组研修结合，线上研修与线下研修结合，推进教师间的合作和沟通。

在实际操作过程中，每个云教师工作坊均由坊主、高校学科专家、辅导教师、参训教师、游客等成员共同组成，总人数为 30—50 人。从内部来看，云教师工作坊是一个教师专业学习共同体；从外部来看，云教师工作坊是以专题为基础的学习社区。云教师工作坊构成了一个多模块、多系统的综合学习网络。教师既可以与坊内内部成员进行交互式的合作学习，也可以在不同的云教师工作坊之间自由浏览与参与。坊主作为研修活动的主要召集人，负责联系高校学科专家与辅导教师，围绕研修专题引导坊内其他教师积极参与。另外，游客也可以通过留言、上传文本、微课等与坊内教师互动。

（2）"中式课例研究"的上海经验。2009 年、2012 年，上海学生参加 PISA国际评估项目，并在数学素养上取得第一的领先成绩，引起了国内外教师教育界的关注。其中，"中式课例研究"是上海培养高素质教师队伍的重要途径。

上海将课例研究作为校本研修的重要措施，把课堂教学现场作为课例研究的主要场所，把学习内容聚焦为"实践中的运用"，把教师专业学习的成效明确为"学生学到了什么"。相比传统的教研活动，"中式课例研究"具有以下四大核心特征：一是让教研活动有主题，在问题的驱动下研讨改进课堂；二是让教研活动有目标，将课例研究的主题分解为每位观课教师的关注点；三是让教研活动有方法，运用质性与量化的技术手段，变换不同的视角激发教师重新理解课堂；四是让教研活动有积淀，促使教师在持续的"磨课"中聚焦于小的研究问题，从而获得理性的认识，提升教师的科研能力。

（3）精准扶智背景下的乡村教师 MIND 混合研修模式。针对乡村教师研修过程中研修对象选拔、研修课程设置、研修方式、专业发展方式不精准等问题，并基于"互联网＋"和人工智能的发展，研究者建构与实施了线上线下融合的乡村教师 MIND 混合研修模式。其中，M 是指聚焦研修主题的校本微课题（micro-subject）形成的研修课程；I 是指基于互联网（internet）的 O2O（online to offline）混合研修平台；N 是指基于 O2O 平台创建的非线性研修空间（non-linear learning space）；D 是指基于大数据（data）的研修评估与管理。

乡村教师 MIND 混合研修活动包括研修活动的准备、实施和评估 3 个阶段。准备阶段主要包括研修共同体的建构和研修课程的设计两部分。其中，在研修共同体的建构中，乡村教师是研修主体，而高校理论导师、名师工作室的实践导师和教育行政部门的教研员共同形成为乡村教师专业成长服务的合力。研修课程主要来源于教学实践的微课题。实施阶段主要为校本研修、区域研修、分散研修和集中研修的组织和精准衔接。评估阶段主要是基于大数据的研修评估与管理，利用定性与定量结合的方法，对研修活动和研修对象进行精准管理与服务，为学员建档立卡，为"一对一"精准服务提供科学依据。

与其他的混合研修模式相比，乡村教师 MIND 混合研修模式的优势主要体现在 4 个方面。第一，研修对象的选拔和研修课程设计的精准性，能满足乡村教师自主发展的意愿，提高其研修的满意度。此模式采取基于区县统筹下的"双向选择"机制，即区县统筹名额，学校与教师自愿报名，研修机构择优选拔。此模式的研修课程基于乡村学校的教学实际，生成"研修主题"的微课题。乡村教师在本校的微课题研究中完成研修，实现"一校一策"。第二，基于"互联网＋"平台，将线下的"校本研修、区域研修"和线上的"分散研修、集中研修"有序地精准对接，实现乡镇多元化研修方式的精准配置和有序衔接，从而解决乡村教师的工学矛盾。第三，研修共同体中"大学—名师工作室—教育行政部门—中小学校"的"四位一体"合作，能够解决乡镇区域内由于缺乏专家引领而研修水平不高的难题。第四，研修评估与管理实现精准化和个性化，能够做到"一对一"精准服务。基于大数据分析和人工智能技术，为每个学员建档立卡，全程跟踪研修过程。

三、"一校一案""一科一策""一师一题"的广东模式

《指导意见》提出构建"一校一案""一科一策""一师一题"的校本研修新模式（图1），即每一所学校都要制订有特色的校本研修计划和方案，每一个学科都要制定学科发展的研修策略，每一位教师都要有自己教育教学研究的课题。同时，《指导意见》还强调探索在学校场域、学科情境中的教师成长规律，形成体现不同学科特点的广东校本研修方式。我们认为，探索校本研修的广东模式，既要从研究文献中对其进行学术探讨，更要凸显新时代教师教育改革的新趋势与广东省教师队伍建设的本土实践特色。

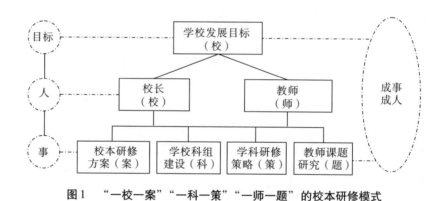

图1 "一校一案""一科一策""一师一题"的校本研修模式

"一校一案""一科一策""一师一题"的校本研修新模式中包含"一""校""案""科""策""师""题"等关键字，诠释这些关键字的内涵将有助于我们深入探索广东校本研修的新模式。

"一"不是一个数量的概念，而主要表达"精准""个性化"的含义。即"一校一案""一科一策""一师一题"并非主张一所学校只能有一个校本研修方案，一个学科只能有一个研修策略，一个教师只能研究一个课题。我们认为，"一校一案"强调学校能够基于本校发展实际，从学校的发展目标出发，构建具

有学校特色的、个性化的、精准的研修方案。"一科一策"强调的是探索在不同学校场域、学科情境中的教师成长规律，形成体现不同学科特点的研修方法。"一师一题"强调的是教师作为行动研究者的教师发展理念，主张每位教师都能基于自身教育教学实际问题，生成研究课题，通过阅读相关研究文献，尝试新的实践改进策略，改进教育教学质量，即教师在改进教育教学的行动研究中实现专业发展。

"校"可以从"学校""校长"等方面理解。国内学者郑金洲教授在诠释校本内涵时候，曾提出基于学校、为了学校、在学校中的经典表达。因此，落实"一校一案"的关键是从学校的发展目标出发。随着学校变革研究的深入，人们逐渐认识到新建校、薄弱校、名校、乡村学校和城乡接合部学校等不同类型学校发展的基础不同，发展策略也不同。"校"强调从"校长"的角度理解"一校一案"，源于探讨不同个性与管理风格的校长在解决学校发展难题时表现出的差异性。事实上，校本研修方案设计体现了校长管理实践的缩影，也蕴含着校长办学的个性化理解与追求。

"案"可以从"方案""计划""制度"等方面理解。梳理校本研修研究文献发现，校本研修方案也是一个概念链，既包括长期校本研修规划，也包括年度校本研修计划，还包括具体某一个主题的系列校本研修方案。结合不同发展阶段教师的专业发展需求，学校需要设计新手教师研修方案、骨干教师研修方案和名师研修方案。如果从"研修制度"上理解"一校一案"中的"案"，就需要重视研修活动的策划促进研修制度的生成，重视学校常规制度对校本研修活动常态化的基础性保障作用。

"科"可以从"学科""教研组""年级组""项目组"等方面理解。梳理国家基础教育教学成果中涉及教师发展的成果，可以发现《骨干教师团队研修的创新实践研究：吴正宪小学数学教师工作站的五年探索》《以强化文本解读能力的研修提升语文课堂教学品质、促进教师专业成长的研究》《创建生物情景教室，促进生物教学改革》《高中英语五种课型教学模式建构与实践创新》《基于学科素养的中学地理组件教学》等，都能深入诠释不同学科情境中的教师成长规律，构建不同学科特点的研修策略。因而，需要从"教研组""年级组""项目组"等多方面理解"科"的含义，重视教研组、年级组和项目组作为实施校本研修的重要载体。

"策"可以从"策略""方法""策划""战略"等方面理解。"一科一策"意味着探寻不同学科校本研修的独特策略和方法；意味着要重视校本研修活动策划，注重研修主题的选择、研修背景和研修对象的需求分析，以及研修活动形式的选择和过程的设计；意味着需要从学校发展与学科建设的战略高度来理解校本研修的设计。

"师"可以从"教师个体""教师群体""新手教师""骨干教师""名师"等方面理解。"一师一题"意味着在校本研修设计中，既要深入分析不同发展阶段教师的特点和需求，也要兼顾促进教师个体发展和群体发展的策略差异，做到尊重其对研究问题的选择和给予其充分的研究资源支持。

"题"可以从"研究问题""研究课题"等方面理解。"一师一题"意味着，在校本研修设计中既要支持教师掌握各种发现问题的思维策略，例如"怀疑的策略""变换思考角度的策略""类比与移植的策略""探究与体察的策略"，也要支持教师理解研究问题的来源，例如，"自身教育教学困境""课堂教学的重点难点""具体教育教学场景""教师同行交流""文献阅读""学校关键问题分解"等，更要支持教师从研究问题、概念界定、文献综述等环节生成研究课题。

正如上文诠释，"一校一案""一科一策""一师一题"的校本研修新模式，涉及"人"的因素包括"校"和"师"，这意味着校本研修实践的关键主体就是校长和教师。校长能否理解并做好校本研修第一责任人，会直接影响学校校本研修的深度与广度。校长在履行校本研修第一责任人职责时，要引导领导班子树立校本研修意识，洞察校本研修是学校发展的内生动力，激励全体教师参与校本研修。校长要从学校的发展目标出发，全面规划学校校本研修工作，履行构建发展愿景、辨明研修方向、指导计划安排和开发研修资源的职责。教师作为校本研修主体，意味着教师角色的重构，需要提升其基础素养和专业素养。正如叶澜教授分析指出的，教师基础素养包括个人价值取向和发展的内在动力，集中表现在教师的事业心、责任心、爱心和自我发展的内在追求，宽厚、扎实的文化底蕴，以及实践创生的思维能力。而教师专业素养则包括其中蕴含的学科专业素养和教育专业素养。

"一校一案""一科一策""一师一题"的校本研修新模式中，涉及"事"的因素包括"校""案""科""策""题"，意味着校本研修实践中要积极处理好与学校发展目标、校本研修方案、学校科组建设、教师队伍建设策略和教师研究课题等因素的关系。笔者认为，校本研修需要从学校的发展目标出发，围绕学校工作战略重点开展。校本研修方案设计要体现层次性，从长期校本研修规划，到年度校本研修计划，再到学科主题研修方案，要环环相扣、层层落实。同时，校本研修需要抓好学科教研组、年级组、项目组 3 个载体，积极探索不同领域、学科情境下的教师发展策略。校本研修还要充分考虑新手教师、骨干教师、名师的教师专业发展阶段特征和需求，支持教师选择适合自身特点的研究课题开展行动研究，在研究中实现专业发展。

面对"一校一案""一科一策""一师一题"的校本研修新模式中的"人"

"事"等因素，需要树立"在成事中成人，用成人促成事"的思维方式，在成校本研修之事中成就校长和教师，通过成就校长和教师来践行校本研修。

　　本书在幼儿园篇、小学篇、初中篇、高中篇和特殊教育篇中精选了部分校本研修示范学校的典型经验和具有可操作性的案例，其中校本研修的经验以荣获国家或省基础教育教学成果奖的研究成果作为支撑，以期发挥启发借鉴作用，促进其他示范学校、示范培育学校、受援学校改进校本研修实践。笔者期望各校本研修示范学校、培育示范学校和受援学校能立足学校实际，从学校的发展目标出发，把握校本研修的学术脉络，积极借鉴校本研修示范学校的实践经验，着力打造出具有广东特色、在全国具有影响力的校本研修新模式。

幼儿园篇

精准构建"双结构"园本研修体系，推动教师专业化发展

华南师范大学附属幼儿园　吴冬梅　韩凤梅　李冬梅　龚艳艳

校本研修一词广泛适用于中小学，对此概念进行迁移应用，幼儿园用"园本研修"表达。园本研修作为教师继续教育的一种重要方式，是教师学习方式、成长方式的变革，是教师教育方式和研究方式的变革，强调"三个本位""两个提升"和"三个方面"，即主张以幼儿园为本、以教师为本、以教育实践问题为本，强调以改善与更新教师观念与行为、提高与发展园所教育质量为最终目的，突出研究、培训和自修3个发展方式。华南师范大学附属幼儿园的园本研修基于对园所实际发展和教师成长需求的分析，确定教师教育发展方向，整合教师教育资源，构建教师教育内容，建设有效发展机制，从而形成"以幼儿园为结点"的教师教育网络体系。

一、双结构园本研修体系的构建基础

（一）园所发展实际对园本研修提出时代要求

基于园所的服务性质和发展定位，作为师范类高校的附属单位，幼儿园长期以来承担着实验园、试点园的任务。在"科研促发展""科研兴园"理念的引领下，近15年幼儿园完成了从"保育型"幼儿园向"保育科研并重型"幼儿园的转型，逐步在行业中承担更多示范园、基地园的责任。园所的发展责任赋予了幼儿园和教师新使命和新期待。基于基础教育课程改革的时代要求和幼儿教育质量发展的蓬勃态势，幼儿园园本课程改革重点从集体教学转向园本课程建设及自主游戏，研修的内容和形式也随之发生变化。利用高校社区的优势，幼儿园打造了富有园本特色和具有创新意义的"社区课程"。课程的变革也对教师专业能力提出高要求和高标准。

（二）教师队伍特点对园本研修提出迫切需求

园所的发展呈现出"办园规模逐步扩大，班额逐年增大，在园幼儿数量屡

创新高"的特点，幼儿园对教师的数量需求日益增多、质量需求日益提升。教师队伍呈现出"基数大、年轻化、流动强、需求高、差异大"的特点。其中教师流失率高、稳定性不强是突出困境；职前教育内容难以充分满足工作实践需求，职后继续教育系统的内容难以完全解决教育实践问题是核心问题。突出困境和核心问题对教师的培养、培训提出了新挑战。

二、双结构园本研修体系的发展内涵

（一）双结构园本研修体系的发展目标

双结构园本研修内容体系的构建以《幼儿园教育指导纲要》《3—6 岁儿童学习与发展指南》《广东省幼儿园一日生活指引》《幼儿教师专业发展标准》《新时代幼儿园教师职业行为十项准则》等政策文件为依据，结合地区情况、园所实际、教师专业发展现状等，旨在对标、完成园本研修的发展目标：培养一支师德过硬、教学能力扎实的新教师队伍；打造一股锐意进取、业务精湛、富有团队精神的中坚力量；推出一批有担当、高情怀、能创新、会科研的专家型、研究型名师与带头人。

（二）双结构园本研修体系的核心内容

园本研修的内容是落实和实现发展目标的重要载体，研修内容的质量决定了研修的实效。"对象＋内容"的双结构园本研修内容体系，贯彻"按需统筹、全面覆盖、理论指导实践"的指导理念，秉持"分岗分段、分类分层"的原则，使"精准"成为研修的重要内核。

"分岗分段"是园本研修的首要原则，是指导对象精准划分的核心标准。以岗位分工、教师专业发展阶段为重要依据，以教师实际发展现状和工作需求为根本出发点，做到精准构建、针对研修，为研修实效提供有力保障。从对象出发，幼儿园分为 4 类群体：2 类新教师（新入职教师和新班主任）、8 个学科组（体育、社会、科学、数学、美术、音乐、语言和文楹社）、6 个岗位群（班主任、副班主任、保育员、保健人员、中层和管理层）和 1 群名教师（幼儿园遴选的骨干教师）。

"分类分层"是园本研修的重要原则，是研修内容精准筛选的基本思路。立足与覆盖《幼儿园教师专业标准》三大维度 14 个领域 62 条要求，聚焦教师专业发展的基本能力和核心素养，打造园本研修的核心版块与标准方案。从内容出发，园本研修分为 3 类，分别是：专业素养、专业知识和专业能力。专业素养是教师所具有的专业理想、专业情感、专业兴趣、专业伦理和人格素养等非智力因素，外显为教师的职业道德行为，涉及法律法规、职业道德和身心健康方面，园本研修实践中具体呈现的内容有：政策法规、教师行为规范、师风师德理论培训与践行、心理健康与辅导、团队制度与文化建设、职业生涯发展规划等。专业知识是教师安身立命、专业成长的基础，是稳定的、系统的知识，是科学的做事方法，涵盖本体性知识、条件性知识、实践性知识和发展性知识四大类型，园本研修实践版块具体包括幼儿身心发展知识、幼儿保育和教育知识、幼儿学科领域知识、通识知识、信息技术知识等。专业能力是教师将理论付诸实践、承担和胜任工作的综合表现，依据幼儿园工作的实际需求，园本研修实践版块包括环境创设、一日生活组织、教育活动组织、游戏支持、家园共育、评价反思、沟通与合作、教研与研究、持续学习等。

"对象＋内容"双结构园本研修内容体系，着眼于各位教师的职业适应力、岗位胜任力和内生学习力，坚持两条腿走路，将培训对象与培训内容紧密结合、充分融合，落实"研需结合、研训结合、研用结合"的宗旨，使研修内容能够精准指向实践发展难题，精准面向教师发展需求。精准即"科学、准确"，体现了研修内容的严谨精细，利于研修过程落细落实。

（三）双结构园本研修体系的基本特点

双结构园本研修内容体系基于幼儿园实际，以教师为本，以教师在教育教学实践中的问题为载体，形成全面联动、分类实施、知行合一的有计划、分阶段、递进式培训，展现了鲜明的人本性、精准的针对性、递进的层次性、突出的实践性、较强的依托性和显著的实效性等特点，使培训内容有用、能用、实用、好用和管用。

三、双结构园本研修体系的实施策略

（一）建立层级分明的组织机构

为保障各项研修内容抓得牢、落得实，幼儿园构建了自上而下、完备整齐、层级分明的研修网络体系，实行"园长负责制"，成立园长领导小组并下设 5 个职能部门，建立了教师成长学院。各组织与部门之间相互配合、相互支持。园长领导小组全面、客观分析园本研修的实际情况，统筹、修订与调整研修内容规划和顶层设计，从制订计划方案、推进落实到落实督察全面关注、全程参与、全力支持。

人事部、教学部、科研部、后勤部和技术部 5 个职能部门在园长领导小组的有效安排下，形成了职责明晰、分工明确、专人负责的协作模式，各部门之间沟通频繁及时、支持及时到位，共同保障研修内容的有效、有力落实。教师成长学院为教师的发展提供了稳定优质的平台，明确了教师的发展路径，以名师专家为引领，以集体指导和个别指导相结合的方式落实培养内容，推动教师成长。

（二）拓展灵活多样的研修方式

为解决研修中教师积极性不高、培训效果不明显等普遍问题，幼儿园深入分析园本研修的困境与原因，针对不同教师群体的特质、研修内容的特点，探索出具有多样性、灵活性和适切性的研修方式，主要包括专家与名师做引领、自修与互助相结合、培训和考核相结合、演练与比赛多助力、教研与科研齐带动等5 类。

立足于幼儿园名园长名教师工作室"数量多、专家优"的特点，创新应用工作室平台和资源，与省内外优秀工作室联动优化研修内容和研修方式，借助名师经验、利用名师讲堂，拓展教师视野、提升教师能力。基于年轻教师数量多、经验少、易感染、易塑造等特点，通过"结对带教""教师互助小组""研修共同体"等形式让教师之间形成发展互助、成长共生的关系，用优秀教师引领、用积极同伴感染、用自我成长需求等多元方式激发教师自我发展的内在动力。分析研修方式单一、教师参与度不高的问题，转变研修思维，采用"以考核巩固实效，以比赛促进交流，以练兵增强应用，以示范强化收获"的研训方法，组织园内教师专业技能比赛、岗位练兵和公开课等活动，坚持"有培训必有考核和反馈"，增强教师在研修中的参与感和话语权，强化教师的体验感和获得感。着眼于教师教研充分参与和尝试科研学习的愿望，幼儿园为教师创设机会、条件，提供支持、帮助，鼓励教师承担教研、参与科研、在实践中不断磨炼和反思自己、凝练和优化教育成果。通过"学、练、引、论、研"等方式让研修内容真正落实，扎实促进教师发展。

（三）形成全面完善的研修保障

任何变革的实施都离不开保障，幼儿园从制度、环境、资源和经费方面保障研修开展，从评价、激励方面保障研修实效，形成了充分合理、全面有力的研修支持系统。

完善的研修制度是保障研修内容落实的基本法则，制度既是约束，也是指引。幼儿园重构体现人本性、规范性的研修制度体系，建立特色园本研修制度、专项园本研修制度，如幼儿园的教职工学习制度、教职工业务培训管理制度等为研修开展提供了有力支持，通过"定点、定时、定岗"的方式明确与保障了研修时间。幼儿园坚持"专家资源多利用，网络资源多挖掘"的原则，积极与高校、科研机构专家通过"课程共建、研究共展"等方式加强合作，同时充分利用高校的平台和信息资源优势构建优质研修内容。幼儿园建立研修经费使用制度，坚持"分类预算、按需使用"，通过采购设备和书籍，组织培训学习和教师比赛，支持奖励科研成果等方式，调动研修热情。"有研修必有反馈，有培训必有评价，有评价必有激励"是保障研修成效的重要方法，幼儿园主要以"活动评比、岗位考核、期满考核"等方式进行评定，充分把握教师的研修收获；通过"成果展示、研修调查"等方式进行反馈，充分了解教师的研修期待；用细致完善的奖励制度，充分激发教师的研修热情。

幼儿园是教师终身发展的最佳环境，园本研修是教师专业成长的最优方式，通过构建"对象＋内容"的双结构研修模式，以园本研修的精准性为抓手，以多元适切的方法为策略，改善研修实效，促进教师专业发展。

参考文献

［1］顾泠沅. 对校本研修渊源与开展现状的思考［J］. 现代教学，2012（Z1）：22－24.

［2］周红. 区域推进校本研修策略的个案研究［D］. 长春：东北师范大学，2014.

［3］韩潇国. K 市 A 校校本研修个案研究［D］. 喀什：喀什大学，2018.

附录：

华南师范大学附属幼儿园新教师培训方案

一、培训目的

幼儿园新教师培训的目的在于帮助新教师更快适应工作环境、胜任工作岗位、融入园所团队，推动其快速成长为合格的教师。通过有序、科学、标准的系统培训，幼儿园严把新教师队伍入口关，夯实新教师队伍的专业基础，提升新教师队伍的整体素质，同时，消除新教师的陌生感、无力感、迷茫感和恐慌感。基于新教师的岗位任务要求，通过有计划、有目的的分阶段、层次性培养，打造一支师德过硬、教学能力扎实的新教师队伍。

（1）增进新教师对幼儿教师职业的认知与领悟，引领新教师坚定职业信念，规范幼儿教师职业行为。

（2）帮助新教师修正或重塑教育观、教师观和儿童观，形成科学的发展观念。

（3）指导新教师掌握工作岗位的关键能力，规范新教师的保教行为，使其熟悉幼儿园一日生活流程、掌握幼儿教育教学的基本规律。

二、培养对象

新聘入园的教师，或工作未满3年的教师。

三、组织机构（略）

四、研修安排

新教师的专业成长是一个漫长的过程，发展和培养不会一蹴而就。遵循师德为先、分类施训、知行合一的原则，依据新教师的不同成长阶段，通过3年递进式培训，帮助其快速成长。第一年为适应期，核心任务是"保基础"，目标是"站稳"，主要是帮助教师明晰职业发展路线，培养教育教学基本功，适应岗位任务需求；第二年为提高期，核心任务是"补短板"，目标是"站好"，主要是帮助教师自觉遵守职业规范，增强责任感和使命感，扎实教育教学理论，熟练教育教学工作，明确教师发展方向；第三年为成熟期，核心任务是"促发展"，目标是"站优"，主要是帮助教师内化教育信念、升华教育情怀，关注教育创新和教育反思。在新教师专业成长的各阶段，把握关键节点和关键难题，处理好成长速度、质量之间的关系。

（一）时间安排

要保障新教师的培训课时量，必须以时间为保障，采用固定时间和灵活安排相结合的方式，其中学期初一周和学期末一周为集中研修时间，每周一次培训或教研。

（二）内容安排

依据新教师的特点，划分专业素养、专业知识和专业能力3个培训板块进行培养，每个板块分为几个核心要素，核心要素覆盖重要专业。专业素养是基础，专业知识是条件，专业能力是保障。专业能力是新教师工作的突出难题，保教能力是新教师岗位胜任力的重要表现，基于实践、为了实践、用于实践，研需结合、研用结合。

板块	要素	培训专题	负责部门	协助部门	培训形式	考核方式
专业素养	政策法规	1. 学前教育政策、法规 2. 教师专业标准、十项行为准则等规范 3. 习近平总书记关于师德师风的重要论述	园长领导小组	人事部	讲座、自修	心得体会
	职业道德	1. 园长漫谈会 2. 优秀教师教育故事 3. 幼儿园规章制度（行为规范、奖惩制度、请假制度、作息制度、宿舍管理、工资发放等）	园长领导小组	人事部、后勤部	讲座、视频学习、小组讨论	心得体会、书面测试
	身心健康	定期对教师进行心理健康辅导	人事部	后勤部	讲座一对一指导	—
专业知识	本体性知识	1. 幼儿园教育特点 2. 幼儿园一日生活流程及意义 3. 教育与幼儿发展 4. 幼儿园各年龄段身心发展规律与特点 5. 幼儿保育和教育知识 6. 幼儿学科领域知识	教学部、科研部	人事部	公开讲座、自我研习	书面测试、汇报分享
	条件性知识	1. 通识性知识 2. 信息技术知识 3. 中华传统文化与人文历史 4. 岭南特色文化 5. 华南师范大学社区文化 6. 幼儿园品牌文化	人事部	技术部	自我研习、实地考察、调查研究	报告分享、自我总结
	实践性知识	1. 幼儿教育方法 2. 组织教学活动的方法	教学部	科研部	经验分享、案例分析、观摩学习	书面测试、汇报分享

（续上表）

板块	要素	培训专题	负责部门	协助部门	培训形式	考核方式
专业能力	保教能力	1. 一日生活的组织与保育 2. 环境创设与利用 3. 教育活动的设计与实施（关注教育资料的挖掘，提升对家长助教活动、社区活动的指导能力） 4. 游戏活动的支持与引导 5. 教育观察与分析（各类活动中幼儿行为的观察与分析） 6. 个别化教育（也涉及特殊教育）研究与支持 7. 评价与激励能力（赏识教育、积极评价）	教学部、科研部	人事部	讲座、自我练习、师徒带教、公开观摩、案例分析	1. 实践练习与操作（活动方案、观察记录、环境创设） 2. 岗位练兵、报告分享、公开课 3. 自我总结与记录
	管理与沟通能力	1. 良好的师幼互动 2. 积极有效的家园沟通（日常交谈、电话交谈、家访、家长会、大型活动等） 3. 良好的团队沟通协作（班级会议、协作分工）	教学部、科研部	人事部	自我练习、师徒带教、公开观摩、案例分析	1. 实践检验 2. 记录总结
	教科研能力	1. 教育教学和工作反思 2. 教研活动有效参与 3. 教学成果写作凝练 4. 课题实施推进	教学部、科研部	人事部	讲座、自我练习、师徒带教	1．相关记录与总结（活动反思、学期工作总结、教研记录） 2. 优质教育案例的记录与打磨 3. 成果总结与发表

（续上表）

板块	要素	培训专题	负责部门	协助部门	培训形式	考核方式
专业能力	发展规划与持续学习能力	1. 职业生涯发展规划 2. 终身学习途径，线上线下学习资源获取	人事部	—	访谈与讲座、自我研习	1. 分析优缺点，制定1份职业发展规划 2. 加入学习小组，制订学习成长计划

构建多层次、立体化园本研修模式

广东省育才幼儿院二院　蔡晓冰

我院坚持以教科研为龙头，以课题研究为引领，以园本课程建设为重点，健全园本研修长效机制，搭建"四阶段教师成长阶梯"，从师德建设、规划引领、深度教研、内外联动培养、心灵驿站等方面开展全方位研修，构建多层次、立体化的园本研修模式，形成一支师德高尚、理念先进、业务精湛的教师团队。以强师推动强园，以高素质教师队伍建设支撑新时代园所内涵式、高质量发展。

广东省育才幼儿院二院自1954年建院以来，推行制度化、精细化、人性化的科学管理，努力开创了一条幼儿、教师、幼儿园共赢的发展之路：以"幼儿发展"为中心，以"保育"和"教育"为两个基本点，"教师、园所、社会"三方联动，搭建"新教师、新秀教师、骨干教帅、名教帅"四阶段成长阶梯，帮助教师树立"五种意识"——学习意识、批判反思意识、跨学科意识、合作意识、创新意识，培养教师"六种能力"——育德能力、教学能力、研究能力、问题解决能力、沟通与合作能力、反思与发展能力。具体做到7个"一"（图1）。

图1　7个"一"

结合时代需求和教师的发展需要，我院积极探索"教、研、训一体化"模式，以"互学互助互促，共建共享共赢"为宗旨，形成教师专业发展共同体，聚焦教育实践的"真问题"，立足园情、以师为本，为教师量身打造成长"加油站"，构建多层次、立体化的园本研修模式，推动强师队伍建设。

"多层次"研修指的是对于不同发展层次的老师，有不同的发展方向和目标，采取有针对性的培养策略。而"立体化"指的是全院自上而下、自下而上的多维度、全方位的研修。两者相辅相成、相互促进。新、老教师共同发展，全面提高我院教师队伍整体素质，从而形成科学、合理、优质的教师专业发展梯队。

一、多层次研修

（一）横向：以岗分类，精准管理

在教师的专业技术岗位体系中，结合教师个人意愿，按照教师职业价值倾向及发挥作用的不同，将岗位分为"带班教师""专科教师""行政教师"3类，不同岗位教师的培养方向、考核与评价内容不同，做到以岗分类、定向培养、精准管理。

（二）纵向：四阶发展，梯队培养

结合教师职业发展阶段理论，全院教师按照入职年限与能力分成"新教师、新秀教师、骨干教师、名教师"4个层次。幼儿园针对每位教师的发展需求，帮助教师找准最近发展区，分别采取相应的研修策略，助推教师迅速、持续发展。

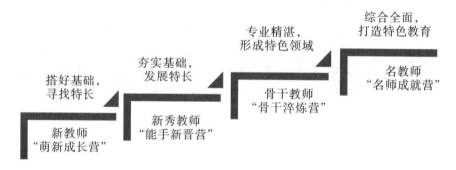

图2　四层次教师发展目标

表1　四层次教师关键研修策略

教师成长历程	关键研修策略
新教师"萌新成长营"	（1）开展严格的岗前培训，合格后才能上岗 （2）以师徒结对、观摩试教、跟岗实践等形式，帮助教师快速适应工作环境，提高工作的顺畅度
新秀教师"能手新晋营"	（1）轮岗练兵，提供锻炼机会 （2）参加"育才新星"比赛，以赛促改
骨干教师"骨干淬炼营"	（1）提供更高学习平台，如加入名教师工作室、骨干教师研修班、国培项目等 （2）发挥"以老带新"传帮带作用，教学相长促提升 （3）加强教育信息技术培训，提高信息素养 （4）打造"一帅一课"精品课程，形成鲜明的教学风格
名教师"名师成就营"	（1）深化省级"蔡晓冰名园长工作室""吴玉琼名教师工作室"品牌建设，引领骨干教师从经验型教师向研究型教师发展 （2）探索"互联网＋教研"模式，满足更多的园际交流、帮扶指导需要

二、立体化研修

（一）加强师德建设，提高教师道德修养

我院积极组织教师深入学习《中华人民共和国教师法》《教育部关于进一步加强和改进师德建设的意见》等文件精神，收看、学习各类优秀教师的先进事迹，办好院"最美教师""我身边的好老师"等项目，挖掘教师的好思想、好作风，弘扬高尚师德，帮助教师树立正确的职业思想、道德观念。

对教师出现的师德问题坚决予以纠止、处理，将师德考核摆在教师考核的首位，并与教师签订师德承诺书，实行师德考核负面清单制度。

（二）做好规划引领，唤醒教师专业自觉

教师是园本研修的主体，内力驱动是教师专业发展的根本源泉。因此，教师的专业发展需要"自上而下"的专业引领，更需要"自下而上"的专业自觉。

一方面，幼儿园应指导与帮助教师们制定个人三年发展规划，以目标管理促进教师不断成长。另一方面，每位教师要深入分析自身的优势与不足，并制订个人发展计划。幼儿园对教师发展规划进行过程追踪管理，每年进行阶段总结，三年后对教师目标达成的情况进行考核。

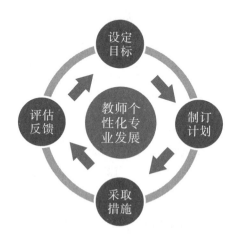

图3　教师专业发展规划

（三）基于真实问题，扎实推进深度教研

"基于问题的学习"（problem-based learning，以下简称"PBL"）模式最早在1969年由美国学者提出。这一模式的关键要素即"聚焦问题"，强调将学习者"抛锚"于真实而复杂的问题情境中，通过小组合作的形式，共同研讨、深入反思，从而解决问题。

我院的教研借鉴了PBL模式，以实践性的"真问题"为主导，坚持"发现问题—教研—实践行动—反馈成效—发现新问题—再次教研"行动研究的路径，以观摩研讨、读书沙龙、案例分析等形式开展。我院创设了自由宽松的教研环境，形成了积极向上的教师合作文化，让教师想说、敢说、喜欢说并能得到积极回应和反馈。每次教研活动都有计划、有主题、有主持、有记录、有观察、有交流、有引领、有反馈，每位教师都积极准备、畅所欲言，通过集思广益共同解决教育实践中的困惑。"三句不离教研""随时随地教研"也成为教师日常工作的常态。

我院形成了纵横交错的教研共同体，横向为双线并进的"常规教研"和"特色教研"，纵向为年级组教研，有效提高了园本教研的广度和深度。与此同时，我院还一直坚持保教并重的原则，非常重视保育教研，例如我院通过教研共同制定了小、中、大班的"一日生活环节具体操作指引"，帮助教师明确生活活动的组织要求。

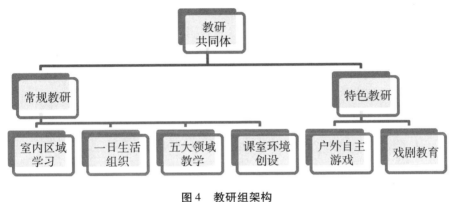

图4　教研组架构

（四）组建研究团队，提升教师科研水平

我院坚持"以教育科研为先导，以课题研究为载体，以教育教学实践为基础"的科研导向，倡导教师自主选题、自主参与、自主结伴，鼓励教师根据幼儿园申报的龙头课题，结合自己的兴趣和优势参与课题研究。

我院引进了学前教育、特殊教育、国画、木工设计、体育等不同研究方向的高水平专业人才，精心培养并打造院科研骨干力量。根据教师的发展需求，我院实施了"3＋2"或"4＋1"等模式（如3天在班上进行教育教学工作，2天进行课题资料梳理等科研工作），让教师做好班级教育教学工作的同时，共同致力于园本课程的开发与建设，并不断发挥该团队的辐射带动作用，以点带面，提高全院教师的课程领导力，从而提升我院教科研工作的整体水平。

（五）内外联动培养，构建研修共同体

与"师徒结对"相结合的是"1＋N"教师互助发展模式，该模式旨在以"请进来"与"走出去"的方式，借助园内外各种学习平台，打造内外联动的研修共同体，为教师提供更多的引领资源。

一方面，我院积极与高校合作，邀请全国知名学前教育专家入园进行细致深入的指导，开展相关培训的同时，高校专家还带领研究团队到我院开展教学活动指导，帮助教师搭建理论与实践连通的桥梁。我院还开展国画、书法、舞蹈、语言艺术、插花等丰富多样的培训，以"选修课"的形式丰富教师的业余生活，发挥教师学习的自主性，发展教师的兴趣爱好，提升教师的综合素养。

另一方面，依托"蔡晓冰名园长工作室""吴玉琼名教师工作室"以及新课程项目联盟等平台，我院充分发挥辐射引领作用，定期开展集中研修学习，将课程建设经验进行推广，这得到了专家和同行的高度赞赏，引起了很好的社会反响。并组建了以"名园长、名教师、骨干教师"为核心的"省育才二院讲师团"，分别赴西藏林芝、广西贵港、四川凉山、广东湛江和河源等地及各大专院校开展师资培训，定期到韶关扶贫点跟踪，带动和推进贫困地区的师资队伍建设。

（六）建立心灵驿站，关注教师身心健康

幸福的教师培养出幸福的孩子。幸福的教师会把自身至真至善至美的心灵力量传递给幼儿，温暖孩子纯真的心灵，照亮孩子璀璨的人生。因此，我院党支部、院长室、保教室等部门非常关心教师的身心健康，有困难及时帮忙，为教师开设心理健康讲座、提供心理咨询，减少教师的职业倦怠，提升教师的职业幸福感。

三、研修保障

（一）建立组织架构，严格落实培养工作

立足园本实际，我院组建了以院长为核心的领导小组，形成了分管院长主抓，保教室、办公室等职能部门具体落实的组织架构，加强幼儿园的规划引领，有计划地推进教师培养工作。各部门分工明确、协调有序，为园本研修的有效落实提供组织保障。

（二）完善保障制度，优化园本研修环境

我院从制度、经费、环境、资源等方面保障研修顺利开展，形成全方位的支持环境，使得园本研修有章可循、有据可依。我院建立了明确的研修制度，如教职工业务培训制度、教研制度、考核制度等，创设了良好的硬件环境、信息技术环境，借助信息技术做好研修前的需求调研、创新培训形式、优化管理方法、更新研修动态、完善资料整理等，打造数字化、智能化、移动化和专业化的园本研修模式。

（三）打造资源平台，共享优质研修资源

基于不同层次、岗位的教师发展需求，我院构建了分层次、分岗位的教师研修课程资源库，帮助教师及时了解国内外幼教发展动态，提高备课、教学质量；充分利用现代化信息技术，以图片、视频、文本等形式，共享教具、优质专家讲座、精品课例、优秀游戏案例、观察记录、工作计划、教育论文等资源，提高园本研修资源的实用性和推广性。

（四）健全评价体系，激发教师成长动力

健全教师多元化评价体系，制定岗位考核方案，建立评价激励制度，焕发教师专业发展的内驱力，激励教师凝练教育经验、积极参与专业技能比赛、开展课题研究、发表论文著作等。

1. 评价主体多元化

为了使评价更客观，我院把自我评价、家长评价、院领导评价、级主任评价与班团队评价相结合。在教师年度考核中，结合教师个人总结、教师匿名投票互评、家长满意度调查问卷、行政会议商讨意见等方面进行综合评定。

2. 评价方式多样化

采取个体考核与班考核相结合的方式。在个体考核中，采用听课评课（一师一课）、跟班观摩、教案检查、育才新星比赛、业务考核、转正上岗考核等方式进行评定。而班考核则是采取"积分制"，从考勤、获奖、带教、编操、课室评比等方面进行积分，并予以奖励，从而更好地增强班级的团队凝聚力，促进各班之间的良性竞争。

3. 评价内容多维度

从"德""能""勤""绩""效""满意度"等全面评价教师的表现，并在此基础上设立"自主发展奖"，对教师在教学、科研、辅导幼儿参赛、发表论文或著作等方面取得的成绩给予奖励。

参考文献

[1] 李琼，裴丽. 建设高素质专业化创新型教师队伍——基于《中国教育现代化2035》的政策解读［J］. 中国电化教育，2020（396）：17－24.

[2] 宋志燕，郝一双. 论不同职业发展阶段教师学习的变化过程［J］. 忻州师范学院学报，2014（2）：73－75.

[3] 李美蓉. 基于问题的学习（PBL）模式在园本教研中的应用［J］. 教育导刊，2021（2）：58－61.

附录：

"基于户外自主游戏的生成活动"教研实施方案

——广东省"新课程"科学保教示范项目《基于自主游戏的生成活动实践研究》

一、现状分析

（一）研究状况

"基于户外自主游戏的生成活动"已经开展了4年，通过持续的教研与实践，教师的儿童观、教育观、游戏观、课程观得到了更新，观察与解读幼儿行为的能力、自主游戏的指导能力与教育活动的组织实施能力得到了增强，专业自信和教育智慧也明显增长。

1. 教研方式的改变

我院探索不同的游戏教研方式，从"以PPT的形式展示持续一段时间的游戏观察、分析与生成"到"现场游戏观摩及分析评价"，使研讨的内容更聚焦、深入。同一场景中每位教师从不同角度观察、分析，可以拓宽教师的思路，集思广益，帮助教师更精准捕捉具有教育价值的生成点。

2. 环境改造和材料投放的持续

（1）补充新材料：每学期我们会根据孩子的兴趣需要及时增添新的游戏材料，如在积木区补充榫卯积木，在涂鸦区补充彩色滤镜板、泡泡秀、造纸机、城堡大师、拼插木板等综合性材料。

（2）更换旧材料：定期检查区域游戏材料，及时更换损耗材料。

（3）共享好材料：汇聚各班教师的教育智慧，共享适宜的游戏材料。

（4）材料的创新组合：材料之间的自由组合蕴含着更多不确定的情境和需要解决的问题。根据孩子的游戏需要，允许幼儿自主选择、组合各个区域的材料，鼓励幼儿发现更多的创新玩法。

3. 生成活动与游戏更自然融合

教师对生长点的捕捉、判断更精确，基于自主游戏的生成活动更自然，使自主游戏和学习活动紧密联系、互相促进。

4. 户外与室内区域一体化

我们已经尝试打破室内外游戏区域的壁垒，将户外游戏和室内区域游戏相互补充、有机整合。

（二）阶段性成果

我们对近年来"基于自主游戏的生成活动"案例进行系统的梳理，形成优秀案例集，并出版了书籍《生长的力量——基于自主游戏的生成活动探索》。该书汇集了38个优秀的游戏案例，分为建构游戏、角色游戏、沙水游戏、探索游戏4类，从游戏场景、发现问题、幼儿尝试与探索、教师思考、生成活动5方面，并配以直观的图片、视频，鲜活地呈现游戏螺旋式递进的过程。

（三）下阶段教研方向预设

教师对材料的提供、游戏的观察、生成活动的步步推进等方面都有所感悟。但对各游戏区域的核心经验还欠缺系统的归纳、提炼，需力争在研究广度、深度上有新的突破，提高自主游戏质量。

二、教研内容

为推进广东省"新课程"项目，起到领衔幼儿园的示范作用，我院将"基于户外自主游戏的生成活动"的教研重点放在更深入研究幼儿，要"吃透"幼儿上。具体内容包括：对各区域各年龄段幼儿发展核心经验的梳理、归纳，丰富各区域环境创设及材料投放的建议，不同年龄段、不同游戏状态的生成活动，等等。

三、教研形式

依托蔡晓冰名园长工作室、吴玉琼名教师工作室以及新课程项目联盟等平台，我院以"请进来"与"走出去"相结合的方式，开展形式多样的自主游戏教研活动。

（1）定期邀请专家入园指导教研，每次安排4名青年教师进行现场游戏点评展示，以点带面，提高自主游戏教研的深度。

（2）常态化级组自主游戏教研。每周以一个班级为单位，正班组和副班组分别进行游戏观察与评价教研。

（3）幼教同行参与游戏教研，为园本教研注入新的活力。

四、教研实施步骤

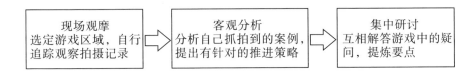

现场观摩	客观分析	集中研讨
选定游戏区域，自行追踪观察拍摄记录	分析自己抓拍到的案例，提出有针对的推进策略	互相解答游戏中的疑问，提炼要点

步骤一：现场观摩。

组内教师到指定区域进行持续一小时的自主游戏观摩，自行追踪观察幼儿的游戏过程，用平板拍摄记录幼儿的游戏行为。

步骤二：客观分析。

（1）描述：每位教师逐一客观描述自己的观察记录，如游戏环境、游戏类型、幼儿在游戏中持续的时间、游戏材料的选择和运用，为分析游戏案例提供依据。

（2）分析：对幼儿的兴趣点和游戏状况（水平）进行分析评价，如认知、能力、同伴互动（语言和交往）、对游戏规则的理解和遵守、情绪表现等方面。

（3）支持：对现场教师的支持策略有效性进行分析。

（4）反思：提出关于环境改造、材料投放、教师支持策略等方面的建议或疑惑。

步骤三：集中研讨。

教师相互解答提出的疑惑，集体研讨、提炼幼儿每个兴趣点对应本年龄段可引申的核心经验，以及适宜的生成活动（生成活动的教育目标要符合《3—6岁儿童学习与发展指南》中的教育目标）。

五、效果与反思

（一）现场评析，共同进步

在"基于户外自主游戏的生成活动"教研活动中，教研组内教师轮流担任主持人和记录者，既是组织者，又是参与者，这极大地激发了教师参与教研的积极性，提升了教师组织教研的能力。

教师们对幼儿游戏进行了仔细的观察、详实的记录、深刻的反思等，并且非常注重实效性，在短时间内完成整个游戏的观察评析和经验提炼，以具体详实的现场一手资料为研讨素材，在思想的碰撞中不断总结相关经验，达成新的共识。这一过程有效落实了以教师为教研主体，激活了教师群体的教育智慧，加强了教师之间的对话，大大提高了教师观察与解读幼儿行为的能力、自主游戏的指导能力与教育活动的组织实施能力。

（二）常态教研，提炼经验

通过常态化的自主游戏教研，带动集体分析提炼各区域幼儿发展核心经验以及科学可行的生成活动。每位教师对户外自主游戏的思考和实践也进入常态化，成为项目研究的实施者。教师逐渐学会带着问题意识、学理意识、方法意识去开展自主游戏，以儿童意识引领教育实践，让反思、研究成为自己的工作习惯。在全体教师的共同努力下，我们逐渐梳理形成《不同年龄段各类游戏活动环境创设、材料准备、核心经验、教育目标参考表》，为教师进行日常游戏观察、评价以及生成活动提供明确的指引。

（三）专家指导，引领发展

我院定期邀请专家入园指导教研。专家针对教师的游戏分析进行深入的指导，引导教师积极转变观念，以研究的眼光审视日常游戏活动，丰富解读儿童相关的理论知识和方法。

（四）园际交流，辐射带动

我们还邀请工作室学员和项目联盟成员参与教研，为教师搭建展示交流的平台，这既能把有效的经验做法分享给幼教同行，也能在园际互动中相互启发，拓展教师的思路。

幼儿园教师课程领导力的研究与实践

深圳实验幼儿园　刘　凌

随着《中共中央 国务院关于学前教育深化改革规范发展的若干意见》《关于支持深圳建设中国特色社会主义先行示范区的意见》等文件的发布，为幼儿提供更加充裕、普惠及优质的学前教育越来越成为社会民生的主要问题，深圳市更是将"幼有善育"作为建设中国特色社会主义先行示范区的重要内容。

作为深圳市重大成果推广项目的负责人，我园从 2008 年开始，聚焦幼儿园师资建设，制定幼儿园办学集团顶层设计的纲领性文件，以辐射带动、整体提升为担当，从理念转化力、方案设计力、活动组织力、反思评价力 4 个方面，创建教师课程领导力的教师发展体系，解决制约学前教育优质发展的"卡脖子"问题。

围绕幼儿园课程和领导力两个关键词，深圳实验幼儿园经过 4 个阶段的循环往复深入研究与实践，梳理了幼儿园教师的课程领导力内涵与实践框架，构建了幼儿园教师课程领导力的能力进阶表，探索了可持续、可借鉴的实施路径。

一、整体实践方案

（一）课程领导力

幼儿园教师的课程领导力是指教师以幼儿园的课程文化为载体，在对课程的设计与开发、组织与实施、管理与评价中所应具备的教育思想、儿童观念以及在课程理解、规划、执行、管理、评价和创造的能力。

其目的在于促进幼儿的整体发展、教师专业能力的系统提升、幼儿园课程的立体构建。

（二）实践框架

由于幼儿园课程的特殊性，做有准备的幼儿园教师课程领导力也与园长、中小学教师稍有不同。经过调研与实践梳理，我们提炼了幼儿园教师课程领导力的实践结构（图1）。

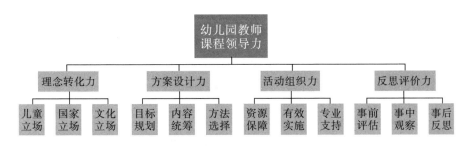

图1　幼儿园教师课程领导力的内涵结构

1. 理念转化力

幼儿园教师是课程理念落实到课程实践运行的桥梁，也是幼儿园课程建构的重要主体。因此，幼儿园教师的课程领导力之一就是理念转化力，即幼儿园教师要能够理解认同幼儿教育的先进理念并将其转化为教育实践。

（1）儿童立场。幼儿园教师的课程思想与教育愿景要与园本课程保持一致，体现并认同儿童在课程开发与实践中的重要地位，将园所儿童观转化为教师本身的行为观念，具有儿童立场。儿童立场到实践的转化，需要教师在观念上信任儿童的能力；在准备上评估儿童的发展水平、创设适宜儿童行动的环境材料；在过程中观察记录并分析评价儿童的学习与发展，做一名以儿童视角进行教育的专业教师。

（2）国家立场。幼儿园教师作为教育工作者要思考"育人"问题，即为谁培养人？培养什么样的人？幼儿期是一生发展的启蒙阶段，是人格养成的关键时期，因此教师站稳国家立场，为党育人、为国育才尤其关键。国家立场到实践的转化，需要教师在观念上强化民族信念，将国家统一的价值观转化为儿童能够理解的行为意识；在行为上遵守国家要求的行为准则，做一名言传身教、行为世范、师德高尚的人民教师。

（3）文化立场。文化是人类创造文明的印记，怎样的文化代表着人类文明的进步，激励着人类真善美的传承，需要我们在教育活动中进行甄选。幼儿园教师需要在教育实践中具有文化立场。文化立场到教育实践的转化，需要教师研究优秀文化的表征形式，尤其是中华优秀传统文化；研究优秀文化在幼儿园教育活动中的浸润路径；研究传承优秀文化的资源支持体系，做一名立足中华优秀文化、悦纳世界优秀文化的人类文明传播使者。

2. 方案设计力

幼儿园教师的方案设计力是其课程领导力的第二项重要内容。有准备的幼儿园教师需要有目的、有方法、有步骤地开展教育活动，支持儿童朝向发展目标前进。

（1）目标规划。儿童课程是有目标导向的活动，它不是随机发生的，是为了实现教育目标而实施的，有计划、有教育价值导向的活动。因此，幼儿园教师在课程中需要进行目标规划。儿童发展目标既是综合性的，又包含了不同的分支，比如健康发展、语言发展、社会性发展、科学认知发展、艺术能力发展等。教师需要根据园本课程目标体系规划儿童在教育活动中的发展方向。

（2）内容统筹。内容资源是儿童发展的媒介。学前教育没有固定的内容资源体系，教师需要在课程建构中，统筹内容、协调资源，为儿童的学习和发展提供多元化的操作平台。幼儿园、家庭、社区甚至社会资源等都可以成为儿童学习与发展的内容体系。幼儿园教师的课程领导力就需要包含统筹大自然、大社会多方内容资源的能力。

（3）方法选择。3～6岁儿童是通过直接感知、实际操作、亲身体验的方式进行学习，获得发展经验的。幼儿园教师需要根据儿童的年龄特征、发展目标、内容资源特点选择儿童适宜的经验获取方法。原则是：尊重儿童的自主选择、满足儿童的好奇探究、激发儿童的积极投入。主要操作方法包括：情境体验法、角色扮演法、示范模方法、操作探究法、艺术表征法等。

3. 活动组织力

幼儿园教师的活动组织力是其课程领导力的第三项重要内容。专业的幼儿园教师可以借助环境材料、活动流程、现场事件进行灵活、有序的教育引导，关注每一个幼儿的发展需求，兼顾全体的发展方向。

（1）资源保障。环境资源是第三位教师，可以说提供资源保障是教师组织活动的前导。教师的活动组织力包含了资源保障能力，因为资源保障是幼儿有效学习的必需品。因此，教师需要为儿童创设学习与发展所需的真环境，保障儿童在活动中的深度学习。比如教师组织儿童进行主题探究学习，探究所需的环境资源，需要教师提前准备，以保障儿童在活动中与环境材料发生互动和探究行为，激发深度学习产生。

（2）有效实施。有效组织幼儿培训学习是实现教师专业价值、促进幼儿学习成长、实现课程目标的单元。幼儿园教师活动组织的有效实施力是教师根据有准备的活动方案、资源素材支持儿童有步骤地进行操作学习的过程。为保障实施的有效性需要进行过程性评估与监控，比如儿童在活动中的投入性、儿童个性化需求的满足程度、儿童在活动中的挑战性与获得感等。

（3）专业支持。幼儿园教师的活动组织力还包括在活动中教师提供的专业支持，这种支持主要呈现于师幼互动的过程，也呈现于环境自愿的准备过程。教师可以通过提供引发学习的环境材料，也可以通过语言、动作等示范、启发儿童的学习进程。

4. 反思评价力

幼儿园教师的反思与评价力是其课程领导力的第四项内容。课程领导力是教师对于课程开发与实践全过程、全方位、全系统的管理、推动以及评估。因此，对于课程的反思与评价是整个课程建构的重要环节，可以促使课程建构与实践过程更加适宜、有效。

（1）事前评估。反思评价是贯穿整个课程实践环节的，在课程实践前期，老师需要事先评估儿童的前期经验、年龄特征、文化与家庭氛围以及关键事件等要素。

（2）事中观察。课程实践过程中，也需要教师的反思与评价。教师需要时而投入活动，时而抽身出来进行观察、分析，及时调整课程进程，或生发更多有教育价值的活动内容。事中观察的素材也可以成为反思与将来实施新内容的依据。

（3）事后反思。事后反思能力也很关键，教师需要在课程实践后对儿童的表现、活动的组织效果、活动的内容选择进行反思。一方面能提升教师的专业能力，引导教师用专业的视角、思维分析真实教育情境；另一方面能帮助教师深入了解幼儿的发展水平、学习需求，为有针对性、个性化的教育活动设计积累经验。

二、实践方案落实的推进步骤

综上，我园通过自上而下的设计与自下而上的实践探索，经过叙事研究、路径探索、优化完善、推广辐射4个阶段，每个阶段又包含问题提出、制订方案、实践行动、反思评估4个问题解决的循环步骤，建构出一套系统的幼儿园教师课程领导力培育方案（技术路线详见图2）。

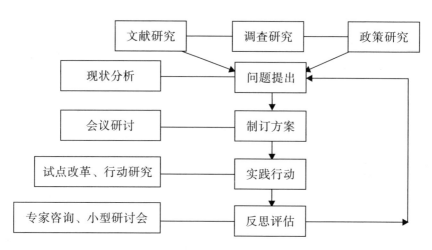

图 2　幼儿园教师课程领导力培育探索的技术路线

（一）叙事研究阶段：观察分析，建构模型（2008—2013 年）

我园在三十年的办园历程中，培养了一批骨干教师。2008 年幼儿园以这批骨干教师为研究对象，通过调查研究、个案分析，访谈骨干教师、分析教师课程领导力提升历程，梳理幼儿园教师成长的关键影响因素，提炼幼儿园教师课程领导力培育的理论模型。

2008 年申报广东省教育学会课题研究项目，2013 年结题，并出版《幼儿园教师课程领导力提升之路》一书。

（二）路径探索阶段：行动研究，形成序列（2014—2015 年）

2014 年起，在以往研究成果的基础上，幼儿园开展行动研究，完善幼儿园教师专业成长的路径——发展幼儿园教师课程领导力。通过文献研究、调查等方式，制定不同层级教师的分层标准；通过访谈、问卷调查等方式，了解当前幼儿园教师专业成长现状；制定符合不同层级教师专业成长的内容资源、支持路径、培训策略等，促进幼儿园教师专业发展。研究梳理出不同层级、不同主题、不同类别的教师课程领导力提升路径。

（三）优化完善阶段：系统实施，自主生长（2015—2020 年）

2015 年起，幼儿园在实践中实施幼儿园教师课程领导力提升方案。①组织系统的教研活动：儿童视角的教研设计、多样化的组织形式、阶段性的教研内容；②开展阶梯性培训活动：分等级设置培训项目、分专题设计培训内容、按岗位组织跨界学习；③设置导师制的支持架构：通过师徒结对、智慧学院、"三人行"研究院等系统建立教师专业成长支持体系；④建立自主的考核与展示平台：每年组织两次以上的教师专业基本功考核，确定教师的能力分层；利用接待观摩、交流分享的契机为教师提供自主选择的展示平台。

（四）推广辐射阶段：输出管理，课程引领（2015 年至今）

2015 年起，幼儿园实施集团化办园，在深圳南山区、福田区、光明区、坪山区等地区输出管理，对深圳市幼儿园管理输出 7 所、课程输出 10 所、结对帮扶 9 所，对其他地区公益帮扶 15 所。教师课程领导力是其中最重要的项目。深圳实验幼儿园每年接待来自全国不同地区的幼教同行近千人；园长、教研员、班主任受邀参加会议论坛、培训讲座每年平均 10 次以上。受福田区教育局、深圳市教育局、广东省教育局厅委托主持名教师、名园长工作室，带领学员、成员多达几百人次，发挥了示范引领作用。

三、教师课程领导力培养的典型做法

（一）教师课程领导力的能力进阶表

围绕幼儿园教师课程领导力的内涵，结合幼儿园教师的现状，形成了幼儿园教师课程领导力的能力进阶表（表 1）。

表1 幼儿园教师课程领导力分层发展模式

教师分层 评价指标	发展目标			培养内容			提升方式		
	形成德育之邦	塑造专业之邦	打造领跑之邦	专业精神	专业知识	专业能力	文化熏陶	培训学习	实践活动
普通教师	行为规范·敬畏之心	教育教学基础能力	个性特长引领	1.职业理解与认识 2.对幼儿的态度与行为 3.幼儿保育与教育的态度与行为 4.个人修养与行为	1.幼儿发展知识 2.幼儿保育知识 3.通识性知识	1.环境创设与利用 2.一日生活的组织与保育 3.游戏活动的支持与引导 4.教育活动的计划与实施 5.激励与评价 6.沟通与合作 7.反思与发展	重点在于制度文化的引领，习得作为幼儿教师应该具有的行为规范，并将这种规范内化，成为自己气质特征的一部分。	主要通过园本培训的方式获得成长。其掌握常规教育教学技能的普遍技能	主要任务是掌握常规的教育教学技能。因此对于他们的重要途径就是教学展示观摩
骨干教师	精诚合作·勇于担当	家园沟通与合作育人能力	综合育人引领				重点在于物质文化的建构，即通过建构物质文化，形成团队共作意识。用积极向上的情感克服现实中遇到的各种问题	主要为他们提供更多理论学习平台。一方面是通过阅读学习；另一方面，让他们的可更多平台，以跳出教育看教育，开阔眼界，从更高的层次进行思考	实践学习的重点是综合素质的整体提升。因此对于他们的实践途径就是担园级课程的策划与实施
专家教师	追寻事业·大爱之心	教育研究与成果推广能力	思想传播育人策略引领				重点在于感受精神文化的熏陶，即领悟园本文化的精华，塑造大爱精神。用精神提升自身的素养与境界，用文化抵制外界不良氛围的干扰。不断努力以幼儿教育为自身终生奋斗的事业	提供更多外出学习深造的机会，接触更多具有理论素养的专家教授	这一阶段也是他们承担教育使命、传播优质经验的重要时期。因此对于他们的重要途径就是做升的"讲师"，去引领同行的发展

（二）提升课程领导力的三条路径

幼儿园教师的课程领导力提升路径主要有 3 类：文化熏陶、培训学习、实践活动（图3）。

笔者发现教师课程领导力水平呈现不同层级，而不同层级教师其领导力提升的目标、内容以及方法也会呈现出不同之处。因此我们建构了幼儿园教师领导力提升的分层发展模式。

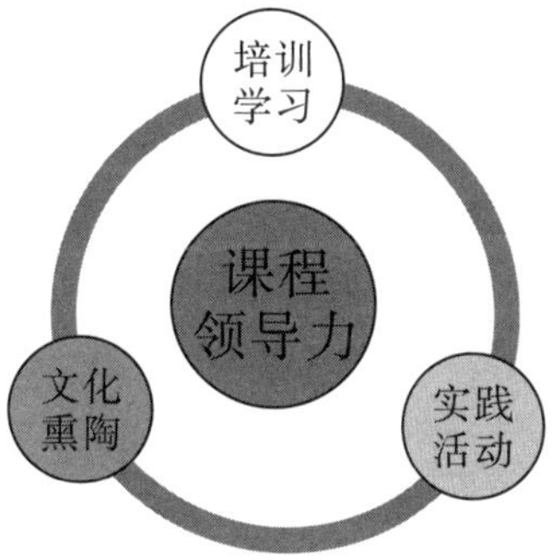

图 3　幼儿园教师课程领导力提升路径

1. 文化熏陶重情怀

园本文化是幼儿园教师课程领导力提升的最佳途径，可以在不知不觉中让教师体现作为教师应该具有的行为规范与道德情操。园本文化包涵制度文化、物质文化与精神文化 3 个层面，它们对于不同发展阶段教师的影响是不同的，也就说文化熏陶对于不同层级教师影响的重点不同。

（1）适应期教师的文化熏陶。适应期教师文化熏陶的重点在于制度文化的引领，即习得作为幼儿教师应该具有的行为规范，并把这种规范内化，成为自己气质特征的一部分（如新教师入职文化培训）。

（2）成熟期教师的文化熏陶。成熟期教师文化熏陶的重点在于物质文化建构，即通过建构物质文化感受团队凝聚力，形成团队合作意识，找到以园为家的温暖。用积极的情感克服现实中遇到的各种困难（如用文化策略建立教师的归属感）。

（3）精专期教师的文化熏陶。精专期教师文化熏陶的重点在于感受精神文化的熏陶，即领悟园本文化的精华，塑造大爱精神。用精神提升自身的素养与境界，用文化抵制外界不良氛围的干扰，不断努力以幼教作为自己终生奋斗的事业（如教师成长中的文化熏陶）。

2. 培训学习抓技能

培训学习是完善教师知识体系、掌握科学教育理念的重要途径。以终身发展为理念的教师需要不断学习才能实现教师的专业发展。学习的方式有很多，可以向书本学习、向专家学习、向同行学习，还可以向家长与孩子学习等。这里笔者主要介绍阅读与培训这两种关键途径。对于不同发展阶段的教师来说，促进他们发展途径的关键方式也不同。

（1）适应期教师的培训学习。适应期教师主要通过园本培训的方式获得成长。因为适应期教师最需要掌握常规教育教学的技能，园本培训是最快捷的方式。深圳实验幼儿园的新教师几乎每一周都会参与各种形式的培训学习。实验幼儿园就是通过这种比较密集的园本培养让新教师尽快掌握各项常规工作。

（2）成熟期教师的培训学习。成熟期教师掌握了一定的教育技能，对自己的教育教学工作已经游刃有余，他们的困惑与需要不同于适应期的教师。他们这一时期会思考得更多，思考更加深刻的教育哲理，更想了解教育以外的世界。因此我园需要为他们提供更多理论学习平台。一方面，通过阅读来学习，"书中自有黄金屋"，有一定实践积累的成熟期教师可以从书中获得更多的"黄金"；另一方面，对于这一时期的教师我园除了提供大量阅读的空间与时间外，还提供更多平台，开阔他们的眼界，让他们可以跳出教育看教育，从更高的层面来看待教育（如深圳实验幼儿园教工读书登记表）。

（3）精专期教师的培训学习。精专期教师主要的培养途径是提供更多外出学习深造的机会。对于精专期教师园内的很多培训学习已经很难满足其需求，他们需要更加深远的学习机会，接触更具有理论素养的专家教授。因此，园所要做的就是为他们提供机会让他们走出去学习深造（如广东省中小学新一轮"百千万人才培养工程"研修小结）。

3. 实践活动强内化

实践活动是让教师在"做"中学习与成长，它是培养教师业务能力的重要途径。无论教师掌握多么深刻的理论知识，如果不能将理论转化为实践活动，不能在实践中促进儿童的发展，那么这位教师很难被认可为优秀甚至是合格的幼儿教师。因此幼儿园教师课程领导力的提升离不开实践活动，但是对于不同发展阶段的教师而言实践提升的重点也有所不同。

（1）适应期教师的实践提升。适应期教师的主要任务是掌握常规的教育教学技能，因此对于他们实践提升的重要途径就是教育教学观摩与展示（如青年教师课例展示活动）。

（2）成熟期教师的实践提升。成熟期教师实践学习的重点是综合素质的整体提升，因此对于他们实践提升的重要途径就是承担园级活动的策划与实施。活动的组织与策划是提升教师综合素质的重要途径。实验幼儿园的教师通过承担活动的策划与实施，掌握了组织与管理能力、社会沟通与交往能力以及整合社会资源的能力。这使得处于成熟期的教师获得能力上的快速突破（如儿童话剧演出系列宣传活动策划方案）。

（3）精专期教师的实践提升。精专期教师正在向着研究型、反思型教师发展，这一阶段也是他们承担教育使命、传播优质经验的重要时期。因此对于他们实践提升的重要途径就是做"讲师"，引领同行的发展（如实验幼儿园匡欣老师接待及讲座记录）。

四、教师课程领导力培养的未来设想

1. 建立教师成长的档案袋

指导教师制定好个人专业发展规划。特别关注规划目标的可行性和达成度，促进教师自主发展和有效发展。建立 3 个层面教师的"成长手册"，展示教师的教育实践智慧，分享教师的经验和困惑，交流教师的体验和感悟。建立教师成长档案袋（表 2），探寻教师专业成长的轨迹和规律。

表 2　教师成长档案袋

	内容摘要
教师成长档案	（1）一份不断完善的个人专业成长规划
	（2）一本反映个人备课水平的教案
	（3）一节代表个人最高水平的录像课
	（4）一项能体现个人教科研水平的课题成果
	（5）一篇代表个人最高学术水平的论文
	（6）一份反映自己学科教研的记录表
	（7）一张代表个人最高奖项的证书
	（8）一份改进幼儿园、班级、教师各项工作的管理建议书
	（9）一份反映家长、部门、领导对自己的评价的表格
	（10）一套独特的有生命力的教育教学资料

2. 实施教师成长"六个一"工程

建立园本教研机制。一方面，建立网格化教研活动系统，成立以教研室牵头的园级教研组、年级主任牵头的年级教研组、备课组长牵头的备课教研组、学科组长牵头的学科教研组，各层教研组承担不同的研究重点；另一方面，建立严格的教研制度，对每个教师参与教研的次数、任务、参与度做出记录，纳入教师期末考核。实行教师成长"六个一"（表 3）制度。

表3　教师成长"六个一"

	内容摘要
教师成长六个一	每日一反思——养成反思习惯，成为反思型教师
	每周一教研——新手型及经验型每周参加，解决实际工作中的问题
	每月一讲座——经验型及以上层级的教师主讲，总结经验交流理念
	每期一交流——专家型或教育家型教师主持，就某一课题进行辩论或观摩
	每年一论文——每位教师每年至少一篇论文
	两年一大赛——青年教师参加"青年新秀大赛"，展示各项技能

3. 完善教师评价与考核制度

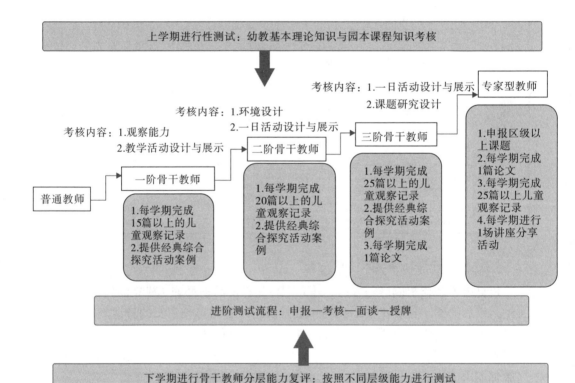

图4　幼儿园教师课程领导力分层晋级与考核模型

附录：

深圳实验幼儿园教师成长方案

一、指导思想（略）

二、成长方案

（一）认同文化，理念一致

1. 认同实验文化（实验文化手册资料）

（1）尊重的文化——尊重儿童，年长的尊重年幼的，强的尊重弱的。

（2）奉献的文化——以艰苦奋斗为荣，以努力工作为乐，以多做贡献为最大自尊。

（3）严谨求实的文化——实验制度要求。

2. 掌握"三人行"课程基本理念（课程培训系统资料）

（1）"三人行"课程基本理念：教育观、儿童观、课程观。

（2）"三人行"课程手册：课程目标、内容、实施、评价。

（3）"三人行"课程实施指引：课程实施方法、具体措施（如：周计划制定、备课要求等）。

3. 明确视角，聚焦儿童（体验式教研——看见儿童、学习故事）

（1）变成儿童，亲身体验：玩儿童的玩具、坐儿童的位置、当儿童的玩伴。

（2）观察儿童，支持发展：放慢脚步、放大行为、放手做事。

（3）理解儿童，识别回应：积极关注、适时介入、持续支持。

（二）模式建构，系统支持

1. 建构系统分层培养模式（见下表）

阶段	目标	模块			路径	方法	评估	
		专业理念与师德	专业知识	专业能力			自评	他评
达标型教师第一阶段（一年）	从事幼儿园工作一年，认同幼儿园园所文化，喜欢幼儿园教育工作，能按照幼儿在园生活流程组织幼儿的一日活动，和运用班级保教常识，熟悉幼儿常见疾病、运动、饮食等安全事故的预防与事后应急处理程序	1. 园所文化 2. 幼儿园教师法律法规意识 3. 职业道德规范 4. 儿童权利与保护 5. 中华优秀传统精神	1. 《3—6岁儿童学习与发展指南》 2. 幼儿身心发展特点 3. 游戏与儿童发展 4. 幼儿园安全工作 5. 通识性知识	1. 幼儿行为观察与分析 2. 一日生活的组织与实施 3. 集体活动的组织 4. 区域材料的选择与投放 5. 应急处理能力 6. 学习能力	融入 / 实践 ⇄ 反思	1. 职业发展规划： （1）体验式培训（儿童视角） （2）微格教学 2. 现场指导及协助 3. 师徒结对 4. 一日一思 5. 基本功考核	教师专业能力发展自评表（含模块标准自我评价） 档案：相应模块的过程性记录	资料质量 阅读
熟练型教师第二阶段（三年）	从事幼儿园工作三年，能熟练组织幼儿在园一日活动，能创设富有教育意义的班级环境，能按照《纲要》和《指南》的发展水平实施教育教学活动，能对幼儿在园表现进行客观的观察与记录	1. 幼儿园教师压力流导 2. 幼儿园课程价值取向 3. 稳定观、教育观 4. 坚定的儿童观	1. 幼儿身心发展特点，多领域（多角度全面了解） 2. 学前教育改革与发展动态	1. 幼儿行为观察与分析 2. 独立创设班级环境 3. 多种组织形式下的师幼互动 4. 班级常规管理中的问题与对策 5. 教育活动评价	胜任 / 提升 ⇄ 总结	1. 自选沙龙活动（形成感兴趣研讨方向） 2. 案例分享式教研	教师专业能力发展自评表（含模块标准自我评价） 档案：相应模块的过程性记录	资料质量 阅读 学习心得 省市奖项

（续上表）

阶段	目标	模块			路径	方法	评估	
		专业理念与师德	专业知识	专业能力			自评	他评
骨干型教师第三阶段（五年）	从事幼儿园教育五年，能抓住教育契机，将教育灵活地渗透到一日生活各个环节，能对幼儿的学习与发展进行科学评价并持续支持，掌握沟通技巧与家长进行有效沟通，促进家园合作	1. 兑服职业倦怠 2. 健全人格教育	1. 通识性知识 2. 信息素养	1. 高质量师幼互动 2. 幼儿园活动组织与策划 3. 随机教育 4. 课程资源的开发与应用 5. 家园沟通，指导家长开展家庭教育	创新　展示　分析	1. 赋权（项目承担） 2. 各类幼教论坛、研讨会、教育年会 3. 各类证书的社会培训 4. 教研组长任务	教师专业能力发展自评表（含模块标准自我评价）；档案：相应模块的过程性记录	论文 承担任务 等
研究型教师第四阶段（十年）	从事幼儿园工作十年，能用研究的方法探索解决教育实践中遇到的问题，形成自己的教育特色，并辐射引领他人，有参与或主持课题研究或项目的经验	1. 突破专业成长瓶颈期 2. 个人心理成长	1. 通识性知识（跨界知识） 2. 信息素养	1. 资源整合能力 2. 园本课程开发 3. 培训能力	示范　引导　研究	1. 成立个人工作室 2. 主持微课题，参与或主持课题 3. 分享研究成果 4. 发表论文	教师专业能力发展自评表（含模块标准自我评价）；档案：相应模块的过程性记录	课题 辐射引领

2. **多元支持路径**

（1）智慧学院：8 小时以外的学习（智慧学院相关资料）。

（2）个性学习：沙龙活动（沙龙活动相关资料）。

（3）项目承担：课程推广、讲师团、责任管理、园内外工作室。

（4）跨部体验：挑战学习。

（5）跨界体验：视野学习。

（三）激发动力，自主成长

1. **欣赏与记录**：关注教师的积极行为、记录教师的成长故事

2. **信任与赋权**：我的班级我做主、AB 角模式

三、成长模式："三三三"模式（见下表）

模 式	具体表述
三原则	1. 入职前——源头把关：善于表达、思路清晰、文化理念一致 2. 入职后——系统支持：分层培训、个性成长 3. 培养后——引领辐射：形成特色、发挥专业
三阶段	第一阶段：（青年教师—5 年及以下）专业成长 第二阶段：（骨干教师—5～15 年）专业特色 第三阶段：（专家教师—15 年以上）专业引领
三方法	1. 输入积累（占比 10%）：专家讲座、外出观摩、远程培训 2. 双向互动（占比 70%）：听课评课、教研讨论、园所交流、师徒结对、案例研究、互动式培训、体验式教研 3. 输出分享（占比 20%）：成立工作室、课程推广、对内/对外分享

诊断、化解、重构

——学习中心课程下校本研修的实施与构建

深圳市教育幼儿园 王 翔 刘锦钰

　　学前教育是国民教育体系的重要组成部分，是终身教育的开端，对建设高质量教育体系至关重要。深圳市作为国家学前教育改革示范区，更是将"幼有善育、学有优教"作为当前阶段的重要战略目标。教师作为课程理念的践行者和落实者，其教育思想、行为、策略是影响这一战略目标实现的重要因素，其专业发展同样关系着学前教育事业的可持续发展。校本研修是提高教师专业素质、协助其向上成长的"聚能环"，需要因园制宜、因师制宜。展开高质量背景下符合园所发展需要、迎合教师发展需求的校本研修有益经验和实践探索。

一、聚焦课程建设，引领教师成长

　　在学前教育改革的大浪潮背景下，深圳市教育幼儿园作为改革的先行先试者，始终将高质量作为教育发展的行动自觉和内在追求，不断探索和实践课程建设，推动幼儿园课程改革和质量发展。在思考分析了当时我国幼儿园教育现状的基础上，汲取了香港幼儿园解决空间环境有限问题的资源共享经验，优化整合了瑞吉欧课程、光谱课程及蒙台梭利等课程方案的成功经验，回归教育本质和儿童本质，历经"返本""循本""立本""固本"4个阶段，16年潜心研究构建了独具特色的学习中心课程。

　　学习中心是创造性的新型学习空间和环境，是为儿童学习提供广泛有效支持的资源中心，是支持儿童持续完整发展、实现自我创造的学习模式。学习中心课程以遵循儿童身心发展规律、回归儿童本质的"返本"教育理念为根基，以培养"身心和谐、心灵睿智、童心真纯、生命喜乐"的儿童为目标，从儿童独特的学习方式和学习特点出发，从儿童的全面发展和适应未来发展需要出发，根植于本土文化，构建了完整的课程体系框架，形成了以"学习中心"为体系、以"混龄走班制"为创新性组织实施形式、以自主研发的信息化评价系统为支持的活动性、综合性全课程方案。课程从顶层设计开始，实现跨界思维、融合学习，创新发展关注儿童的需求、回归儿童的经验、从根本上变革了儿童的学习方式，形成了稳定而不断发展的实践体系，解决了幼儿园课程忽视幼儿主动性和全面发展需要的问题，创新了人才培养模式，为现实与未来教育的连接架构了桥梁。

课程在省市级课程方案评选中屡获殊荣，同时课程的高位发展带动了教师团队的高质量成长。幼儿园高度重视打造内涵发展，铸造多向思考创新，发挥直觉灵感，引领变革的团队文化，推动教职工专业价值的自我实现。在打造一支"追求卓越、专业务实、敢于扬弃、积极应变"的学习型团队的过程中，教研组也探索出了适应课程发展和教师专业需求的典型研修经验。

二、共建共享共研，开拓"大校本研修"思路

在学前教育扩大发展的形势下，以新老园所共同发展为契机，搭建共建、共享、共研的校本研修机制。幼儿园新园所的创建造成教师队伍人数迅速扩张，新教师对课程适应性不足、教学经验缺乏等问题，这促使深圳市教育幼儿园进一步思考如何利用园所发展节点，创新工作思路，帮助新教师尽快适应课程，保障实践教学中的质量。"知识不是力量，共享知识才是力量。"因此，深圳市教育幼儿园提出了搭建"大校本研修"平台，形成园所之间教师共同学习研究的研训体系。

第一阶段以各学习中心理论研究和各区域典型活动成果为抓手，以新教师专题培训为主要形式，以老园带新园，以老手带新手，通过两园校区间的联动帮扶，使新园平稳度过适应期。第二阶段教研组从根本上树立两园协同合作的工作思路，将沟通与共享放在两园协同建设与发展的首要突出位置，通过"两园两中心""两园两班级"的形式，不断探索两园校区的优秀课程建设经验、教师培养经验，通过共建共享共研的工作平台，聚力开发优秀教研资源，定期分享优秀教研经验。校本研修要关注园际合作与交流、专家资源的协同引领、社区与社会家长多方资源的合理利用，以教学、教研、培训的"教、研、培"三位一体的有机协同组合，鼓励教师之间成立师徒制等学习小组互帮互助，依托网上资源做好线上与线下培训内容的整合。

（一）两园两班结对，做细课程管理

为了帮助新园所组建的班级快速成长，提升新班级的课程管理水平，形成良好的课程文化氛围，发挥优秀班级教师的传帮带的作用，使新班级在其影响下，有节奏、有成效地开展工作，不断提高课程管理工作，实现教师队伍合作

的凝聚力和家长工作的引领，园所建立了两园的成熟主教和新组建的年轻班级结对联盟，通过相互带动和引领，手把手地明确年轻班级工作的要点和措施，汲取成熟主教的优秀经验，将班级教育工作做精做细。

（二）两园两中心，共研输出成果

在新园度过过渡期后，为了让园所之间能取长补短、同步发展和高质量运作，提升两园对学习中心的整体运作、设想、创新，园所建立了两园同一学习中心结对教研制，各中心成立线上学习社群，通过固定一周一次研讨和日常交流，将学习中心先进的理念、环境的创新、材料的增减、高质量的活动研发等成果双向输送到两园的教学实践中，实现了双向的资源共享，让每一位教师的智慧和闪光点发挥更大的作用。

三、"能者为师"，形成泛在多元的研修共同体

（一）树立"能者为师"的工作理念

"能博喻，然后能为师"，每个人都有自身的优势智能，能者可以发挥优势智能成为他人的老师。幼儿园内树立了"能者为师"的工作理念，培养了谦逊好学的工作氛围，形成了多元泛在的学习共同体。来自幼儿园、家长、社会的多方参与者都可以成为某个学习领域的专家，成为幼儿的老师、老师的老师。具有团队意识和协作素养的教师通过合作教学中心、线上阅读中心、班群学习中心、课程审议中心等方式使得学习中心教师共同体成为"专家组织"，教师转型为"反思性实践"的专家。

（二）展开对话协商的合作性教学

课程实施方式改变后，教师由过去班级内合作变为全园教师合作性教学，全园教师合作性教学才能协调一致行动维护课程有序和高质量的运作。教师作为学习中心课程的研发者、管理者，在课程的总体研发中，集中力量攻坚克难地解决课程建设与发展中的重大问题，形成"创新—反思—实践"的闭环式专业发展共同体，建设了高素质、专业化、创新型教师队伍。

（三）形成泛在多元的学习共同体

学习方式改变后，通过走班，幼儿在学习中心、班级中构建了广泛存在的幼儿学习共同体，即有着同样兴趣爱好的不同年龄段、不同班级的幼儿在生活

中、学习中发生异质互动，促进了幼儿发展；依托社区资源，全方位向家长开放，构建了家校学习共同体，鼓励家长根据自己的时间、需要来幼儿园参加助教、义工、社团等活动，通过线上互动同步了解幼儿的学习情况，配合主题调查、参访等多形式亲子活动，与幼儿共同学习成长；为了更好地帮助儿童从幼儿园过渡到小学，幼儿园与小学构建了校际学习共同体，最大化利用校际资源，实现儿童的可持续性发展。

四、创新成长制度，提供向上生长的多维空间

（一）分层教研，精准把脉

教师专业发展是一个由不成熟到相对成熟的过程，是以自我发展为核心的专业成长。发展既有阶段性，又有连续性，每一个发展时期都会表现出一些典型的特征和需求，体现出阶段性的特征。分层教研的主要目的就是精准把脉与诊断各层级教师的专业需求，有针对性、有重点地为教师提供向上发展的通路。

主教老师是课程建设与实践的领头羊，有 8～15 年的教育教学经验和过硬的专业素质和专业能力，形成了独特的教育风格，积攒了丰富的教育智慧，承担着班级管理、学习中心对外培训、发挥课程领导力等重要任务，同时也对新教师培养起着言传身教的重要作用。主教教师的分层培养内容立足于主教教师的角色定位，通过小组研讨、案例分析、专家讲座等方式引导主教教师围绕班级管理工作展开深度思考，提高文字梳理能力并及时总结、输出、分享优质教学成果，增强主教教师的课程领导力；鼓励教师对课程形成自身见解，通过一定的教育研究能力培养，使其具备一定的实践研究能力，向专家型教师的角色靠近。

中心负责人是学习中心内容的主要负责人和研发者，承担着材料更新、环境创设、内容研发、活动案例研究的重要任务。中心负责人的专业成长关系着学习中心课程的可持续更新与迭代。因此，中心负责人的培训内容应基于各学习中心的学科内容、领域内容，引导中心负责人以两园两中心结对形成的教师学习共同体为基本形式，每周自主展开讨论与研训，教研组定期围绕中心内容提供可参考的研修书目，积极联系园外资源，提供外出学习的宝贵机会，同时提供在分层研训时分享学习成果的机会，吸收前人的智慧和大家的建议。在此基础上，鼓励和引导中心负责人思考班级管理、家长工作等相关工作内容，向主教教师角色靠近。

助教教师作为最年轻的教师群体，他们通常有 1～3 年的实践经验，有一定的理论知识，但是还缺乏日常教学中的实践经验和教育机智，主要承担着协助主教教师和中心负责人开展工作的职责。助教培训内容应立足于助教的角色定位，加强师德师风建设，开展职业道德教育和心理健康教育；通过观摩、案例分析等形式研训保教知识与方法、提高师幼互动质量，保障教育教学水平，尽快度过课程适应期，加强专业能力，将理论思维转化为实践思维，并在此基础上，加入学习中心研发的相关内容，向中心负责人的角色不断靠近。

（二）创新制度，自主灵活

"我们用什么样的方式培训教师，教师就用什么样的方式去教育孩子。"教研需要丰富的教研形式和灵活的教研制度激发教师学习潜能，生成由内而外生发的学习热情，同时考虑教师的生活需求与工作需求的平衡，在时间和空间上灵活变化。

1. 选修制

学习中心课程中的儿童对于学习内容有着最大限度的选择权，使得儿童可以在众多中心区域中进行自主选择、深度学习和异质交往。深圳市教育幼儿园打造了与儿童学习模式贯通一致的"选修制教研"，在集体教研时间，同时会定期向教师开放多种研修课程，为教师专业发展提供选择的可能性。教师可以根据自己的需要与兴趣加入课程或工作坊，在工作坊中的异质教师群体也可以异质化地交流与碰撞，从而实现了集体研修的扁平化。

2. 积分制

课余时间的教师自主化学习采用积分制度，以导师制、分组深度会谈、21天阅读读书打卡、线上自主学习为主要形式来展开具体实施，教师可以自由组合每类形式和每种活动的次数，在期末完成最低积分即可。①导师制，结对后展开一次师徒交流活动，导师和学员双方输出成果，做好指导记录和学习记录。一次师徒结对活动积 1 分。②分组深度会谈，课程研究小组、课程写作小组、教研组、课题组及自发组成的学习小组，两次深入交流与讨论且有成效的，做好记录、提供佐证可积 1 分。③21 大读书打卡计划，开展以 21 天为一周期的读书打卡制度，教师要在 21 天内持续地进行阅读以保持阅读的连续性，并做好每日读书记录和定期的读书汇报。每位教师至少完成一周期的阅读打卡，不设上限，一周期积 6 分。④自主化线上学习制度，教师可以利用脱产时间，根据自身需求，自行网上寻找学习内容，并做好记录与佐证，每次学习积 2 分。优秀网络资源经教研组商讨后可进行全园分享。

在基于学习中心课程的校本研修深入探索中，园所取得了丰硕的成果。教师通过校本研修找到了自身成长的发力点，提升了专业素质，建立起优势互补、资源共享、合作交流、勇于探索、守正创新的教师学习型组织，打造了一支专业过硬、与时俱进、面向未来的教师队伍。园内教师在省市级比赛中多次名列前茅，在市区级课题中展露出了扎实的实践研究能力，输出了核心经验体系、典型活动、中心理论研究等研究成果，反哺了学习中心课程建设，高质量地支持了幼儿全面发展。同时，示范性园所发挥了辐射带动作用，完善帮扶措施与策略，将研修成果与经验惠及了更多地区的教师与幼儿。

路漫漫其修远兮，吾将上下而求索。教师的专业成长关乎幼儿的当下发展和未来发展，关系着高质量学前教育体系的构建。因此，幼儿园要用好校本研修这一叶教师成长的方舟，不仅"用人"，更要"育人"，不断诊断与反思研修效果，不断开拓与创新研修思路，不断更新与研发研修内容，支持每一位教师成为最好的自己。

附录：

感受传统文化底蕴，探寻民间艺术之美
——民间艺术中心工作坊研修案例
深圳市教育幼儿园

研修主题：学习中心课程背景下民间艺术学习中心的研究探索。

研修背景：《"返本"理念下的学习中心课程研究》作为广东省"新课程"示范保教项目的课题，由深圳市教育幼儿园领衔，获得了深圳市第六幼儿园等4所参与园的广泛参与，项目旨在梳理总结学习中心课程的成果经验，在参与园进行课程推广和应用，共同提升课程建设水平。为了更精准地辐射带动参与园课程建设，通过多次与参与园的沟通交流，本期项目活动以民间游戏中心为主题，更进一步满足参与园课程应用需求，同时，通过本次活动，探索课程培训与推广的新形式，联合共研提升区域活动质量。

一、研修基本原则

（略）

二、活动对象

本次工作坊活动邀请了费广鸿教授莅临指导，深圳市教育幼儿园全体教师、各参与园的30余名骨干教师共同参与。

三、活动内容与形式

本次项目聚焦民间艺术中心，以民间艺术中心的8个区域活动为内容，依

托工作坊的形式展开。

（一）民间艺术活动

民间艺术中心是以班级为载体，在"返本"课程理念下设立的儿童学习中心，具有鲜明的可操作性、生活性和艺术性。中心由印染区、刺绣区、纸扎区、拓印区、稻草区、面泥区、糖画区和剪纸区8个区域组成。

（二）工作坊

工作坊以教师为实践主体，以教师专业成长为核心，由"参与者""促成者"和"专业者"组成，让教师在参与的过程中能够亲身体验、相互对话与共同思考。作为工作坊中的"专业者"，项目理论负责人费广洪教授亲临现场进行理论与实践指导，作为"促成者"的深圳市教育幼儿园王翔园长和学习中心教师为本次项目活动做了充足准备，并主持了本次项目活动，以及作为"参与者"的教师们在区域指导教师的支持下沉浸式体验与学习。

四、活动目标

（1）通过从民间艺术中心理论背景研究的梳理出发，进一步理解学习中心课程的本质和民间艺术中心活动开展的具体形式，为学习中心的区域活动实践奠定理论基础。

（2）通过沉浸式体验，操作民间艺术中心各区域材料，深入了解此中心区域典型活动的组织与实施。

（3）通过分组研讨，激发教师对中心区域活动开展与指导的思考，分享此次活动的所思所得，并对典型活动案例提出完善建议。

五、活动过程

（一）扎根理论，理解课程

1. 视频导入，活动激趣

以视频作为本次活动导入，视频是由深圳市教育幼儿园民间艺术学习中心QQ班的小朋友们共同参与完成的，通过幼儿的视角介绍了民间艺术中心的区域活动的组成，其中包括印染区、刺绣区、纸扎区、拓印区、稻草区、面泥区、糖画区和剪纸区8个区域。

2. 民间艺术中心理论研究成果汇报

民间艺术中心的3位教师对民间艺术中心的理论研究、区域背景研究及各区域活动内容进行详细介绍。民间艺术作为我国传统文化的重要组成部分，它蕴含了我国历史文化的精髓，其中"民间"体现了活动生活性，各区域活动内容与幼儿的生活密切相关，符合幼儿直观思维的学习特点。同时民间艺术中心充满了趣味性，可以充分激发幼儿的主观能动性，通过操作材料自主地参与活动，深度地进行学习与探索。对于幼儿而言，富有趣味性、可操作性和生活性的民间艺术中心，是让幼儿充分感受中国传统文化的适宜切入口。

民间艺术中心是一个为幼儿感受传统文化、体验民间艺术而设立的传统民间艺术文化环境。在这个充满民间韵味的学习空间中，幼儿能亲身体验民间工艺制作过程，在实际操作中掌握民间工艺技巧，锻炼手部动作的灵活与协调，并了解其中的中国传统文化背景，感受民间艺术的特征和美感。低结构的民间艺术材料具有极大的可塑性，幼儿可以充分发挥想象力，以种类丰富的民间艺术形式进行各种创造性表征活动，满足创作的欲望。

3. 各区域相关背景与活动开展介绍

民间艺术中心的老师通过图片、视频等直观的呈现方式从区域活动的理论背景到典型活动做了详尽介绍，其中重点介绍了糖画区、印染区和纸扎区。

（1）糖画区。糖画区的主要活动内容在于体验糖画制作过程。糖画是我国历史悠久神奇的民间艺术，它亦糖亦画，可观可食，民间俗称"倒糖人儿""倒糖饼儿"或"糖灯影儿"。其流程包括熬糖、化糖和转糖，根据线条粗细控制浇糖的流量，快速移动手中的勺子浇铸出一笔成型的糖画，感受糖的冷却和凝固，制作出能直立而且构图丰富的糖画作品。

（2）印染区。印染，又称之为染整，是一种加工方式，也是前处理染色，印花，后整理，洗水等的总称。早在六、七千年前的新石器时代，我们的祖先就能够用赤铁矿粉末将麻布染成红色。居住在青海柴达木盆地诺木洪地区的原始部落，能把毛线染成黄、红、褐、蓝等色，织出带有色彩条纹的毛布。印染区典型的活动内容在于幼儿体验不同材料的扎染过程，使用餐巾纸、宣纸、棉白布和染料进染色，了解各种材料的吸水性，了解二方和四方连续图案，并能运用各种扎染方法设计制作出有规律的四方连续图案。

（3）纸扎区。纸扎，又称扎纸、糊纸，起源于古代民间宗教祭祀活动，它的扎制过程涉及剪纸、雕塑、彩绘、草编等多门技艺，后来逐渐成为庆祝节日的一种装饰艺术。其中技法包括十字交叉和立体连结，通过找中心点、平衡作品形状和重心，练习对称与平衡的方法。教师在众多纸扎形式中挑选出符合幼儿身心发展规律的活动，幼儿通过探索简化的纸扎技巧，开展纸扎灯笼、纸鸢等活动。

4. 专家点评，把握课程本质

费教授对民间艺术中心所做的汇报内容给予了高度评价。费教授表示，民间艺术中心典型活动有扎实的理论支持，实操案例中可以看到教师对每个年龄阶段幼儿支持与指导的策略，从整体来看典型活动呈现出阶段性、多样性和完整性的特征。同时费教授又从"民间艺术中心"的典型活动及材料出发，对学习中心课程的本质做了进一步讨论：学习中心课程的理论结构完整，包含了目的、原则、内容、评价等方面，将"返本"的教育理念落实到课程的每个细节。

费教授基于民间艺术中心及其课程建设情况，向教师们提出了宝贵的建设性意见：民间艺术中心始终要牢牢抓住"美"的意涵，教育目标还需侧重引导儿童发现、欣赏每一种民间艺术独特之美。通过民间艺术活动去引导孩子在感受和体验中爱上民间艺术；学习中心每个区域的背景知识可以从可供教师直接使用的角度进行进一步的提炼。

（二）亲身体验，收获颇丰

在民间艺术中心的分享和费教授精彩的小结后，教师们面对区域里的丰富的材料跃跃欲试，迫不及待地进入了工作坊的体验环节。

1. 认识活动工具、材料，了解玩法

8个学习区域都有指导教师在区域里等候老师们的"光顾"，每当有教师驻足在区域面前，指导教师都会详细地向老师们介绍区域里的活动内容、材料特点及使用方法、艺术技法等，教师们一边认真聆听，一边用手机进行记录。

2. 根据个人能力与兴趣，制定活动计划

对区域和材料有初步了解后，教师以幼儿的身份沉浸式体验了幼儿从选区到工作的全过程。教师们根据自己的兴趣自由选择8个区域活动中的任意活动，进入区域后通过短暂沟通与交流，很快结伴成为学习活动小组，并在指导教师的引导下根据自己的先前经验以及目前的学习需求制定了活动任务和活动材料。

3. 探索材料，自由操作，提供支架和支持

在体验过程中，教师们面对这些民间艺术材料表现出孩子般的好奇和探索欲，剪纸区的老师们尝试了不同的折纸方法从而得到不同样式的剪纸，扎染区的老师利用纸巾、棉白布等材料浸染在颜料中，制作了形式各样的扎染作品……期间教师们交流不停，纷纷分享自己在活动过程中获得的新经验。过程中指导教师们以观察者和支持者的身份提供支架和引导，通过观察教师们的探索过程，在教师需要帮助时即时提供学习支持。例如，在糖画区，教师们从熬制糖浆到成画进行了探索，过程中也遇到了不同困难，其中控制化糖的火候最为困难，在指导老师的支持下，教师们通过多次尝试最后找到了掌握化糖火候的技巧。体验期间，费教授和王园长不仅观察、指导了区域活动，而且在教师们的活动热情影响下也参与其中，动手体验了糖画和刺绣，感受了民间艺术活动的魅力。

（三）研讨分享，碰撞火花

体验结束后，由教研员明确问题，分组研讨，小组代表发言分享作品和研讨梳理结果，专家点评指导。

1. 提出问题

（1）通过刚才对区域活动的体验，活动中包含了哪些活动要素？其中凸显的学习价值有哪些？

（2）结合指导教师的支持策略以及您对活动的思考，在区域指导时应该运用哪些支持策略？

（3）通过您对活动的体验和材料的探索，您发现了哪些与典型活动中不同的玩法？

2. 分组研讨

以区域为小组进行深度会谈，教师对区域活动的开展、指导和提升进行思考，各抒己见，并整理研讨结果。

3. 分享成果

每个小组分享的形式各不相同，有的小组以思维导图的形式分享成果，思维导图中对教师的想法进行分离，逻辑清晰地展现了对研讨问题的思考；有的教师利用视频的形式直观地将活动新玩法展现给大家；也有的教师通过活动作品描述了活动的开展过程以及期间所接受的指导方法。教师们不仅回答了上述研讨问题，而且还表达了对本次工作坊形式的活动的喜爱，在充满民间艺术环境的氛围中体验式学习激发出对民间艺术活动的新想法。在不断头脑风暴中与其他教师们进行经验的交流和思想的碰撞，所有教师对学习中心课程的理解更进一步。

4. 点评提升

费教授对每一小组分享的内容进行点评，指出要着重引导儿童从平面到立体，多维度发现美、创造美、感受美的体验：糖画是线条表现美的艺术形式，印染是以充满惊喜与想象空间的块状表现美的艺术形式……以艺术之美贯穿整个活动。

（四）高位引领，更进一步

费教授首先对活动效果给予了高度的肯定。整体来看，本次活动站以"感受—体验—操作"的流程再现孩子学习的方式，帮助教师发现活动的重难点，找到支持幼儿活动的有效策略。针对民间艺术中心这一个体而言，明确了民间艺术中心是一场审美活动，明确了美的要素。

王翔园长为此次活动做了最后总结。王园长重申了本次工作坊活动的目的与意义，一是为了改进和完善学习中心活动，促使区域活动玩法再丰富；二是重整梳理课程理论，以价值、策略、目的、原则架构活动；三是突破课程推广难的问题，就课程学习与培训形式做新突破。王园长指出，这些意外、突破性的效果与收获值得为在座的教师点赞，如何做学习中心、如何做区域活动、如何做活动这 3 项问题亦在此次活动得到很好的回答并打开了思路。为了今后更好地开展学习中心工作坊活动，王园长也对本次民间艺术工作坊活动提出了几个建议：第一，民间艺术中心的价值可以再进行整理概括；第二，根据费教授的建议，民间艺术中心的核心经验应进行调整，补充艺术欣赏、感受和审美的内容；第三，背景渊源部分的介绍还有待进一步思考，可以以图文并茂的形式更直观地呈现。

六、活动效果

（略）

唤醒　对话　实践

——佛山市机关幼儿园园本研修的方法、经验与成果

佛山市机关幼儿园　聂　莲　吴婉婷　李光坤

园本研修是佛山市机关幼儿园促进教师继续教育和专业成长的重要抓手，同时，园本研修与幼儿园园本课程的构建也息息相关。在我园开展园本研修的实践当中，始终与"自然·爱·悦·梦想"办园理念引领下的愉快园本课程的构建结合在一起，通过经验唤醒、多层对话和实践体验，取得了一些具有实际运用和推广价值的园本研修经验和成果。

一、唤醒——在教师专业促进过程中实现幼儿学习与发展

（一）以教师职业发展为目标，促进教师专业成长

无论是培训活动还是教研活动，其目的都是促进教师的学习和提升，也就是说，园本研修的导向是以教师的学习和成长为导向的。在多年的教研培训中，我园所总结的教师职业发展目标分为5个阶段：一年基本入门、二年站稳脚跟、三年求得发展、四年走向成熟、五年成为骨干；在专业发展层次上我们将它分为金字塔型的4层：塔尖是专家型教师、中间分别是科研型和骨干型教师、塔基是可塑型教师。

（二）以园本课程建设促进幼儿学习与发展

近年来，我园围绕以"悦"为中心的园本课程建设开展园本研修活动，不但建构起"三位一体"的愉快园本课程体系，也树立了以儿童为主体、让幼儿主动参与学习的课程研究思路。促进适应园本课程实践的教师培养和教研思路转变，使研修过程更加重视参与的自主性、多感官的体验方式的运用，让教师们沉浸到真实的教育活动情景、幼儿主动学习的环境之中，树立起"玩—好玩—玩得好"的课程游戏化思想和教育实践思路，为室内和户外课程游戏化环境打造提供新思路和新方法。

（三）以儿童学习与发展为重点

我园将园本研修建立在尊重儿童基础之上，研修活动以促进儿童学习与发展为基本目标。园本研修活动的目标虽然是促进教师的专业成长，但最终的目的还是为了促进幼儿全面、健康发展。不论是教研活动的设计还是实施活动的过程都应遵循儿童身心成长的规律，保证让每个儿童获得富有个性的发展；教研活动也尽量是与幼儿生活情景一致的，以不脱离幼儿日常的生活常态为原则。

二、对话——以多层次平台引领倾力打造教师成长的"加油站"

（一）将工作室引领作为教师专业成长的重要通道

广东省"聂莲名园长工作室"还引入专家指导项目《基于CLASS课堂互动评估系统的幼儿园一日活动中师幼互动的研究》，通过专家讲座、专题研讨、工作室成员现场指导交流等形式开展项目引领、课题研修等活动，成功地将粤东北、粤西北、粤中地区的几所幼儿园联合起来，不仅圆满完成了项目课题任务，也为各幼儿园落实《指南》实验和质量提升提供了非常及时的帮助。名园长工作室的引领还促进了园内骨干教师的快速成长，例如：两位教师获得广东省说课大赛特等奖，两位青年教师代表佛山市参加首届和第二届广东省中小学教师教学技能大赛入围决赛并获得一等奖。此外，名师和名班主任的引领还为师徒结对和新教师成长打下了良好基础，不仅使新手教师得到很好的成长，还在经验传递、更新、提升的过程中使老师们形成了自己的特点，使新教师在"入格—升格—风格"的专业阶段递进中快速成长起来。至于园内的教师，也能通过各自的平台，主持或参与设计各种市级观摩交流和展示活动，为园内外同行作出榜样和示范。

（二）通过重点项目引领丰富教师专业发展的内涵

我园是广东省学前教育专业委员会常务理事单位、广东省校本研修示范学校、华南师范大学学前教育专业实践基地和广东省学前教育"新课程"科学保教示范园。这为我园开展全省的教育教研活动交流提供了条件，为促进本园教师、引领同行专业发展提供了良好的基础。在此基础上，佛山市机关幼儿园连续举办4届广东省青年教师说课大赛，提升了佛山学前教育的影响力；积极组织佛山地区的教师参与广东省学前教育学会的讲座、研讨和小课题研究活动，提升了教师的专业能力和水平；组织本地幼儿园参与我园主持的"新课程"项目《"悦"体育园本课程的构建与实施》研究实践工作，加强了园际间和园内级组之间的互动与经验共享；通过校本研修示范学校与广东省西部农村幼儿园的结对帮扶，输出优质课程资源，优化园内教师成长条件，促进整体性发展。

（三）内外结合形成园本研修的基础支撑

区域领衔园共同体通过先进带后进、城镇带乡村的共建模式，弥补了佛山市机关幼儿园所在的禅城区基层学前教育管理组织的不足，促进了幼儿园保教质量的均衡发展。我园作为省一级园和示范园，成为所在街道辖区的领衔园。十多年来，通过一系列的区域教学活动展示、领衔园园长和骨干教师讲座、共同体园教研观摩、共同体园检查视导、共同体园教师说课、能力展示、教学具制作等展示和评比活动，共同促进教师专业能力的提升，也促进了幼儿园质量的提高。领域教研共同体是园内领域教研组发展而来的自主性研修组织，是幼儿园教师开展五大领域听课、磨课、展示的基本单位，7个小组各设组长1名，在幼儿园科研组的指导下开展以"三自"（自主召集、自选专题、自选方式）为特征的日常教研活动。主要解决或优化班级一日生活管理、过渡环节优化、集体教学活动设计与实施中的问题。各组自建学习讨论群，开展线上、线下教研活动，以线上充分研讨、线下实践体验的组合模式，弥补了组员分散难集中、教研场所有限的问题。

（四）倾力打造园本研修的全方位支持环境

为适应园本研修的新理念和新形势，幼儿园从激活教师能量切入，点燃全体教师的专业生长力，形成教师专业成长的全方位支持环境。我园结合三期工程建设完成了集教师生活、工作、研修学习于一体的专业场室建设，打造了有助于教师合作研修、专业成长的"教师专业成长中心"和展示观摩的"亲子戏剧中心"。在"教师专业成长中心"设有一面独具风格的教研过程展示墙，营造和再现出自主教研、积极研讨的过程和情景。除教师外，后勤人员也主动参与课程资源创设，打造出"户外体育创客实验基地"，为园本研修创设了良好的户外实地观摩、观察实践的场所。此外，幼儿园每年按比例做好专项研训经费计划，按比例分配经费，做好研修活动的经费支持和保障工作。

三、实践——运用有效方法促进园本研修的有效实施

（一）专家引领定方向

邀请学者、理念或实践专家应用讲授法解决教师教育教学中普遍存的问题，提升教师的观念行为及操作或实践某种教学活动的经验。通过专家讲授，集中、高效地向一线的教师们传达准确、实用的理念和信息，解决当前的问题，纠正错误观念和行为。

（二）积极参与造氛围

促进教师积极参与的研讨法，也是我园在日常教研活动中运用最多的方法。例如，幼儿园以级组为单位探讨优化某　活动环节的问题的头脑风暴，名园长工作室、名师工作室组织发起的"世界咖啡"，区域领衔园共同体进行的说课活动、游戏活动等的案例研讨。研讨法为参与的教师创设了一种心理放松、情感温暖、气氛友好的环境，利于大家自主、积极、有创造性地参与到教研活动中。

（三）示范模拟重体验

在教研活动中，传递法也是我们主要应用的方法，应用传递法可加深参与研讨教师的经历与体验。传递法细分为示范、角色扮演、现场模拟等，以提供教研活动的真实场景为基本特征，紧密联系教师的真实生活和工作环境，让研修者主动、有效地掌握某一项目或内容操作的顺序和步骤并能及时获得研修成效的反馈。例如，级组早操学习，课程培训师到幼儿园进行现场的操作和演示，各领域教研共同体进行的区域材料投放、户外体育活动组织、班级美工区的创设、晨谈活动内容与方式，等等研修活动。

（四）自我指导推自主

运用自我指导法落实工作室成员的自主学习任务，促进教师继续教育项目的学习和新教师培训。例如，新教师三年自我成长计划、名师工作室阶段性读书活动指导、教师定期网络学习等。

（五）团队建设顾全体

运用团队建设法有效利用集体优势提高解决问题的效率和质量。例如，从

儿童经验和水平出发，进行体育器械、大型建构积木、沙水组合体验式研修和学习活动，省、市区参赛展示课例、说课研磨，等等，通过在现场观摩、体验、操作积累经验和感受，在讨论中共享各种观点和经历，提炼出有效的经验，统一指导和操作流程。

四、成效——积累了园本研修的丰富资源

（一）形成了园本研修的核心团队

以广东省首批名园长工作室主持人、广东省特级教师、幼儿园正高级教师、佛山市"省级基础教育领军人才"聂莲园长为首的园本研修团队已经形成，并成立了以1名正高级教师、3名高级教师、3名硕士研究生、2名市教育局兼职学前教研员、1名市级名班主任、1名区级名师为主要成员的教科研组。制定了在认真分析幼儿园教科研情况、教师发展需求的基础上，实施"专家引领、以点带面、结伴成长、互助共享"的"引擎式"教研机制，从实践层面为园本研修提升和教师专业管理提出有效的实施策略，形成了教师自主专业发展的良好生态。

（二）建立了互助共享的研修共同体

通过关注不同教师的问题，梳理形成不同领域的"问题群"，以"问题导引"进行分层，形成园内七大教研共同体。园外以省园长工作室、市名班主任工作室、区名师工作室和教科培基地为依托，致力于打造禅城区学前教育发展共同体和以省"新课程"研究项目为中心的项目共同体。

（三）创新了园内的学习型组织

通过新员工岗前培训、跟岗实习、打造青年文明号、成立教师成长志愿者协会等调动青年教师专业成长主动性和积极性，完善青年教师的培养机制，助力青年教师的专业成长。朱惟静老师和曾海燕老师皆在广东省青年教师教学能力大赛中斩获了一等奖；2021年，我园教师组也获评全国青年文明号荣誉称号。

（四）构建了园内外教科研联盟工作体系

在园本研修的过程中，我园积极与高校合作，形成了以课题为引领的园本研修合作模式并取得了一系列的成果。参与华南师范大学杨宁教授组织的

"广东省幼儿园区域活动研究联盟"，出版了《幼儿园户外混龄区域活动——幼儿体育活动新探索》。借助佛山科学技术学院（以下简称"佛科院"）钟媚教授研究团队等第三方力量开展调研，我园制定了"十四五"发展规划，提出了佛山市机关幼儿园未来五年的全面发展目标、发展途径、重要发展项目内容等。同时，我园与佛科院广东省非物质文化遗产研究基地、佛科院广府非物质文化研究中心联合创建"佛山非物质文化遗产与学前教育融合发展研究所"，并成功申报省级重点课题《非遗教育融入愉快园本课程的实践研究》。

（五）打造了一批精品研修项目和资源

在园本研修过程中，我们通过专题、案例的精练和拓展，进一步形成与时俱进的优质课例、班级管理、家长工作经验、专题方案等，并积极参与各级平台展示、交流或比赛，形成园本专题、方案特色，巩固和发展特色化的经验与实践。我园打造了两届广东省青年教师技能大赛一等奖课例、两届广东省中小学教师体育教学展示幼儿组一等奖课例、广东省教师说课大赛特等奖和一等奖案例多项，以及区域性同课异构、幼小衔接展活动研讨活动资源方案等。

接下来，我园将继续加强园本研修硬件和软件平台的建设工作，继续加强教师分层、分阶段的专业成长引领，落实园本化教师专业发展计划实施和研修专题、内容、方式的引领；不断完善研修评价考核制度建设，提高园本研修实施成效，强化"互联网＋"教研的模式研究，结合共同体研修工作机制完善和专题首席教师"认证"，适应并促进园际研修、帮扶指导的需要。

参考文献

［1］崔迪，王雪松．幼儿教师专业发展之中美比较［J］．基础教育，2016（8）：41－49.

［2］姜勇，郑楚楚．汇聚与变革：改革开放40年幼儿园教师专业发展历程解析术［J］．学前教育研究，2019（3）：31－40.

［3］刘梅．幼儿园初任教师的园本研修［J］．学前教育研究，2019（2）：85－88.

［4］蔡迎旗，海鹰．自主学习：幼儿园教师专业发展的现实之需［J］．学前教育研究，2016（3）：34－56.

［5］张阿赛．基于教师专业发展的"园本教研"模式的路径构建［J］．宁夏师范学院学报，2019（11）：105－112.

［6］周海秋．浅议问题驱动式园本研修的有效性［J］．科学大众，2013（8）：90－91.

［7］杨帆．以园本教研促进幼儿教师专业成长的思考［J］．陕西学前师范学院学报，2013（9）：103－106.

［8］茅茵．三段四式主题化系列化教研模式的研究与实践［J］．大连学院学报，2021（3）：4－5.

附录:

佛山市机关幼儿园教研共同体园本研修活动案例
——以社会领域教研共同体"有效开展晨谈活动的内容与方法"为例

活动设计意图:

本学期社会领域教研共同体以《3—6岁儿童学习与发展指南》和《幼儿园教育指导纲要》为抓手,通过世界咖啡、活动展示、线上研讨等多种教研形式,有计划、有目的地开展社会领域教研活动。

本次研修作为学期末的展示活动,将非遗课题和晨谈活动作为切入点,以我园非遗课程中的"秋色"活动作为专题,设计了相应的大班晨谈活动内容,让晨谈活动具有相应的价值和意义,并进一步优化晨谈活动的流程内容。通过展示活动以及随后的研讨分享,达到更新教师的教育理念,提升教师开展晨谈活动的能力及水平,为我园教学质量及课程改革提质增效的目的。

活动流程:

一、主持人介绍本次教研的目的和主题

社会领域教研共同体本学年的教研活动主要围绕根据晨谈活动的内容设计和非遗课题的实践研究展开,本学年的教研展示结合二者确定为以秋色为主题的晨谈活动展示。

(1)大六班展示:以秋色为主题的晨谈活动(20分钟)。

(2)分级组研讨:如何有效开展晨谈活动(30分钟)。

(3)小组代表分享研讨结果(9分钟)。

(4)主持人小结研讨活动(1分钟)。

二、组织教师观摩大班晨谈活动

本次晨谈活动展示从常规性晨谈话题导入,教师邀请幼儿当小主播介绍当天的日期、天气状况等常规问题,然后用轻松的谈话提问过渡到主题活动内容,调动幼儿回忆已有经验,通过亲子调查表展示,鼓励幼儿大胆表达。

三、围绕主题"晨谈活动的开展"进行分组研讨

(一)世界咖啡主题

小班《谈谈您在组织小班孩子进行晨谈时的策略与方法》;

中班《结合我园的非遗课题,收集适合的晨谈内容》;

大班《谈谈如何调动孩子晨谈的主动性》。

（二）世界咖啡的要点

（1）每位教师将晨谈展示活动的意见或建议按照级组进行汇总分享。

（2）根据年龄特点，围绕晨谈的组织进行世界咖啡教研。

每个级组选出组长、记录员和发言代表。教师们一起各抒己见，发表自己对晨谈的看法和做法，记录员做好记录，最后由分享代表上台做分享。

四、级组代表分享集体智慧

小班：小班级组分享的是针对小班年龄段的晨谈策略与方法。文杏老师作为代表，她根据小班幼儿的思维特点，围绕活动形式、活动内容、活动特点进行介绍，其中说到针对小班幼儿要有直观的记录帮助幼儿进行晨谈和侧重进行安全、礼仪方面的教育。

中班：中班级组分享的是结合我园非遗课题，收集适合的晨谈内容。佩玲老师以剪纸作为切入点，提出要切合本班的创意特色和主题内容进行设计，并且要允许幼儿提出疑问，由教师帮助其解决。

大班：大班级组分享的是如何调动大班幼儿晨谈的积极性。小麦老师从幼儿的兴趣点出发，营造宽松愉悦的氛围。她提到要肯定和鼓励孩子，要把话语权交给孩子。

分享过程中，老师们还进行了积极的互动，纷纷发表了自己对晨谈活动价值的认识。

五、主持人小结晨谈活动的要点

（1）多彩内容，让晨谈"妙趣横生"。

（2）多种方式，让晨谈"兴趣盎然"。

（3）多样支持，让晨谈"乐趣无穷"。

小学篇

构建一体四维校本研修模式，促进教师专业发展

华南师范大学附属小学　张锦庭　江伟英　罗力强

　　师资队伍的建设是保证教育质量的重要抓手。2019 年，中共中央、国务院在印发的《关于深化教育教学改革全面提高义务教育质量的意见》文件中，明确提出要大力提高教师的教育教学能力，以新时代的教师素质要求和国家课程标准为基本导向，提高教师培养和培训质量。这体现了强化师资队伍质量的重要性。

一、学校校本研修概况

　　在"美好教育、教育美好"的办学理念指引下，从"美好教师"培养的视角出发，学校结合自身实际，顶层规划、布局谋篇，充分发挥毗邻高校优秀的专家资源的优势，通过"走出去、请进来"的策略，重新塑造校本研修新样态，拓宽教师专业成长路径，并期望惠及更多年轻教师，培育出更多教学能手。

　　目前，学校校本研修倡导全员参与、共同成长。在教育教学课题研究上，已经形成了"人人有课题，人人做课题"的状态。骨干教师带领年轻教师进行研究，鼓励未列入课题组成员的教师积极参与其中，积累经验。待年轻教师有能力亲自主持课题研究后，再层层展开、层层深入，以增强全校师生的课题研究能力。

二、主要经验和做法

（一）多方发力，汇聚优质教育教学资源

1. 校内资源

校内资源包括课程资源、活动资源、教研资源、名师资源、名师工作室资源、教法资源、校本资源以及学术资源等。其中，活动资源主要包括师德师风

建设活动、"青蓝工程"活动、"一师一优课、一课一名师"活动等；名师资源主要包括名校长、名教师工作室主持人和各学科骨干教师；教法资源主要包括"导图导学"教学法、以经典吟诵法和"三步五径"法为核心的国学经典课堂教学模式等；校本资源主要包括430课程、非遗传承课程等。

2. 校外资源

校外资源包括优质的高校资源，为教师教育培养提供路径指引。华南师大附小作为华南师范大学的附属学校，拥有丰富且优质的高校资源。高校教育专家能够为学校教师提供理论及实践等多方面的指导，有效扩充学校教师教育培养内容、提升学校教师教育培养的质量、引领教师教育培养的方向。

3. 有形资源

有形资源包括美育资源以及图书资源，为教师教育培养提供良好的物质文化基础。美育资源主要包括校园环境布置、非物质文化遗产保护学习活动。其中，校园环境布置主要体现在学校可通过文化的塑造引导学生的行为心理。非物质文化遗产保护学习活动主要体现在围绕非遗进校园开展的一系列艺术实践活动及国内外非遗展示交流活动，已形成一系列传承和普及非遗的体系化资源。

4. 无形资源

无形资源包括理念资源和制度资源，为教师教育培养提供科学化的制度基础。其中，理念资源主要包括"美好教育"办学理念、"美好教师"培养理念。制度资源主要围绕"美好教育"构建了相应的制度体系，如《华南师大附小师德建设五年规划》《华南师大附小教职员工等级评定考核实施方案》等。

（二）多元并进，探索有深度、有梯度的师资培养模式

以"多元化"专业发展为导向，积极拓展促进教师专业成长的有效路径，形成了在实践中锤炼教师队伍的新思路。

1. 实施"教师信息技术素养工程"

新一轮课改要求教师重塑自我、重构课堂、重建教学，这对教师的学科专业素养也提出了严峻挑战。基于此，学校以实施教师素养提升行动为抓手，探索开发以任务为导向、以教育实践为目标的高质量、多元化的教师研修课程，开展专家讲座、信息技术和学科融合培训、教师心理健康培训课程等，由此引领教师不仅要接受新理念，还要参与对教育实践的主动建构。

2. 实施"师徒结对青蓝工程"

多渠道、多层次、立体式地开展师徒结对工作，以"入门式""协作式"

"提高式""造才式"评定师徒的结对定级。分析教材、编写教案、双向听课是"青蓝工程"师徒结对活动的主要形式。师徒结对活动充分发挥我校名师、骨干教师和优秀班主任的传帮带作用，加强中青年教师的培养，激励不同层次教师的成长，逐渐形成一支基础扎实、专业精湛、素质优秀的教育教学人才队伍。

3. 实施"名师引领工程"

在充分发挥我校省级"名校长""名教师"工作室主持人的示范、引领作用基础上，组建了校级"首席教师""骨干教师""优秀教师""新星教师"4级教师队伍建设梯队，在梯队内部实行"名师领衔、层级带教"的团队研修模式，逐步形成以名师为核心的高层次骨干教师团队和专家型教师研究群体。通过开展"名师引领课""名师大讲堂"等系列活动，让名师团队成为孕育优秀教育人才的"孵化园"。

（三）顶层规划，构建常态、多元的教研实践样态

秉持"专业共生"的研修理念，通过顶层设计、专家引领，构建了常态、多元的"一体四维"运作模式，不断促进教师的专业成长和学校的内涵发展。

1. 一体

学校倡导组建基于任务型研修的核心团队，要求教师依托年级组、教研组、课题组、项目组等形成形式多样的学习合作共同体，开展不同层面的教学研讨活动。截至目前，学校搭建了校际共同体、学科教师共同体、骨干教师共同体、青年教师学习共同体等4类学习合作共同体，旨在实现优质资源的共享和普及。

2. 四维

（1）维度一：集体备课教研。我校重视集体备课。集体备课充分发挥集体的智慧，不仅能促进"美好课堂"的发生，还能助力"美好教师"的成长。此外，我校不仅利用优秀的学习资源平台，让学校教师线上听取专家报告，还积极邀请各学科专家开展多次讲座，让学校教师能在观摩学习中不断更新理念，提高教育教学能力。

（2）维度二：课例研修教研。学校依托学科教研共同体探索课例研修的路径，即：确立主题（结合教学中的问题确立研究主题）；教学设计（选定课例集体研课备课，形成初步的教学案例）；课堂实践（主讲人围绕研究主题以及确定的解决问题的策略与方法执教课堂教学，组内成员进行课例观察）；教研改进（所有组内教师将观察后体会到的得与失进行分析提炼，提出改进建议形成有效教学策略）；同课异构（基于大家的共同建议，进行教案调整后形

成新的教学设计，组内教学二次课例观察）；形成策略（基于几次教学设计和课堂试教，紧紧围绕问题的解决展现研究过程，提出有效的教学策略）。

（3）维度三：跨学科专题研修教研。专题式研修是围绕某一主题展开的针对性研修活动，以提升课程研修的有效性、深刻性为目标。在对学科进行论证的基础上，组织全体教师召开"项目化学习课程内容设计"专题研讨会，围绕具体研究问题，确立基于多元学科的项目化学习内容体系和学习主题。随后，全体教师借鉴示范样例，根据课程标准，开发各年级各学科项目化学习的主题及内容。

（4）维度四：课题研修教研。理论指导实践，实践凝练成果，成果升华理论。在课题研究上，学校采用理论研修和实践研修相结合的方式。从教学实践中发现问题，以科学而且合理的教育教学理论为指导，提出解决问题的策略和方法，通过科学的研究方法，进行多元的、深度的、有层次的教学实践，以验证先前提出的策略和方法的有效性。

附录：

华南师范大学附属小学"青蓝工程"师徒结对活动方案

一、指导思想

（略）

二、活动对象

本次活动的对象是全校所有老师。师傅的选择为各学科首席教师、学科带头人等有经验的教师；徒弟的选择基本是各学科35岁以下的青年教师。

三、活动形式

秉承自愿与统筹相结合、短期与长期相结合等原则，以2对1或1对1形式结对，多渠道、多层次、立体式、全方位开展师徒结对工作。结对的一般流程如下：

（1）学校征求师徒意见，统筹确定师徒结对人员名单。

（2）举行师徒结对仪式，颁发聘书，签订师徒结对协议，建立师徒关系，明确职责。

（3）正式开展结对活动。

（4）建立完善的师徒结对档案，并制作宣传栏。

四、师傅：铸师魂、育师德、带师能

（一）基本职责

（1）认真贯彻、模范执行师德规范，努力学习教育理论，更新教学观念，切实做好指导工作。

（2）耐心细致地做好徒弟的思想工作，以良好的师表形象感染徒弟，以敬业爱岗的言行鼓舞徒弟，使徒弟学会教书的同时学会为师，引导徒弟健康成长。

（3）指导徒弟合理安排工作计划，有序地开展教育教学和教科研活动，指导他们在教育教学教科研上取得成果，帮助他们解决在教育教学中遇到的困难。

（4）调动和保护徒弟的工作积极性和主动性，及时帮助徒弟解决教学中遇到的问题和纠正不良倾向，并对徒弟提出意见和建议。

（二）学科岗位职责

（1）向徒弟介绍教学经验，提供教学信息，推荐学习文章。

（2）每学期听徒弟课不少于3节，认真做好听课记录，并按照好课的标准认真评课，评议优缺点，做好评课记录，给出指导意见。

（3）精心指导徒弟备好课，认真检查教案。每学期重点审阅徒弟3篇以上教案，并给予悉心的指导。

（4）每学期向徒弟展示2节课例，让徒弟听课学习。

（5）认真审查徒弟批改作业是否认真、批改是否规范、批改是否有针对性，并提出改进意见。

（6）指导徒弟每学期上一堂校级展示课，指导师徒写好教案并上交教务处存档备查。

（三）班主任岗位职责

（1）关心爱护徒弟，经常向徒弟传授班级管理的经验，让徒弟更加明确班主任工作的常规和要求，检查和督促徒弟开展好班主任常规工作。

（2）为徒弟带班工作出主意，想办法，帮助指导形成班级集体，建设好班级文化，必要时具体帮助徒弟解决工作中的困难。

（3）指导徒弟制订班主任工作计划和完成班级工作的总结。

（4）每学年指导徒弟开好一次主题团、队会。

（5）指导徒弟培养班干部，协助徒弟做好个别潜质生（含特殊学生）的思想教育工作。

（6）指导徒弟开好家长会，办好家长学校，做好家访工作。

五、徒弟：学做人、立思想、练本领

（一）基本职责

（1）尊重师傅，认真完成师傅安排的每一项任务，主动向师傅汇报思想工作情况，谦虚谨慎、勤奋好学，不断提高业务能力。

（2）了解学生、热爱学生，耐心细致地做好学生的思想工作，以良好的师德影响学生。

（3）积极主动参加校内教科研活动和各类教学基本功竞赛。

（4）徒弟要注意总结师傅好的经验，把好的方法吸收运用。较多较快地了解、掌握新的教育教学信息、理论，与师傅形成优势互补态势，让自己较快地成才。

（二）学科岗位职责

（1）认真备课，主动请教，每学期至少上交 3 篇以上教案让师傅给予指导。

（2）每学期至少向师傅开课 3 节以上，请师傅给予指导。

（3）平时加强学习并注意积累资料，围绕自己的教育教学研究专题写好读书笔记。

（4）主动听师傅的课，每学期至少听师傅的课 2 节。听课要在专用听课本中认真记录，并写出体会或个人见解，学习将师傅的教学过程与指导思想和自己所写教案做比较，在两者之间，从整体思想、观念以及教学细节中，找到交叉点与差异，分析出现这些差异的原因，并得出适合自己的教学方法。

（5）每学期上一节展示课。

（三）班主任岗位职责

（1）做好学生的教育引导工作。利用各种教育契机和资源适时地开展思想道德教育，引导学生确立远大志向、增强爱国情感；明辨是非、善恶、美丑；明确学习目的、端正生活学习态度，指导学生养成良好的行为习惯。

（2）做好班级的管理工作。营造互助友爱、民主和谐、健康向上的班级氛围，形成有特色、充满活力的班级和团（队）文化。维护班级良好的教学和生活秩序，做好卫生安全等工作。

（3）做好班集体活动的组织工作。发挥少先队中队委员会的核心作用，组织开展符合学生年龄特点、贴近学生生活实际、喜闻乐见、富有时代特色的班级活动，充分调动学生参加活动的主动性和积极性。

（3）做好协同育人工作。协调学科任课教师，争取家长支持，利用社会资源，共同做好学生的教育和引导工作。

（4）关注每一位学生的全面发展。了解、分析和把握每一位学生的特点，及时发现并妥善处理学生成长中的问题，科学、公正、多元地评价学生，为每位学生全面发展创造均等的机会。

践行"四有"新标准，共建研修新生态

广州市天河区华阳小学　张熙婧　邓淑卿　王　荧

为了响应习近平主席提出的教师要成为新时代"引路人"的号召，落实立德树人的理念，努力践行并促进教育均衡发展；为了响应习近平主席号召全国广大教师要做"有理想信念、有道德情操、有扎实学识、有仁爱之心"的"四有"好老师，结合"儿童视角中的为师之道"，华阳小学在践行生本教育理念的过程中，逐渐构建起"四有"教师校本研修 TEAM 课程，以此回应义务教育均衡发展和集团化办学的要求，成就新时代"引路人"和"四有"教师的专业成长，以期以教师的专业发展成就学生的全面发展，最终促进持续发展。

本课程以教师需求为导向，通过"四有"优教研、"四有"协作群，打造"心中有梦想，眼里有童真，肩上有担当，脚下有力量"的"四有"好教师队伍。课程分"通识"和"选修"两大类别，构建"不忘初心""专业修炼""多元 PBL""思'享'创客"4 门主题课程，运用"'2+X'教研""同课会""'1+N'互助项目""OMO 协同发展""生本·微讲坛"五大策略，完善"年级视导""年会教学大赛""教师生态成长链"三大评价机制。最终形成校本研修 TEAM（technical：技术性；ecological：生态化；attractive：有吸引力；multivariant：多元化）特色课程。

一、问题：建设教师研修课程的背景与思考

（一）城市化进程下办学规模迅速扩张，教育不均衡现象日益凸显

中国改革开放 40 多年，城市化发展取得巨大成就。在城市化进程加快和推进义务教育均衡发展的背景下，生源急剧增加，办学规模迅速扩张。从 2015 年开始，华阳小学 4 个校区教学班增加了 49 个，截至目前共有 109 个教学班，学生近5000 人。

2012 年 9 月颁布的《国务院关于深入推进义务教育均衡发展的意见》明确提出义务教育均衡发展，要全面提高义务教育质量。如何以"名校+"集

团化办学方式，探索教育优质均衡发展之路，打造具有广州特色的教育集团优质资源共享机制，努力让每一个孩子都能享有公平而有质量的教育，是华阳小学必须着力解决的核心问题。

面对生源激增、规模扩大的现状，如何保证教育公平，以教师发展成就学生发展，更加显得刻不容缓。教师的发展和学生的发展从来是密不可分的，因此构建与实施"四有"教师校本研修课程，促进教师的专业发展就成为解决这一核心问题的一把金钥匙。

（二）成为新时代"四有"好老师，教师队伍发展迫在眉睫

习近平主席强调，新时代教师要成为有理想信念、有道德情操、有扎实学识、有仁爱之心的"四有"好老师。新时代教师要做学生锤炼品格的引路人，要做学生学习知识的引路人，要做学生创新思维的引路人，要做学生奉献祖国的引路人。

随着办学规模的迅速扩张，我校教师队伍也在不断壮大，仅新入华阳教育集团的教师就超过百人，占教师总数的41%。与此同时，不同发展阶段的教师在专业发展需求等方面也存在着较大差异。如何保证庞大的教师队伍快速发展，形成"四有"教师校本研修体系，从而保证教育教学质量，是目前的发展方向。

二、思路：设计解决主要问题的框架与方法

（一）探索研究阶段（2000—2012年）

（1）阶段主要问题：教师队伍发展不均衡。华阳小学创办于1992年，2000年增设林和东校区，但随着办学规模不断扩大，校区之间教师发展不均衡问题日益凸显。无论是育人理念、课堂实施，还是专业素养，都与天河区教育的高速发展不匹配。

（2）解决问题的过程与方法：运用"同课会"策略开展常态教研，启动"华阳杯"教学大赛机制，实现教师队伍高位均衡发展。针对"教师队伍发展不均衡"问题，依托1999年教育部"十五"重点课题《生本教育的观念和实践模式在课堂教学中的运用研究》，我校成立生本研究室，汇聚各学科骨干教师，组建多元化课程团队，对教师工作中出现的问题进行及时诊断帮扶，共同开展生本教育教学模式的校本研修。2012年，我校开始启动"华阳杯"教学大赛，以赛促研，运用"同课会"，开展"问题导向式"的校本研修，致力于推动两个校区教师高位均衡发展，形成良好的专业成长学习生态。2012年11

月,《语文教学课堂实录》和《数学教学课堂实录》两本专著正式出版发行。

（二）融合创新阶段（2012—2017 年）

（1）阶段主要问题：优质资源共享机制不完善。随着集团化办学浪潮的兴起,人民群众对优质教育资源的需求日益增长,广州华阳教育集团成立后,规模为 4 个校区、4 间成员校。集团内教师专业发展需求不同、研修程度不等,如何在集团中落实高品质的教师研修,实现教育资源优质均衡发展,是面临的关键问题。

（2）解决问题的过程与方法：运用"'2＋X'教研""OMO 协同发展"策略,共建共享优质教育资源,充分发挥核心校的辐射带动作用。针对"优质资源共享机制不完善"的问题,我校深刻领会习近平主席"四有"好老师的深刻含义,结合办学特色,明确"四有"教师校本研修目标。依托各级名教师工作室,我校将教研、科研、培训相整合,运用"'2＋X'教研""OMO 协同发展"等策略,探索区域内紧密型教育联盟的实践管理经验,不断丰富校本研修课程的实施策略,促进区域内教师专业化成长。2017 年 3 月,《向着太阳奔跑：华阳小学的生本教育之路》正式出版发行,标志着本课程成果形成。

三、理念：基于教师需求的校本研修课程

围绕教师专业发展的"TEAM"核心理念,结合学生在艺术节用画笔勾勒并阐释出心中好老师的形象,诠释儿童视角中的为师之道,本课程努力构建"四有"优教研、"四有"协作群,打造华阳"四有"教师,最终形成校本研修 TEAM 特色课程,如图 1 所示。

图 1 "四有"教师校本研修 TEAM 课程的研修理念

（一）课程理念

本课程以"TEAM"为核心理念。其中，Technical 技术性，强调在"互联网＋"的背景下利用信息技术，进行混合式的校本研修，如"OMO 协同发展"；Ecological 生态化，强调共建研修新生态，形成"教师生态成长链"；Attractive 有吸引力的，强调研修内容具有吸引力，可供自主选择，如"思'享'创客"；Multivariant 多元化，强调研修形式多元化，满足个性化研修需要，如"多元 PBL"。TEAM 的内涵解读如图 2 所示。

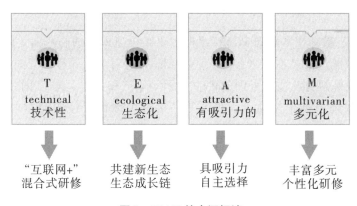

图 2　TEAM 的内涵解读

（二）课程目标

（1）"四有"优教研。优教研追求"四有"，即有格度、有品度、有思度、有力度。"格度"强调校本研修讲究格局和气度；"品度"强调校本研修追求高品质和高标准；"思度"强调校本研修体现教师的才思和学识；"力度"彰显校本研修的实践力量和强度。

（2）"四有"协作群。协作群追求"四有"，即有生力、有生机、有生长、有生态。协作群指的是教师自发形成的主题式研修团队，包括：师徒结对、微团队、项目组、共同体等。"生力"体现出校本研修的生力军源源不断；"生机"强调校本研修呈现出生机勃勃的气象，充满生机活力；"生长"强调校本研修不断促进教师的生命成长和专业发展，彰显出智领未来的发展趋势；"生态"强调校本研修呈现出美好的态势和生动的意态，致力于追求美好的未来。

（3）"四有"好教师。好教师追求"四有"，即心中有梦想，眼里有童真，肩上有担当，脚下有力量。心中有梦想，即坚守教书育人的初心，心怀教育使命，勇于创新，永葆青春的精神；眼里有童真，即充分相信学生，高度尊重学生，全面发展学生的生本理念，坚持仁德育心，心怀仁爱之心；肩上有担当，即强调个人勇于担当，团队互帮互助，协同发展，最终实现共建共赢；脚下有力量，即夯实教育强根基，践行工匠精神，保持高水平的专业素养与专业技能。

四、行动：实施助推教师专业发展的研修课程

（一）校本研修课程的课程内容

"四有"教师校本研修 TEAM 课程主要涵盖通识和选修两大类别，如图3所示。通识类包含"不忘初心""专业修炼"两门主题课程，面向全体教师，全面提升教师素养。选修类则包含"多元 PBL"和"思'享'创客"两门主题课程，教师根据个体需求、兴趣等，实现个性化研修的同时，引领团队发展。

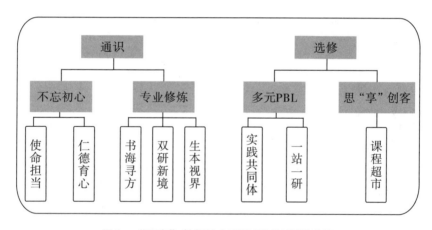

图3 "四有"教师校本研修 TEAM 课程内容

1. 通识类

（1）不忘初心。党的十八大以来，党中央为教育事业确立了"立德树人"的根本任务，也为新时代中小学教育指明了根本方向。在"不忘初心"研修课程里，开发了师德建设系列课程资源，主要研修"使命担当"和"仁德育心"两大模块。

"使命担当"模块一方面研修政策法规，包括各级教育政策法规、师德师

风、职业道德等内容；另一方面以活动化课程开展党员示范走在前、学习教育部表彰教师、"最美守望者"评选等。"仁德育心"模块包括正面教育、家长学堂、心理健康教育等内容。

（2）专业修炼。《中共中央、国务院关于全面深化新时代教师队伍建设改革的意见》中指出：兴国必先强师。新时代教师，要树立终身学习意识，不断提升全体教师的专业素养。为了促进教师的"专业修炼"，校本研修主要包括"书海寻方""双研新境""生本视界"三大模块。

"书海寻方"模块的研修内容包括学科专业经典书目、各类专业讲座，主要以读书会的形式开展研修，其中"书海寻方"读书会，是以生本大阅读观推动全科阅读，提升教师专业素养。"双研新境"模块，面向培养未来教师，主要以活动化课程整合教研和科研，包括年级集备、同课会、华阳杯、大师引领等。"生本视界"模块研修包括学习生本理念、以学定教模式、开展生本沙龙等内容，其中"以学定教单元整体教学模式"是华阳教师经过实践探索形成的教学模式。

2. 选修类

（1）多元 PBL。基于项目的学习（project-based learning，简称"PBL"），也称专题学习。多元 PBL 作为教师研修的一门选修课程，主要指各协作群，围绕既定主题，通过项目研究的方式进行校本研修，包括"实践共同体""一站一研"两大模块。

"实践共同体"模块是指，在一个实践活动中基于共同的兴趣和共享能力建立的非正式联系，比如"互联网＋"国家课程数字教材创新实践共同体、基于大湾区的跨学科（STEAM 教育）实践共同体等。"一站一研"模块通过两种方式落实：一是动态实施"一站一研"，二是定点实施"一站一研"。

（2）思"享"创客。创客（maker）中"创"指创造，"客"指从事某种活动的人，"创客"是指勇于创新，努力将自己的创意变为现实的人。"思'享'创客"主题课程以"课程超市"的方式进行"微讲坛"式的校本研修。其中"课程超市"是由教师根据自身的专业特长、兴趣爱好等开发个性化、有创意的研修课程，并对其他教师进行小范围辐射引领。

（二）校本研修课程的实施策略

该校本研修课程在不断探索实践过程中，形成了"'2＋X'教研""同课会""'1＋N'互助项目""OMO 协同发展""生本·微讲坛"等研修实施策略（图4）。

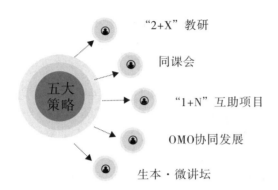

"2+X"教研

同课会

"1+N"互助项目

OMO协同发展

生本·微讲坛

图4 "四有"教师校本研修 TEAM 课程的实施策略

1. 研修策略一："2 + X"教研

对应解决从个人发展到团队均衡的问题,教师的教研方式不断转型升级。基于自主和集体教研相结合的教研1.0版本,经过不断探索升级成教研2.0版本即"2 + X"。

"2 + X"教研机制主要指各学科固定的教研时间,每月开展2次集体教研:1次分年段的集体教研和1次全学段的集体教研;开展2次自主教研:1次年级自主教研和1次校区自主教研。各年级按照集体教研流程,集教师团队的智慧实施校本研修。

2. 研修策略二：同课会

为满足不同校区、集团中不同教师个体和团队的研修需要,开展颇具特色的"请进来,走出去""同课会"教学研讨活动。

围绕课堂教学中的实际问题,集团内各个校区各学科备课组开展同课异构活动;同时邀请市内外,有相同教学理念和教学追求的兄弟学校,开展校际同课会,进行校际间备课团队的课例观测、主题研讨,从而促进教师的专业发展。

3. 研修策略三："1 + N"互助项目

为了促进集团不同教师个体和团队的整体发展,基于以前的师徒结对、三人行等,经过不断探索而升级形成"1 + N"。

"1 + N"互助项目,1是指与生本研究院规划相结合,在集团内成立"1 + N"教师项目式发展模式,与师徒结对、教科研工作结合,开展互助项目式学习、研究,打造集团教师研修协作群,致力于培养优秀的种子教师,致力于实现集团教师成长"合家欢"。

4. 研修策略四：OMO 协同发展

在"互联网 +"的背景下,"OMO"即 online-merge-offline（线上、线下

的融合），开展线上线下混合式研修，旨在解决从个人发展到团队均衡的问题。"OMO 协同发展"是指校本研修方式有机整合传统面授研修与线上网络化研修，线下研修支持线上研修、线上研修技术赋能线下研修，二者优势互补、相辅相成、相互融合，能够倍数级放大校本研修的效果。

通过"OMO 协同发展"，校本研修以教师为中心，充分运用技术赋能，提升教师信息应用能力，面向未来进行混合式研修，着眼于培育未来教师，建设未来。

5. 研修策略五："生本·微讲坛"

"生本·微讲坛"，是指基于集团教师的发展需求，以"课程超市"方式进行共建、共享、共生，通过"线上 + 线下"的混合研修方式，进行跨界融合开发内容，供集团教师自主选择，进行泛在学习、网络社群式学习。

集团教师发展中心将在集团内招募各实践研究的资深教师作为讲师，开展"生本·微讲坛"系列活动，尝试融合创新，开发个性化的研修资源，促进教师个性化发展。

五、调控：研探提升教师校本研修效果的评价机制

该校本研修课程在不断探索实践的过程中，不断发展形成独具特色的"四有"教师校本研修的实施策略，即"年级视导机制""集团年会教学竞赛""教师生态成长链"。

（一）年级视导机制

年级视导机制，主要是指全体行政教师对各年级进行视导，覆盖全体教师全学科，进行教学常规的调查反馈。年级教师在各学科集备组长的带领下，聚焦课堂教学，开展集体备课研讨。教学副校长在视导后，收集各项反馈意见，召开被视导年级全体教师反馈会，给予各项教学工作整体评价，同时提出突出问题的整改意见，帮助年级发展成为"高位均衡发展"团队。

（二）集团年会教学竞赛

集团年会教学竞赛历经了从"华阳杯"教学竞赛到首届生本教育年会，再到集团年会教学竞赛的发展过程。集团年会教学竞赛主要是指进行科组、集备组之间的团队教学比武，呈现了华阳生本教育发展各个阶段的研究问题。教学大赛分语、数、英、大专科组和班主任 5 个类别举行，以年级为单位组成团队参赛。为促进各学科团队的均衡发展，大赛分为专题汇报、课例展示、情景

答辩、课后反思、集体答辩等不同环节，整个教学比赛过程注重团队的全员参与和分工合作。

（三）教师生态成长链

"四有"教师校本研修 TEAM 课程的特色评价机制，为了明确教师的专业成长路径，形成了独特的教师生态成长链：从新秀教师到骨干教师（班主任）、品牌教师（班主任）、特色教师、特级教师、教育专家（图5）。

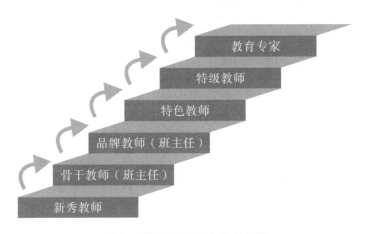

图5 华阳小学教师生态成长链

同时，"四有"教师从 4 个标准着手：课堂观察、行动研究、成长档案、同伴协助。

课堂观察：通过年级视导，听教研课、公开课，对教师的班级管理及课堂教学实际进行分析和判断，进而为改进教师的教学和专业成长提供精准帮助。

行动研究：教师作为自身教育实践的研究者，从实际工作需要中寻找课题，在实际工作过程中进行研究，从而解决实际问题。

成长档案：华阳小学制定《华阳小学教师专业发展规划》表格，每一位教师通过自我定位、自我梳理、自我诊断对自身现状进行分析，并结合自身实际情况制定 3 个目标。

同伴协助：教师在团队中的互帮互助及引领发展，包含 3 个层级，即同伴结对、同伴互助、同伴指导。

附录：

"互联网＋"教研共同体

广州市天河区华阳小学 赖 艳

一、案例的主要内容

本案例主要运用"UMU互动学习平台"的功能，采取"三课互驱"（课题共研、课堂共创、课程共建）研修方式，提升"广清"两地、"集团校"的所有小学数学教师的专业素养，建构并实施"互联网＋"区域协同发展的路径，如附图1所示。

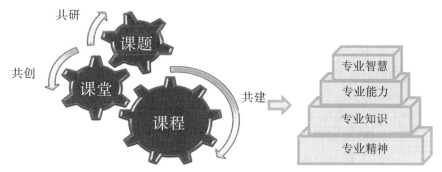

附图1 "三课互驱"——提升教师专业素养

"三课互驱"研修方式旨在促进两地数学教师以专业精神进入研修，丰富学科专业知识，提升教育教学的设计、实施、评价、沟通、合作、反思、研究、信息技术等专业能力，不断提高自己的专业智慧。

二、案例的主要研修方式

（一）"UMU互动学习平台"的功能

"UMU互动学习平台"是知识与传播的免费学习平台，连接人与知识，加速知识的流动，让每个人融入、分享、收获，是一种移动互联网时代的学习方式。该平台常用的功能有问卷、提问、讨论、考试、签到、作业等。

"UMU互动学习平台"功能强大，且在不断地发展，尤其是新增的手机直播、AI评课功能为远距离相互观课评课提供了较大的便利。综观文献资料，目前基于"UMU互动学习平台"的教师发展路径研究还非常有限，运用信息技术手段的技术研究虽然有一定基础，但研究成果尚有很大的局限性。而从现实来看，运用"UMU互动学习平台"加强区域教师协同发展，对于提高教师队伍的整体素质，促进教育欠发达地区教师的专业成长具有重要作用，在努力解决教育发展不均衡不充分的今天势在必行。

（二）"UMU互动学习平台"支持下的课题共研

2019年4月，以《"UMU平台"支持下小学数学教师区域协同发展路径研究》为题，天河区华阳小学赖艳主任申报的广东省教育技术中心课题成功立项，并于2019年7月开题。

课题成员来自不同区域：清远连山壮族瑶族自治县教育局小学数学教研员黄绍定、广州华阳教育集团成员校天河区侨乐小学教导主任彭楚福、名师工作室成员所在学校凌塘小学数学科组长萧应权老师、广州市名师培养对象天河区华阳小学余志敏主任，以及天河区华阳小学年轻优秀的数学老师林丹霞。课题成员的年龄层次分老中青3层，专业对口，且各自所在职务能够组织调动本区域或本校的教师。

另外，在2019年3月29日天河与连山两地教师进行的课题申报研修培训中，本人指导的连山民族小学副校长李丽萍老师以《信息技术支持下跨区域小学数学课例研修模式研究》课题也成功立项并于2019年7月开题。这样，双方在课题研究的过程中，不断研究新的课例，不断开发新的课程，在研究中深度思考，在研究中快速提升，在研究中形成学习共同体。

（三）"UMU互动学习平台"支持下的课堂共创

1. "UMU互动学习平台"支持下之"课堂共创"的课程目标

（1）围绕小学数学"数与代数"与"图形与几何"领域的"概念课"开展相关活动，促进教师重视概念教学并对概念课的教学有深度的理解。

（2）着重知识的纵向联系，尝试从不同年级某一类"内容"的课例中找到共性的教学设计，从信息技术的视角出发，沿着课例共创（确定课题—收集资料—共享资料—个人先备—共同研讨—试教修正—课例展示—听课评课—反思修正）的研究思路，探索小学数学区域教师协同发展的路径。

（3）提高教师的专业素养，促进教育均衡发展。

2. "UMU互动学习平台"支持下之"课堂共创"的课程内容

小学数学教师跨区域协同发展"UMU互动学习平台"课程内容的设定，经历了以下的过程：天河定—天河与连山同定—连山定。这个过程就是连山小学逐渐深入，按需教研的过程。其结果是确定双方的教研内容主要围绕小学数学"数与代数"与"图形与几何"领域的"概念课"开展活动，同时涉及"数学广角""综合实践"的内容。结合"广清"项目、集团校活动、课题研究以及赖艳名师工作室的活动，自2019年4月至今开展的"UMU互动学习平台"课程内容与形式如附表1。

附表1 "UMU平台"支持下之"课堂共创"的课程内容

序号	时间	课程主题	课程内容	参与人员	平台反馈
1	2019年4月24日	"数与代数"之"数的概念"	（1）清远连山周福群老师《分数的意义》 （2）天河区华阳小学袁巧美老师《分数的意义》 （3）双方老师听课评课	华阳集团校所有数学老师、清远连山各小学数学骨干教师	共108人观看直播，78人参与手机直播
2	2019年5月26日	江苏特级教师储冬生"问题驱动式"数学教学	（1）华阳小学贺莉与储冬生老师同课异构《负数》 （2）广二师陈静安教授点评两节课 （3）储冬生老师讲座《教育写作：教师专业发展的"催化剂"》	华阳集团校所有数学老师、清远连山各小学数学骨干教师	共426人参与，问卷完成185人次；图文作业完成268人次
3	2019年9月8日	小学数学教师专业发展现状及需求调查问卷	共12道题，61.9%老师认为教学任务重，没有学习激情；31%老师认为学习资源和平台匮乏；65.5%老师认为依靠网络学习，能系统提高自己的教学能力	清远连山各小学数学骨干教师	共84人参与问卷，18人进行讨论
4	2019年9月25日	"数与代数"之"数的运算"序列	（1）天河区暨大附小徐冬梅老师《加法的认识》 （2）清远连山加田田家炳学校唐嘉梅老师《乘法的竖式》 （3）天河区华阳小学赵姣姣老师《倒数的认识》 （4）根据课堂观察量表进行评课，完成"UMU平台"课程，天河区教研室周峰老师评课	华阳集团校所有数学老师、清远连山各小学数学骨干教师、广州市第四批小学数学骨干教师跟岗学员	共127人参加，65人观看直播，25人提交讨论

（续上表）

序号	时间	课程主题	课程内容	参与人员	平台反馈
5	2019 年 10 月 11 日	江苏特级教师贲友林"以学为中心"的课堂——以《数学广角》为例	（1）华阳小学李雯雯老师《搭配》（2）贲友林老师《找规律》（3）有观测点的听评课（4）贲友林老师讲座《学习：重新认识几个问题》	华阳集团校所有数学老师、清远连山各小学数学骨干教师、广州市第四批小学数学骨干教师跟岗学员	共663人参与；讨论297人次，作业完成205人次
6	2019 年 10 月 22 日	"图形与几何"之"概念课"《什么是周长》	（1）天河区华阳小学仵思佳老师人教版《周长的认识》（2）清远连山黄绍定老师团队的北师大版《什么是周长》（3）双方老师听课评课	华阳集团校所有数学老师、清远连山各小学数学骨干教师	钉钉直播比较清晰，深度交流。双方来回听课评课。效果很好
7	2019 年 11 月 5—6 日	"数与代数"之"数的概念"与"数的运算"	（1）赖艳讲座《共生共长共享——生本理念下的队伍建设》（2）天河区凌塘小学萧应权老师《参观花圃》（3）天河区华阳小学赵姣姣老师《比的认识》（4）连山老师参与的有观测点的听评课	赖艳名师工作室成员、清远连山各小学数学校长与教导主任、部分骨干教师	26人签到，8人参与同课后的问卷，3人参与听评课；5人参加教研需求问答

以上活动内容形式可以分为 4 类：第一类，大师引领：2、5；第二类，同课异构：1、6；第三类，序列研究：4；第四类，支教帮扶：3、7。接下来还应该有第五类：名师工作室跟岗，让更多集团校与连山学校的骨干教师到华阳小学来跟岗学习，深度参与学校的日常教研活动。

3. "UMU 互动学习平台"支持下之"课堂共创"的课程实施

小学数学教师跨区域协同发展"UMU 平台"课程实施，经历了以下的过程：课前从共商教学设计到共看文献资源＋共商教学设计；课后从只有天河评课到双方共同有观测点的观测 + 互听互评。以 2019 年 9 月 25 日 "数与代数"之 "数的运算"为例，课前有如附表 2 的安排。

附表 2　"数与代数"之"数的运算"具体安排

时间	内容	负责人
9 月 13 日	确定内容，查找相关文献	赵姣姣
9 月 13—15 日	阅读文献：《数与代数》《加法的认识》《多位数乘一位数》《倒数的认识》	赵姣姣、徐冬梅、唐嘉梅
9 月 15—18 日	教学设计第一稿；UMU 提交并讨论教学目标与重难点设置	赵姣姣、徐冬梅、唐嘉梅
9 月 18—20 日	教学设计第二稿；根据导师指导与其他两位老师的讨论修改教学设计	赵姣姣、徐冬梅、唐嘉梅
9 月 20—24 日	至少经历两次试教，继续修改教案	赵姣姣、徐冬梅、唐嘉梅
9 月 25 日	课堂实施；两地老师根据观测量表进行观课与评课	赵姣姣、徐冬梅、唐嘉梅以及两地观课老师
9 月 26 日	课后反思；教学设计第三稿	赵姣姣、徐冬梅、唐嘉梅

再以 2019 年 10 月 22 日 "图形与几何"之 "概念课"为例，双方不仅在课前经历了 "共读文献 + 共商教学设计"的过程，在课后评课的过程中也做到了来回交替听课与评课，深度参与。

4. "UMU 互动学习平台"支持下之"课堂共创"的课程评价

"UMU 互动学习平台"课程评价功能强大，有数据、图文、文字、语音、AI 评课等功能，且能够直接在平台上反馈。就 2019 年 9 月 25 日 "数与代数"之 "数的运算"为例，本次活动有 127 名老师签到，65 人观看直播，127 人参加，25 人提交讨论。该课程评价对 3 位老师的成长有明显的帮助，且对观课老师对 "数与代数"内容应关注的部分有比较清晰的认识。

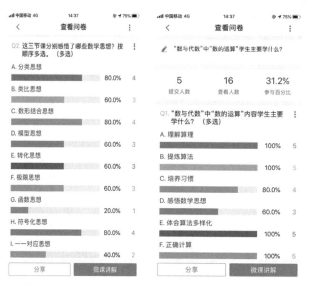

附图2 "UMU互动学习平台"问卷功能指引不同区域教师聚焦思考

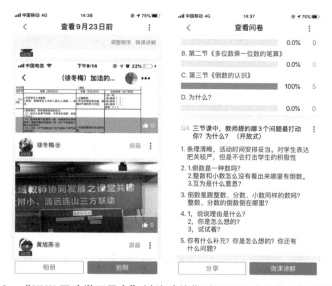

附图3 "UMU互动学习平台"讨论功能指引不同区域教师关注教师提问

2019年5月26日江苏特级教师储冬生"问题驱动式"数学教学活动，满意度节节上升。由此可见，高水平的课堂对不同区域的教师在心灵上都有所触动。广州华阳教育集团能够盘活优质资源的同时也能够让不同区域的教师通过"UMU平台"共享，而且能够聚焦"教师提问""以学为中心""目标导向"

等观察课堂，反思自己的课堂，取得了良好的效果。

（四）"UMU 互动学习平台"支持下的"课程共建"

天河区华阳小学"七彩生本自立课程体系"在 2018 年 10 月获得国家级教学成果二等奖，数学科组"蓝之海"思维课程群是该课程体系的重要分支。经过 3 年的研究，我校数学科组已初步构建"蓝之海"思维课程群的框架，且各类课程组已经成立，正在研发中。

1. "UMU 互动学习平台"支持下之"课程共建"的课程目标

（1）围绕小学数学"蓝之海"思维课程群的开发与实践研究，发动不同区域的数学教师参与到某一类某一项的课程研发当中，共建共施，形成研究共同体，深度参与。

（2）在课程实施过程中探索小学数学区域教师协同发展的路径。

（3）提高教师的专业素养，促进教育均衡发展。

2. "UMU 互动学习平台"支持下之"课程共建"的课程内容

"课程共建"正处于起步阶段，2019 年 5 月开展了 1 次手机直播活动，同年 11 月 13 日开展了集团校"三校联动——游戏课程开发与实践研究"的活动。（见附表 3）

附表 3　"UMU 互动学习平台"支持下之"课程共建"的课程内容

时间	课程主题	课程内容	参与人员	"UMU 平台"课程评价
2019 年 5 月	"华阳杯"教学大赛之"课程共建"——小扑克，大智慧	（1）天河区华阳小学赖艳主任介绍"蓝之海"思维课程群 （2）天河区华阳小学邓慧恒老师介绍"扑克牌游戏课程" （3）天河区华阳小学李恒静老师上扑克牌游戏课例《余数连连看》 （4）广州华阳教育集团老师参与观课与评课环节	华阳集团校所有数学老师、清远连山各小学数学骨干教师	64 人参加活动，24 人参加问卷

（续上表）

时间	课程主题	课程内容	参与人员	"UMU平台" 课程评价
2019年11月13日	三校联动："游戏课程开发与实践研究"	（1）天河区华阳小学与奥体东小学合作一年级扑克牌游戏课程《开着火车去钓鱼》 （2）天河区侨乐小学二年级游戏课程《胜利大逃亡》 （3）天河区凌塘小学三年级扑克牌游戏课程《开心12点》	华阳集团校所有数学老师、清远连山各小学数学骨干教师	待完成

在"UMU互动学习平台"支持下的"蓝之海"思维课程共建部分，还在逐渐摸索中，相信一旦起步，会促进教师不仅能"教教材"，更能"用教材教"；教师不仅能完成应有的教学任务，还能在此基础上有自己的团队、自己的思考和自己的创造，再反作用到课堂教学当中，相得益彰。

3. "UMU互动学习平台"支持下之"课程共建"的课程实施

主要采用了"UMU互动学习平台"的手机直播、问卷与讨论功能进行实施。第一次的活动主场是华阳小学，现场观看的集团校老师参与了评课，观看手机直播的连山的老师参与问卷与讨论。

4. "UMU互动学习平台"支持下之"课堂共创"的课程评价

"小扑克，大智慧"扑克牌游戏课程的开发与实践活动共有64人参加，24人参加问卷。评价如附图4。

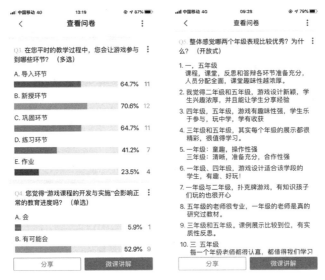

附图4

三、案例中存在的问题和下一步的思考

（一）教师使用"UMU 互动学习平台"还需要进一步熟练

不同区域的教师当中都有部分老师对"UMU 平台"使用不够熟练的情况，因此课程的设置部分没有按照计划完成。功能中的 AI 评课是新的功能，仍需要有一次现场的培训活动帮助每位老师掌握。

（二）"UMU 互动学习平台"支持下的课程内容设置要进一步按"需"定内容

尽管设置了调查问卷，现场有讨论，共同确定研究的主题是"概念课"的内容，实施过程中有一定的成效。但无论是连山的老师还是集团校的老师，需求面比较大。如何更贴近老师们的"需求"设置专业课程，还需要进一步思考。

（三）"UMU 互动学习平台"支持下跨区域教师的协同发展路径要进一步丰富

集团校以及连山的部分老师没有阅读的习惯，缺乏主动学习的意识，主要表现在：一是不会查找文献；二是有了文献，不会利用浏览器阅读文献；三是不阅读已经查找好的文献。尽管在课前与课后设置了协同发展的路径，但老师们走得比较艰难。需要进一步增加集团校、连山教师实地教研次数，促进双方教师的深度了解，并有针对性地进行帮扶。

"四位一体"校本研修促进教师专业成长

广州市越秀区东风东路小学 彭 娅 王洁华

在学校的发展中，教师是第一资源，教师队伍建设是第一要务。因此，打造一支理念先进、素质全面、技能过硬的教师队伍是学校高位可持续发展的有力保障。自 2000 年至今，东风东路小学从一个校区发展为一校四区的办学，随着扩校区、扩班，学校每学年均吸纳来自全国各地的新进教师。从 2010 年的 148 位教师发展到如今的 195 位，其中研究生从 3 位增加至 12 位，本科及以上学历的教师占总人数的 95%。依托稳定科学的制度、系统创新的措施和多元适度的平台保障，在"四位一体"校本研修的支持下，教师实现了专业成长，教师团队实现了高位均衡发展，涌现出一大批各级优秀教师、骨干教师。学校有 1 名全国优秀教育工作者、1 名全国优秀教师、4 名省级特级教师、6 名广东省南粤优秀教师、17 名广州市优秀教师、12 名市级骨干教师、23 名越秀区教坛新秀、12 名区名师和名班主任。

一、校本研修溯源

校本研修包含校本培训和校本研究两方面含义，具体指由学校根据本校及其教师的需要，以问题为中心，充分利用校内外各种培训资源，组织指导教师从事适合本校教育教学需要的研究活动，促进教师专业可持续发展的一种继续教育活动。校本研修的目标是让教师从教书匠发展为研究者，实现教师的专业化发展，使教师成为终身学习的先行者、探索者和示范者，使教师群体率先成为优秀的学习型组织。

多年来，东风东路小学立足学校的高位均衡发展，围绕凝聚教师团队文化、推动学校特色项目、拓宽教师视野和培养梯队人才这 4 个方面开展校本研修。

二、校本研修策略

(一) 资源的开发与应用

1. 挖掘校内资源，充实校本研修的基本力量

校内的名师、骨干教师是学校开展校本研修的重要资源。建立校内专业引领制度，充分发挥学校内部的教育智慧，鼓励有一定专业意识、专业水平、专业精神和专业威望的教师主持开展多种形式的校本教研活动，在工作推进过程中逐步发现和培养一批骨干教师，充实校本研究的基本力量，储备后续资源。

学校建立教师专业成长培养制度，成立了"班主任工作室"，打造优秀班主任团队；成立了"名师工作室"，助力青年教师成长；要求骨干教师、教坛新秀每周需听前辈教师一节课，努力形成教学风格；对新进教师和青年教师开展"智慧联盟"或"师徒结对"的"一帮一"活动，以提高青年教师课堂教学技能和运用理论指导实践的能力。

2. 跨院校协作，搭建专家教师的成长阶梯

21 世纪以来，在不断深化的教育与课程改革的牵引下，为了让更多的教师突破已有发展局限，成长为专家教师，不少学校选择走院校协作之路。院校协作，是大学教育院系与中小学幼儿园结为伙伴以合作方式开展各种教育及其研究活动的一种理论与实践。东风东路小学在近年来的实践中，逐渐超越了以往仅仅请专家来校讲座等粗放化、形式化的协作方式，探索出一套精细化、个性化的协作方式，主要组织策略如下：

（1）建立了网状结构的合作活动探究共同体，形成了"总负责人—执行总负责人—科研组组长—子课题组组长—子课题组骨干—子课题组成员"合作活动的组织体系。共同体中的每个成员都各尽其责，朝着共同的愿景而努力。特别是执行总负责人，要落实与大学的联络工作；科研组组长，要做好上情下达、下情上报，及时收集、整理、移交和落实各种材料的传递工作。

（2）构建丰富的协作形式。除了现场讲座和面对面交流互动，我们还充分借助各种网络平台落实了贴身式、个性化的协作指导活动。

（3）要求参与教师定期撰写引导型日志，分别对教师和对协作活动的满意度、自己存在提高的方面、困难与建议等进行调查，并由专人统计分析，形成日志分析报告，反馈给协作双方，据此改进相应的工作。从而使教师系统理解"教学"与"研究"的深层次关系，深刻感受以研究促进教学的发展趋势和重要价值，真正开始踏上专家型教师成长的阶梯。

（二）以问题为切入点学习提升

教师如何实现专业化？一靠学习，二靠践行。在具体实践过程中，笔者深深地体会到，学习型管理中的"学习"，不是"适应型学习"或"维持型学习"，不是仅仅去学习一些理论，不是仅仅通过学习维持一些活动的顺利运作，而是"产生型学习"或"变革型学习"，是通过学习产生新的革新型行动的学习。因此，学校提出，学习型管理不是以确立目标、制订计划、过程检查、评估督导和实施奖惩等为基本管理流程，而是以解决某一问题为切入点，以具体的学习任务为聚焦点，支持师生行动体验、学习反思、思考探究、改革提升、创新发展。

1. 个体思考

教师个体专业成长的关键点是要有开放的心态和改变自我的意愿。当教师身处专业发展的一定阶段，既有的教学经验和教学业绩有可能成为进一步发展前行的桎梏。因此，教师的个体学习最重要，应通过阅读身边的同伴经验、阅读优秀的名师经验、阅读理论经典等方式，让自己成为有思想的实践者。其中，具有元认知评价的意识与能力尤为重要，每一位教师的发展与成长都是独一无二的，教师发展没有固定的规律，它是一个生命体持续不断追求进步的过程，更需要教师自身的"发展自觉"。比如每年的 9 月，每位教师围绕自身教育教学工作中出现的一个问题进行思考，制订个人的小课题研究计划，并在理论学习与实践反思中进行研究，最终提升个人教育教学水平和科研能力，这个方法卓有成效。

2. 团队研修

要保证校本研修的有序进行，还要组建适合教师自己的研修团队，进行合理的分工。可以是几个有相同研究目标的教师自愿组合成研修组，可以是同学科组式、年级组学科式、年级组式，大家为破解同一问题进行分工、合作。学校采用"完全组阁制"方式，让教师们在团队中彼此各尽所能、各展所长，工作上相互配合、相互支持，既减轻了各自的工作负担和压力，又有利于调动每个教师的积极性，使研修系统的工作有序地运转。

三、校本研修路径

（一）专家引领，助推教师专业发展

专家引领是教师专业发展的助推器。多年来，学校与华南师范大学、北京师范大学等院校协作，得到专家团队在信息技术与学科深度融合、教学研究、多维课程建构等方面的高位引领，有效地促进了教师的专业发展。

鉴于一线教师教学技能较强而教学研究技能较弱，特别是研究成果表达技能较为欠缺的状况，学校与高等院校协作聚焦于小学教师书稿撰写、理论提升方面，以及院校大学生的教育教学实践等活动，为此学校创建了"互惠型院校协作共同体"，协同进行教师发展"学—训—研"基地建设。开展分解式、贴身式与个性化的院校协作式指导。在协作过程中，学校开展了一系列实质性的指导活动。实践证明，专家的高位引领使学校的教师少走了许多弯路，教学理论素养和教学研究水平都能得到较快提升；使科研的根基更深入，教研的空间更广阔，教师的专业成长更有效！

（二）平台搭建，让教师在学习中成长

校本研修是提高教师培训实效的选择，旨在加强教师培训与教育教学研究的联系，在帮助教师解决教育教学问题的过程中实施师资培训，促进教师成长。没有与教学实践研究紧密结合的培训活动，无法检验培训的实效；反之，没有借助研修平台组织交流与推广的教学实践研究，则无法产生积极的辐射效应。为此，学校搭建多元化的平台，组织团队教师进行教学研讨、素养展示、跨界学习，提升校本研修的实效，激发教师主动参与研修、开拓视野，获得成功的体验，引领教师团队均衡发展、不断前进。

1. 搭建展示平台，为教师输出式学习提供可能

在校本研修中，如何将高深的理论学习落地，创新应用到教育教学当中？这是检验研修效果的关键问题。因此，每次的校本研修首先采用"学练测"的集中培训，借助课例研讨跟进研修的实践应用，搭建"校际教师素养大赛"等平台，展示教师的研修成果。值得一提的是，每次的展示活动亦是二次的研修，让团队中的成员互相学习、交流、借鉴，将研修的成果进行推广，产生积极的辐射效应。

如2021年1月，东风东路小学以《学技术 用技术 促发展》为主题开展"教师信息技术应用能力提升"的校本研修活动，引导老师们走向新技术支持下开放、创新的课堂。在培训中，以互动一体机和平板电脑的教学应用为内容，由学科行政和骨干教师担任主讲师，采取"学练测"的方式开展培训活动。首先，学校邀请专业的技术人员给学科行政及骨干教师上课；接着，由主管教学的8位行政教师作为主讲师，结合之前的学习思考，以一个个鲜活、生动的教学实例来展示一体机的各项功能。参与培训的教师们在自主练习之后进行逐一展示，通过互相交流和学习，教师们纷纷赞叹："这个功能真好！""原

来互动一体机还可以这样用啊！"这种"学练测"结合的培训模式让大家感受到新技术的学习并不是那么高深，激发了教师创新应用的意识，提升了培训的现实意义。

依托各级各类平台，看似展示参赛教师的个人风采，然其宗旨是通过科组合力打造，促进教师专业发展，储备优秀人才，让教师团队更加具有凝聚力。

2. 跨科组协作，打造异质交融的教研形态

在学校里，开展科组教研是常用的校本研修方式，能发挥"以研促教"的强大引领力量。一般常见的教研是科组内教研，这种教研形态具有易于生成研究主题、便于直接借鉴模仿等特点。为了进一步提升学校的教研质量，学校尝试打造异质交融的教研形态——跨科组协作教研，即由不同科组的教师结成教研共同体，共同开展教研活动。这种形态的教研，既回应了新课程改革所强调的课程整合、教师具有跨学科意识等要求，也便于校内教师在更大范围内交流经验、激活思维、生成教学智慧，更践行了化"异"为"优"的大包容、大超越的文化心态，顺应了文化经由互渗融合而发展进化的基本规律和必然趋势。

如在 2020 学年，学校坚持每月推选一个学科的一位教师展示优秀的现场公开课，全校所有科组教师都到场观摩并参与研讨。整个跨科组协作教研活动主要包括以下 3 个环节。

第一，学科组集体备课试教。学科组鼓励组内教师自愿报名进行公开课展示，先由教师自行设计预案，完成第一次试教。然后整个科组合力打磨，进行第二次试教，研讨反思修改之后，正式在校内展示。

第二，开展教研观摩活动。学校将每月最后一周的周五定为跨学科教研日，在一学年内艺术科、数学科、英语科或语文科的教师轮流展示公开课。

第三，跨学科评课。先由任课教师简要介绍教学设计并进行课后反思；再由不同学科教师构成"跨学科"小组，就这堂课的"教学理念""教学方法"或"教学资源"等进行"主题式"讨论，小组内将发言进行整理并派代表现场分享；最后每位教师在学校"校本教研网"内自己当天的教学博客上，发表此次活动的教研心得，汇集成深刻而切实的协作教研收获。

通过跨学科协作教研突破了科组内教研的局限性，促使教师从不同的视角审视自己的学科教学，促成学科教学方式、方法之间的大融合，进而帮助教师"取众科之长"，开辟出教学的新天地。

3. 跨界学习，延伸校本研修的宽度

跨界学习，是指跨越自己日常工作的边界，向外界学习并寻求多元素交叉的学习方式。更确切地说，跨界学习是一种学习思路，通过一系列有针对性的

跨界交叉活动，获取创新灵感。学校的校本研修借助跨界学习拓宽眼界、激发灵感、挖掘潜力、提升能力的特点，打开教育教学的视野，激发灵感与热情，让教师结合自身工作，探索出创新的问题解决方案，从而为教育教学创造新的价值。如结合教育工作的心理学、急救常识学习，促进教育创新的参观见学等。

2021 年，学校组织学科行政和骨干教师们开展了一次"观摩高新科技——跨界学习"校本研修活动。研修教师们来到中国电信客户体验云中心，参观了 10 个展区，体验了 100 多项信息化应用。在这个目前世界上最高的信息化体验中心里，特邀的电信专家详细介绍了广东电信在"互联网＋政务、制造、教育、医疗、物流、商贸"等六大行业的创新应用。通过丰富的科技互动体验终端、前沿的展示方式，研修团队的教师不仅深入了解了通信历史的发展、通信设备的变革，而且享受了一场集实时数据展示、大数据应用、云计算，以及前沿的 3D 打印技术和物联网应用为一体的信息化盛宴。同时，教师们也深受启发，有的教师提出"我们的课程超市，如果能运用大数据，收集、整理、分析、归纳出学生喜欢的课程、学习内容、学习形式、并对学习效果做出评价等，那将会为课程改革提供科学的依据，对课程超市的开展有方向性的指引"。

通过这样的跨界学习、跨领域寻求多元素交叉，研修的教师深入了解了"互联网＋"时代信息技术在重点行业的应用，开阔了视野，还有助于融合新理念、新技术，进一步推进智慧课堂的发展与应用，推动学校的内涵发展。

如今，跨界学习正逐渐成为学校全体教师的共识和新常态。通过跨界学习，了解社会发展，有利于学校的教育教学与社会需求接轨。因此，全校上下的精神面貌和工作积极性得到了极大的提升，学校的各项事业取得了意想不到的长足发展。

（三）同伴互助，促进教师在互补共生中成长

同伴互助是校本研修的一种重要形式。更重要的是，同伴互助有助于突破学校中教师之间的相互隔绝，加强合作交流，形成一种相互协作、相互支持、相互促进的新型的学校文化。这种新型的学校文化又能有效地促进教师在互助共生中成长。

学校在"以人为本"的民主管理核心引领下，确立了"规范＋信任、激励＋奉献、创造＋服务"的管理思路，采用"完全组阁制"的方式，实行目标管理。各学科由行政和骨干教师组成研修团队，确保教学管理工作有效进行，提升了科组核心发展力。同时，成立各类工作室，如特级教师工作室、名

师工作室、名班主任工作室等，通过同伴互助，实现教师持续主动地自我提升、相互合作并共同进步。

1. 基础建设

从学科组织架构的纵向管理来看，每位科组长分别负责一个校区的科组工作，并参与听、评本校区教师的研讨课；从横向管理来看，科组长负责自己分管年级的课堂教学质量监控，确保分管年级各班的均衡发展。而集备组长则负责组织本年级教师集体备课、本年级单元检测和期末检测质量分析和本年级周例课统筹安排。通过理清科组长与集备组长各自的职责与联系，提高了一门四校区的科组管理效率。

2. 项目管理

科组工作的每个项目分别由 4 位科组长分管，并征询科组长的意见，根据教师的特点和优势，分别组建到团队中，让每一项工作都有主要负责人员，让更多教师投入到科组的组织管理中，为团队的发展服务的同时，获得更多的价值认同。

3. 保底工程

根据木桶原理，团队中需重点关注新教师的校本培训。为了让新教师尽快地学会有效管理班级的方法，尽快地掌握教学的基本套路，融入集体，汲取和传承东风东爱岗敬业、默默奉献的精神，让他们尽早从稚嫩走向成熟，争做一名优秀的教师，我校聘请已荣退的广东省优秀班主任朱建社老师，在学校开设"朱建社工作室"，工作室成员为近两年新入职的 8 位年轻老师。在朱建社老师的引领下，工作室成员在班级设立"荣誉卡"和《荣誉卡奖罚条例》，发挥激励性评价机制有效地进行班级管理，有计划地开展听课、评课活动。朱老师还根据不同的班情亲自为徒弟们上示范课。工作室每月进行班级管理和语文教学工作总结，每学期举行期末考试分析会及家长会集备，而搭建工作室的微信平台则成为新教师团队分享、提问与解惑的平台。"朱建社工作室"成立至今三年多，不断引领着青年教师稳步发展。

（四）自主学习，教师专业持续发展之本

校本研修的最终目的是实现教师的专业发展，其中激发教师形成自觉、主动学习的习惯尤为重要。自主学习是对校本研修的拓展，或者说更体现了教师专业发展和学习的本质。在校本研修中，学校围绕"学校价值文化""核心素养""主题研究"的方式组织自主学习，主要有网络研修、文本阅读、撰写心得等方式。

1. 网络研修打破学习时空

在信息技术的支持下，越来越多的学习转移到了网络之中。在以往使用的各级继续教育网、学校校本教研网、中国期刊网、百度文库等网站的基础上，我校还向教师推送有学习、实用价值的公众号"新学校研究院""当代教育家""可汗教学视频"等，引导教师们以泛在学习的方式汲取知识，思考和创新。

2. 文本阅读促进教育行为渐变

教师是与书本打交道的职业，读书是教师的本分。学校倡导教师们读有用的、感兴趣的书，推荐三大类型的书——"生活智慧类""教育新理念类"和"教育散文类"。如为每位教师送上一本顾明远先生的《站在孩子的视角谈教育》等书籍，用阅读改进教师的观念，使教育教学行为渐变，逐步打造学习型团队。

3. 撰写心得反思前行

教师实践性知识理论的积累和行为方式的转变，都是在教育教学实践过程中形成的，反思是获得实践知识和改变教学行为的重要方法。通过执笔撰写，倡导教师们与文本对话、与自己对话，内化对理论的理解，表达对教育的思考，梳理实践所得。在此过程中，教师可形成深入探索、自觉反思的习惯，找到自己的人生信仰和教育追求。

参考文献

［1］王又新，李仕魁. 校本研修研究综述与再思考［J］. 新课程导学，2020（22）.

［2］周文胜. 试论教师专业发展与校本研修［J］. 中学教学参考，2018（9）.

［3］杨甲睿，黄甫全. 院校协作的互惠原理［J］. 教育发展研究，2013（4）.

［4］李云会. 普通中学基于问题解决的跨学科校本研修的实践［J］. 基础教育参考，2020（9）.

［5］杨鹏. 让网络研修与校本研修相得益彰［J］. 贵州教育，2014（12）.

附录：

面向未来的智慧学习
——2021 年东风东路小学校本研修方案

一、指导思想

（略）

二、研修内容版块

（1）举办《守教育报国初心　做新时代"大先生"》——2021 年教育科研颁奖暨名师工作室成立大会。

（2）组织"东风杯"名师工作室课例研讨活动。

（3）评选优质学术论文活动。

三、具体实施流程

附表 1

时间	活动内容	具体操作要求
2021 年 8 月	1. 确定人员与研课集备组	40 岁以下（含 40 岁）的青年教师，由其参与的"名师工作室""智慧联盟""师徒结对"等形式的教师组成研课集备组
	2. 筹划、准备学术年会	确定科研颁奖方案，邀请嘉宾，各展示团队做好准备
2021 年 9 月	3. 各研课组开展集备教研	各个研课组合力研讨一节课例，展示教师准备：一篇教学设计、一堂课例展示、一手好字 研课集备组准备：分享单元教学设计的目标、意图、重难点与具体课时分配等 （备注：同级老师选取同一单元的内容赛课）
2021 年 9 月 28 日	4. 教育科研颁奖暨名师工作室成立大会	举办教育科研颁奖暨名师工作室成立大会

（续上表）

时间	活动内容	具体操作要求
2021 年 10—11 月	5.“东风杯”名师工作室课例研讨活动	分学科进行青年教师课例研讨，邀请市、区级学科教研员、学科行政、科组骨干教师组成评委组，用智慧平台进行评课，评选课例特等奖、一等奖若干名
2021 年 12 月	6. 论文评选（一）	各学科教师提交论文或教学案例、反思等，学校评选优质论文推荐发表
2022 年 1 月	7. 校本培训课例展示	组织“东风杯”的优秀课例进行全校展示，以及研课集备组做研课展示
2022 年 3 月	8.“东风杯”名师工作室课例研讨	组织各学科 41 岁以上的教师开展“东风杯”课例研讨活动
2022 年 3—4 月	9. 名师课例展示	各名师工作室进行课例展示，全体教师跨学科听课
2022 年 5—6 月	10. 论文评选（二）	各学科教师提交论文或教学案例、反思等，学校评选优质论文推荐发表

四、课例评价标准参考

（1）教学设计规范、完整，定位准确，设计思路清晰。

（2）课堂体现新课标的基本理念，教师主导、学生主体得到充分展示。

（3）学生的思维能力、创新意识和实践能力有所提升。

（4）课堂教学展示教师的个人教学风格和特色。

（5）发挥信息技术对学习的有效支撑，促进平板电脑得到科学、高效应用。

体验式校本研修：基于教师
自主发展的培训模式

广州市越秀区朝天小学　孔　虹　郭晓静

朝天小学前身是创办于清同治三年（1864 年）的广州同文馆，与京师同文馆同宗，已有 157 年历史。敢为人先，以"同文精神"引领百年教育创新。近年来，朝天人秉承"弘毅·日新"的学校精神，致力于"体验为径·全人为旨"的教育实践，五育并举传承红色基因，全人教育培育时代新人，荣获 2017 年省教育教学成果（基础教育）一等奖、2018 国家级教学成果奖二等奖等。期间，我校荣获多项荣誉，2021 年，学校又获得了"广东省中小学教师校本研修示范学校""教育部师德师风建设基地实验学校"等殊荣。这些荣誉的取得与一批专业素质高、教育能力强、受学生爱戴、受家长欢迎的教师密不可分。学校着眼于教师自主发展的体验式校本研修模式，并使之成为学校品牌的一个重要组成部分。

一、体验式校本研修的缘起

体验式校本研修，这种基于教师自主发展的培训模式起始于 10 年前，形成于 5 年前。

（一）问题溯源

为科学制定学校发展"十二五"规划，学校聘请专家，对了解、熟悉朝天小学的各级领导、专家、教师进行访谈，并在全校教师中进行 SWOT 调查，了解教师发展过程中出现的困境。

1. 教师学术梯队没有形成

从教师队伍现状分析来看，学校现有研究型教师和教学领军人物较少，优质骨干教师还需进一步培养。教师的年龄结构亟须优化，青年教师比例偏低，多数年轻教师还没有形成自己的教学特色，这种教师队伍结构不利于教师学术梯队的形成。

2. 教师自主发展能力不强

学校非常重视骨干教师培养和名师工程建设工作，但仍需要打造充满活力的教师梯队，提升学校教师队伍的竞争力。部分教师专业发展积极性和主动性尚待激发，在一定程度上出现职业倦怠。部分教师参与培训学习的意愿不强，继续教育实效性有待进一步提升。教师群体间的合作力度和良性竞争有待加强。

3. 教师将新理论转化为新实践时出现断途

教师们意识到小学阶段就应当从学习方式改革入手，但"怎么做"这个问题仍然困扰着教师们。把理论应用于实践，实现学生学习方式的变革之初衷未能有效达成。课题研究成果和有特色的教改经验与教学行为之间无法实现转化，导致在课堂教学中，教师们较少关注学生成长的过程及方式，学生总体发展水平不高。

上述困境引发了教师和学校的思考：教育实践者必须转变观念，注重教育过程，努力把新教育理论转变为教学行为。此时恰逢孔虹校长带着在桂花岗小学形成的"体验学习"课题成果来到朝天小学，她利用团体心理辅导技术开展教师校本培训，且效果显著；其历程与方法是体验学习、研究性学习，其特点是教师为辅导导师，注重体验与过程。

（二）实践探索

在"十二五"期间，学校发展注重基于学生自主发展的"体验学习圈"实践与探索：一是教师角色转变为教育导师；二是学习方式变革，让"体验"成为转变教与学方式的有效载体。五年间，为了夯实教师专业发展基础，提升教师自主发展实效性，学校采取了以下措施：SWOT 个人发展规划（优势、劣势、机遇、威胁分析），每年制定教师个人发展目标；读书提升；以问题引领开展课题研究——把课题作为载体，学习理论、更新观念、纠正行为；设立专家工作室；撰写教育叙事，逐步增强教师发展的自主性。通过以上措施，旨在提高教师以下 4 个方面的能力。

第一，提高教师观察和分析不同教学行为和教学材料对学生产生的不同影响的能力。

第二，提高教师学会根据学生传达出来的信号不断地改进教学的能力。

第三，提高教师注重过程、方法指导的能力。

第四，提高教师"跳出教育看教育，跳出学科看学科"的能力。

（三）模式形成

学校在学生发展过程中不断操练"体验学习圈"，并用实践检验和丰富成果，使得"体验学习圈"成为学生自主发展的有效手段。同时，运用"体验学习圈"理论进行教师专业发展校本培训，摒弃一味听讲座的方式，设计体验式培训，内容有：团体辅导、自信心训练、学校特色训练、职业形象训练、多元跨学科能力训练等，也取得了成效。2017 年，该成果荣获省教育教学成果（基础教育）一等奖；2018 年，该成果荣获国家级教学成果奖二等奖。其成效之一就是利用"体验学习圈"来创新教师专业发展校本培训模式。由此，朝天小学的体验式校本研修模式形成。

二、体验式校本研修：基于教师自主发展的培训模式

（一）研修理念

1. 以生命增殖的高度构建教师职业发展生态

在实施教师校本研修过程中，学校注重唤醒教师在改革中的主体作用，鼓励教师自我思考与发现。强化教师的专业影响力与学术领导力，培育"教师专业共同体"的新型组织生态，重铸教师"一专多能、一人多岗"的职业生态。培养和更新教师的思维方式、教育方式。继承陶行知研究时期的"五步教学法"，帮助教师养成"主动提问题—共同探究、处理问题—解决问题—继续突破新问题"的思维方式、工作方式、生活方式。以此增加教师职业发展的长度、深度、广度、温度。

2. 核心概念——体验学习圈

"体验学习圈"的实施过程主要包括 4 个环节：体验—明理—内省—应用。名为"圈"，意在强调体验学习的实施过程不是单向单一的，而是螺旋式上升的。"体验学习圈" 4 个环节体现了有法有道，重在内省和应用环节。教师在体验中掌握方法，通过感悟内省再次应用方法训练，积累为能力。反复循环体验，就形成了教师校本研修过程的"体验学习圈"。其在教师自主发展过程中起着螺旋式上升的作用。

经过实践体会，学校形成了体验式的 4 步操作模型（图 1）。

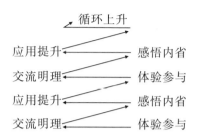

图 1 体验学习圈的 4 步操作模型

图 1 诠释为：体验式培训是一种过程，开始于体验，接着讨论、分析，产生新观点、新发现和新知识；然后教师个人思考、归类、分析，产生新的见解；最后指导自己的教育教学实践。即体验参与、交流明理、感悟内省、应用提升这 4 个阶段。教师在体验中学习，体验中明理，体验中成长。

3. 操作要领

以对"体验学习圈"的校本培训过程为例，培训要领如下：

（1）体验参与——教师初级体验学习培训，感受"体验学习圈"之魅力。

体验先行。全体教师突破自我，参与到结构严谨的初级体验活动中，经历"热身期—互动期—凝聚期—探索期—结束期"的活动体验，认识新课程倡导的探究性学习、研究性学习等多样学习方式。

（2）交流明理——教师深度体验学习培训，掌握"体验学习圈"操作技术。

教师作为带领者，深度体验、学习培训"体验学习圈"操作所需要的观察、沟通、聆听、询问、分析概括、带领、内省等技术，理解教育改革对自我转变为导师的理念和角色要求，通过交流与互动，促进共同进步。

（3）感悟内省——教师通过反思体验活动，产生对"体验学习圈"的新见解、新思考。

在校本培训的过程中，教师回顾自身在情境或游戏中的体验或感受，与培训者、同伴之间交流学习，反思自身存在的问题或需要改进的地方，重新塑造对新课程学习方式的看法及态度，以更好地指导实践。

（4）应用提升——教师模仿"体验学习圈"操作技术，磨炼真本领。

在体验中，教师内省感悟"体验"带给教师、学生、学校的意想不到的结果，体味"成长"，品味成长的心理历程。以解决实际问题为目标，教师们积极地把技术运用到教育教学当中去。

（二）研修目标

淬炼师德师能，培育共同管理精神，共同成长。

1. 做德才兼备的大国良师

习近平总书记在十八大以来多次提到的"大先生""筑梦人""系扣人""引路人"，是德才兼备的大国良师。因此，淬炼"德能"，以"爱岗敬业、教书育人"为核心，以"四有"好老师为根本要求，以"为党育人，为国育才"为初心，坚持育人为本、德育为先，为培养德智体美劳全面发展的社会主义建设者和接班人是新时代教师的使命。

2. 有"温暖的心"和"聪明的脑"

2019 年 2 月，中共中央、国务院颁布了新时代关于教育的纲领性文件《中国教育现代化 2035》，明确了教育现代化的目标与路径。教师要具备 21 世纪的核心素养，否则就很难培养出学生的核心素养，教育现代化、人的现代化就只能是空中楼阁。因此，新时代的"四有"好老师，必然要求教师具备 21 世纪的核心素养，即创新能力、批判性思维、公民素养、合作与交流素养、自主发展素养、信息素养等。这些素养也涉及"德能"这两个方面的标准，"德"即有一颗"温暖的心"，"能"即有一个"聪明的脑"。

（三）研修任务

1. 加强师德师风建设

丰富教师职业理想和职业道德教育，引导教师关爱学生，拥有职业尊严和职业使命感。严格执行师德考核办法，将师德表现作为教师考核的首要内容。在全校倡导并形成"赶学比拼超"的良好氛围，表彰优秀的、有贡献的、肯奉献的教师，打造朝天优秀教师群体的形象。组织主题"教师论坛"有效促进教师的交流互动，资源共享，拓宽视野，更新观念，提升境界。

2. 培育学习型教师团队

坚持专业引领，要求教师制订个人专业成长规划，明确专业发展方向和路径；完善校本培训机制，搭建教师专业发展平台。采用"网络教研""远程培训"等方式，拓展教学研究的空间。推行"读书沙龙"和"教师论坛"制度，引导教师分享读书成果和教改经验。开展以研讨和交流为主的全员参与式培训活动，以案例分析为主，以问题解决为主。继续开展青年教师"拜师"活动，通过"青蓝同台""同课异构"等方式，促进教师的专业成长；以寻找、发现和凝聚教育教学特色为核心，加大骨干教师和新任教师的培养力度。鼓励教师撰写自传式成长记录，支持教师公开发表教学论文。

3. 打造名师工程

打造名师工程，健全名师培养机制，培养多层次的各专业领域的"领军人物"，培养专家型名师和科研型名师，充分发挥名师群体的导向、示范和辐射作用，帮助名师总结教育教学经验，鼓励著书立说。

（四）研修内容

基于实践问题的价值，构建多空间、多主体、多层次的体验式校本研修内容。

1. 培育共同管理精神

共育现代学校治理方式，注重民主，养成宽容心态（校长对教师民主，教师对学生民主，学生对他人民主），孕育学校现代化管理，科学—民主—法治，共同成长。教师暑假培训，共研朝天历史。共议教育的核心价值，训练老师思维的逻辑性。共尝管理的五味瓶，凝聚团队力量。共订"五项管理"对策，研习管理技巧。共议教育主题，培育全科老师……

2. 基于问题价值，实现按需研修

（1）与学校教育历史、核心素养培育结合。个人发展与学校发展密不可分，一系列的主题式培训，如自信心训练、学校特色训练、职业形象训练、梳理朝大教育历史、"一带一路与我们"研学主题的确定……都是与学校发展相结合的培训，同时也是培育共同管理精神的培训。

（2）与教师个人发展相结合。校本研修是面对全体教师的研修，也做到了像面对学生的教育要因材施教一样，"因材施修"。

一是SWOT个人发展规划。每位教师根据自己的优势、劣势、机遇、威胁分析制定每年的个人发展目标，通过这样准确、全面、深刻地认识和分析自己，找到自己专业发展的方向。重识自我、突破自我、树立自信，把理念转变为教学行为。

二是以问题引领开展课题研究。问题带课题——就教学实践中产生的疑问，提出探讨解决问题的方法，形成个人工作经验。在研究中，教师不断遇到新问题，需要不断获取新的理论指导来解决自己的问题。教师为了完成自己所承担的研究任务，需要不断获取资料、主动学习、更新知识，在促进教师专业发展的同时也为培养研究型教师创设有利条件。

三是制定专家指导制度。校本研修需要专家的引领和指导，学校聘请语文、数学、英语的教育专家到校指导，定期听课、议课，指导教师开展课题研究，解答老师们的疑问。

四是夯实教师基本功。与朝天小学教师教学必备素养结合，以赛促练，以

训促评，开展粉笔书法、备课教学设计、无领导小组答辩、系统思维训练、课堂教学实施、论文宣读等活动。同时，建立"教育导师"制，制定"人人会上道法课""人人都是思政老师"目标，学校提出"人人会上思政课"的要求作为2019年教师培训的主题之一。同时，我校还开展了班主任专题培训、少先队辅导员工作实操培训，为全员教师会上思政课、上好思政课做好基础辅导，训练教师的基本功，丰富教师的综合素质和专业素养，提升教师专业标准。

在此过程中，让不同的教师完成不同要求的校本研修，使校本研修成为教师专业发展的重要途径和平台。

（3）培育学生关键能力，合作、创新能力结合。站在儿童视角，以转变"学"的方式促进"教"的方式转变；以教师试水做研学促进教的方式转变；归纳学的套路促进教的方式转变。通过线上学习，训练学生发现问题的意识和能力。通过杏林研学，训练学生探究问题的意识和能力。通过家长和孩子一起重温家庭卫生习惯，培养学生的反思能力。

（4）与级组、科组团队建设结合。加强大科组教研通识培训指导，整合分工—集体教研—集体上课，实践探索体育科大课制，在科学、综合实践科进行导师制教学。

（五）研修机制

1. 教研—科研—培训—评价一体化

学校建立了"教研—科研—培训—评价"一体化的校本研修机制来保证教师发展策略的实施。如制定个人发展规划之后，确定个人的微型研究主题，开展自己学科的岗位练兵课，练兵课或者日常探索必须与自己定下的研究主题相对应，从而提高研究的目的性和针对性，这也是评估个人发展目标是否实现的凭证。集体备课、教学设计、课例实施与评课也围绕个人发展专题进行。在实施个人发展规划、开展课题研究的过程中，我校曾经组织过各种各样的培训，如各科微型课题选题的培训、有效的课堂教学设计撰写培训、说课比赛、案例（教学反思）的撰写培训、案例评比等，以研究推动基础达标和个人自主提升。

2. 制定研修制度

（1）确保研修主题。学校不定期安排研修主题，各教师围绕主题开展实践、重构研习空间、创设学习场域，大家谈体会、交流好的做法，提出迷茫的地方。

（2）确保研修时间。每月四周固定专项：政治学习—教学业务学习—工会活动—德育专题学习。每个学期末假前教育周，是充电的好时机，确保主题系列化。

三、体验式校本研修的成效

基于教师自主发展的校本研修模式初见成效，促进了学校办学品质的整体提升。

（一）提升教师自我发展能力

教师的师德修养从职业形象到职业能力都有了不同程度的提升，教师用生命影响着生命。关注学生形成健全人格比学习成绩更重要，培育学生把知识转化为解决问题的技能，关注全人发展，实现生命增值。在"体验学习圈"探索与实践的引领下，教师集体开展行动研究，提高科研能力，用生命引领生命，涌现了广东省南粤优秀教师、广州市优秀教师、广州市优秀中小学班主任、广州市名教师、名班主任、广州市优秀少先队辅导员、越秀区名教师、越秀区教坛新秀等优秀教师，自主发展能力明显增强。

（二）促进学校管理理念、管理方式变革

通过"体验学习圈"的教学实践，重塑学校和老师共同成长的发展理念，培育起共同管理精神，重构现代学校治理方式，以生命的高度设置学校治理组织结构，符合现代学校依法、民主管理的理念，走在教育治理的路上。学校获得了来自国家、省、市、区的各种荣誉，如，2014 年被评为全国德育实践创新基地，2015 年被评为越秀区、广州市特色学校，2017 年被评为教育部"中华优秀传统文化传承校""全国网球特色学校"，2018 年被评为中国教育科学研究院"中国 STEM 教育 2029 行动计划首批种子学校"，等等。

附录：

运用"体验学习圈"，提高教师团体心理辅导培训的有效性
——广州市越秀区朝天小学教师校本研修案例

在新时代背景之下，朝天小学以培育学生健全人格为首任，以"体验学习圈"为方法与技术，开展卓有成效的工作，推进教师团体心理辅导校本研

修工作的创新，形成突出特色。

一、以学校文化传承与创新发展为契机，促进培训理念创新

朝天小学开展"全人教育"，以儿童为核心，以学校为主导，家庭共同参与实施的整体性、系统性教育。

（一）全人为旨，培育健康人格

（略）

（二）教学、德育、辅导三足鼎立，互相渗透

（略）

二、运用"体验学习圈"技术，实现培训方式创新

运用"体验学习圈"理论进行教师专业发展校本培训，摒弃一味听讲座的方式，设计体验式培训，培训过程与"体验学习圈"的体验、明理、内省、应用的历程相同。教师们切身感受到团体心理辅导技术在帮助参与者认识自我、提升自我、体悟知识的神奇力量。其内容有：自信心训练、职业形象训练、沟通技能训练，拓展到多元跨学科能力训练、学校特色训练等。下面以"体验学习圈"学习方式校本培训为例。

（一）体验参与

教师初级体验学习培训，感受"体验学习圈"之魅力。体验先行。全体教师突破自我，参与到结构严谨的初级体验活动中，经历"热身期—互动期—凝聚期—探索期—结束期"的活动体验，认识新课程倡导的探究性学习、研究性学习等多样学习方式。

（二）交流明理

教师深度体验学习培训，掌握"体验学习圈"的操作技术。教师作为带领者，深度体验、学习培训"体验学习圈"操作所需要的观察、沟通、聆听、询问、分析概括、带领、内省等技术，理解新课程改革对自我转变为导师的理念和角色要求，通过交流与互动，促进共同进步。

（三）感悟内省

教师通过反思体验活动，产生对"体验学习圈"的新见解、新思考。在培训的过程中，教师回顾自身在情境或游戏中的体验或感受，与培训者、同伴之间交流学习，反思自身存在的问题或需要改进的地方，重新塑造对新课程学习方式的看法及态度，以更好地指导实践。

（四）应用提升

教师模仿"体验学习圈"操作技术，磨炼真本领。在体验中，教师内省感悟到"体验"带给教师、学生、学校的意想不到的结果，体味"成长"，品味成长的心理历程。以解决实际问题为目标，教师们积极地把技术运用到教育

教学当中去。

三、培训主体多元化，达成培训内容创新

培训成员的多主体，实现了培训内容的创新。

（一）学校首席专家：传播"体验学习圈"的理论与技术

孔虹校长作为广东省中小学校长工作室主持人、广州市名校长工作室主持人；朝天小学作为越秀区小学教育的领跑者，作为广东省校长培训实践基地，作为贵州、广西、清远、吴川等多省、自治区、市的教育帮扶单位，也在利用各种平台不断传播着"体验学习圈"的理念及技术手段，用教师团体心理辅导的方式来培训来访者，训练导师带领技巧——助人自助。同时将学科教学与团体心理辅导体验结合，在语文教学教研培训中使用教师团体心理辅导技术，让来访者一进校就能感受到体验学习之魅力。青海省名校长培养对象、宁夏回族自治区名校长培养对象等先后到访学习。

（二）校外专家引领：心理辅导知识与技能培训

香港的伍建新博士、原广州市教科所的梁东标副所长、华南师范大学基础教育培训与研究院的雷丽珍博士等都对全校教师进行过团康培训，这些举措都进一步提高了学校团体辅导的能力和水平。从 2015 年开始至今，我校与广州市捷和教育咨询有限公司密切合作，并邀请捷和创始人张欣华女士向老师们讲授以儿童为本游戏辅导相关知识和技能。《教师心理压力舒缓》《危机干预与处理》《性教育原来是品格教育》等体验式专题培训有效提升了学校教师的儿童心理知识水平，增强了教师队伍对学生的沟通、评估、辅导能力，让教师们在管教孩子时多了一种心理辅导的管教方式。

1. 提高教师的心理测评水平

培训帮助学校建立起全体学生心理健康情况的大数据，为学校的教学、德育工作提供指引；帮助教师通过科学的方法了解学生的生理、心理、家庭等发展状况以及发展需要，让教学、管理工作满足不同学生的需要，及早关注并干预存在心理健康隐患的学生；帮助家长全面、客观地了解孩子，加强家长在儿童心理健康方面的重视，以及提高预防意识，帮助孩子树立健康、正面的品格。

2. 提高资优生的研究水平

在资优生培养方面，教师心理辅导培训也发挥了巨大的作用，且成果显著。省级课题《基础教育超常学生培养模式试验研究》在孔虹校长、苏爱美主任及心理科老师的共同努力下，于 2018 年顺利结项。2018 年，课题主要参与者孔虹校长的论文《全人教育理念下超常生的健全人格培养》发表在《师道》上；2020 年，课题主持人苏爱美的论文《新时代超常儿童教育初探》发

表在《广东教育》上。

（三）校内培训团队培训：注重师生心理健康

在校内培训团队核心成员的带领下，学校每年都会开展各种形式的教师团体辅导培训，让教师们在活动中收获快乐，释放压力。"教师团队训练"通过体验，引领教师团队成长，令教师们用自身的经验内化、迁移到教育工作中，指向核心素养的朝天表达，指向育人路径的探索与实践。

（四）自我培训：教师加强自我学习

学校定期向老师推荐阅读儿童心理学优秀书籍，包括《第56号教室的奇迹》《教育中的心理效应》《正能量》《幼儿行为与辅导》等。教师们通过阅读书本、制作读书卡、撰写读后感，收获了丰富的儿童心理学知识，提高了教师团体心理辅导能力，巩固了培训成果。

四、重视家校合作，助力写好"人"字

父母是孩子的第一任老师。基于此，作为全人为旨、全员导师的必要补充，学校充分并入家长资源，让团体心理辅导覆盖更加全面。学校多次邀请专家面向家长开展讲座培训，帮助家长厘清教育观念，端正家长角色，修正家风家教，以帮助家长更好地帮助孩子。例如，张欣华女士分别针对高、中、低3个年部开展3场讲座，一、二年级家长以《儿童心理健康普及——自我认知》为主题；三、四年级家长以《儿童心理健康普及——社交》为主题；五、六年级家长以《儿童心理健康普及——压力》为主题。在此过程中也加强了对教师的影响培训。

为了更好地帮助特殊儿童，学校除了给他们提供专业的心理个别辅导外，还会积极争取特殊儿童家长的理解和配合。通过驻校辅导员、专职心理教师以及班主任与家长的多次培训，让家长了解孩子的心理状况和特殊行为表现，理解问题成因，并给出科学有效的建议，以帮助特殊儿童创造更好的家庭支持系统。在这一系列的培训、活动、访谈和学习中，家长们都表示收获颇丰，也表达出他们对学校这一系列活动的感激之情。其中，家长发展部培训组副组长一直坚持学习儿童教养方法，在获得正面管教学校讲师、青少年职业发展辅导师证书之后，最后还自愿当起了学校亲子辅导活动的带团导师，且收到了良好效果。

朝天小学全校教师以"全人教育"为旨，以多种形式的团体辅导、科学的测评系统、专业的个别辅导为主要手段促进学生心理健康发展，把心理健康教育真正渗透和落实到工作的方方面面，让学生从活动中收获喜悦，家长从陪伴中收获快乐，教师从辅导中收获幸福。学校被授予"华南师范大学心理学院校外实践基地"，被评为广东省中小学心理健康教育示范学校、广东省中小学教师校本研修示范学校、教育部师德师风建设基地实验学校……

"自然生长"理念下的集团联动教研

深圳市福田区荔园外国语教育集团　柳中平

一、整体概述

荔园外国语教育集团正式成立于 2021 年 2 月，下设六所公办、全日制完全小学，分别为荔园外国语小学（原东校区）和其附属的深南校区、荔园外国语小学（香蜜湖）、荔园外国语小学（人骄）、荔园外国语小学（狮岭）、荔园外国语小学（水围）。荔园外国语集团探索并践行"教育统整发展、科组一体教研"的管理模式，推崇"自然生长的教育"理念，培养学生适应未来的五大能力，即语言表达与交流、文化感知与理解、问题思考与解决、综合创意与表现、思辨分析与批判，开发了"自然生长的教育"校本课程体系，成立了教科研中心和学科指导小组，组建了"七彩树"教师成长共同体，使常规教研与特色教研并进，促进了集团优质均衡发展，打造了集团化校本研修的亮点与特色。

二、主要做法

（一）教育统整发展

荔园外国语教育集团推行"自然生长的教育"，它是指在自然状态的环境中，创设贴近儿童生命自然的教育情境，引导儿童找到属于个体的生长点，从而激发其内在生长力的教育。这一教育理念由集团总校柳中平校长在 2014 年率先提出并在学校进行了 7 年的实践和探索，已逐步形成集团办学理念及特色（学校文化）（图 1）。

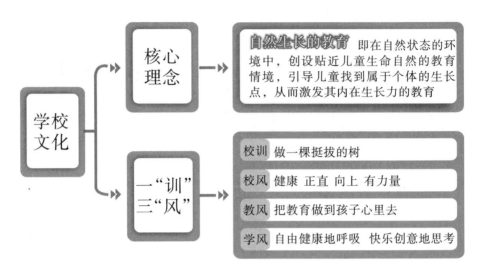

图1 学校文化

1. 培养学生适应未来的五大能力

通过培养学生的语言表达与交流能力、文化感知与理解能力、问题思考与解决能力、综合创意与表现能力、思辨分析与批判能力，提升学生的观察、分析、比较、联想、创意等思维品质与动手实践、创新精神等综合素养，同时形成正确的人生观和价值观（图2）。

（1）语言表达与交流。以小学语文基础教育课程的总体目标为根本立足点，培养学生语文方面最基本的、比较稳定的，同时包含适应时代发展的知识、能力、技能、情感态度价值观，以聆听、朗读、写作、沟通、交流为实践基础，为学生搭建展示平台，提升交流沟通能力。感受中国语言文字的美好，感悟文字背后的意境，亲近中国优秀文化。

（2）文化感知与理解。着眼于"立德树人，家国情怀为本"，初步了解生活

图2 适应未来的五大能力

中的自然、社会常识，初步了解有关祖国、故乡的知识。从中国看世界，了解世界，同时从世界看中国、介绍中国、推荐中国，把中国带向世界。了解英语国家的背景知识，并学习用英语传播中华文化，增强英语学习兴趣，培养英语思维品质和文化品格，提升英语语言能力和学习能力，让学生同时具备"本

土情怀""中国精神""国际视野"。

（3）问题思考与解决。基于《数学课程标准》的四大课程目标，注重学生提出与发现问题、分析与解决问题的能力。在主题任务驱动下，学生带着问题走向生活实际，激发学习数学的兴趣，发展学生观察、分析、比较、联想、创意等思维品质，提高动手实践能力，培养创新精神和创造性思维，让学生形成良好的学科核心素养和高阶思维能力。

（4）综合创意与表现。培养学生观察生活、发挥创意，感知形状的特征、变化与简单组合的能力，会在想象创作活动中，大胆地进行添加、删减、创新想象，创作出与众不同的作品；提升学生观察能力、动手能力、发散思维、想象力等综合创意与表现的能力，同时增进同伴友情和亲子感情。

（5）思辨分析与批判。能全面思考问题，掌握科学的思辨方法，会分析、利用信息，能从浅表走向深刻，从而创建更高维度的思维框架去思考和解决问题；培养学生质疑批判、分析论证、综合生成、反思评估等科学思辨能力，自觉抵御社会的不良现象，形成正确的人生观、世界观。

2. 建立"自然生长的教育"校本课程体系

2014 年《教育部关于全面深化课程改革，落实立德树人根本任务的意见》提出，要研究并制定学生发展的核心素养体系，"明确学生应具备的适应终身发展和社会发展需要的必备品格和关键能力，突出强调个人修养、社会关爱、家国情怀，更加注重自主发展、合作参与、创新实践"。综合表现为人文底蕴、科学精神、学会学习、健康生活、责任担当、实践创新六大素养。

图 3 　"自然生长的教育"校本课程体系

基于此，总校柳中平校长提出了"自然生长的教育"。学校坚守"把教育做到孩子心里去"的初心，根据学生的现状，结合未来发展的需要，自 2014 年以来开发构建了以"自然生长的教育"为内核的六大特色校本课程，即《语文素养》《英语特色》《情意教育》《数学思维》《综合创意》《思辨能力》（图 3）。

（二）科组一体教研

为了使学生发展方向保持一致，成员校的教师教育研究实践、内容等实行"科组一体"，由集团进行"一体性"教育研究部署与安排，分校区实施。

1. 六校联动，教研共成长

（1）教师发展部成立教科研中心。

联动教研	各校区轮流承担一次主题教研（一学期4次）。本学期教研活动主要安排东、西校区教师（1～2名）＋承担校区教师（1名）进行课堂教学展示，并进行研讨交流的方式开展。（建议进行课堂教学教师至少有5年教龄）		
学科	时间	校区	负责部门（人）
英语（中年级）	3月	水围	水围教研室
数学（低年级）	4月	天骄	天骄教研室
语文（低年级）	5月	深南校区	深南校区教研室
科学（中年级）	6月	狮岭	狮岭教研室

图4　2020—2021学年第二学期六校联动教研安排总表

（2）学校发展部成立学科指导小组。

学校发展部要进一步整合优质教育资源，根据集团师资情况分科组组建各学科指导小组，由学科带头人、骨干教师、教研组长、备课组长等组成。学科组分语文组、数学组、英语组、美术组、体育组、音乐组、科学（信息）组。学科指导小组由集团学校发展部实行统一管理，各组推荐一名学科骨干教师担任学科指导小组组长。各学科指导小组组长牵头，建立集团内各学科沟通交流平台，共同享用学科教学资源，扎实开展学科教研活动（图5）。

议题：《基于低年级计算方法教学实践研究》	
主要内容	上课人
1. 西校老师研讨课。课题：《小兔请客》北师大版一年级下册第五单元第一课时	胡瑶瑶
2. 叶理妹老师研讨课。课题：《采松果》北师大版一年级下册第五单元第二课时	叶理妹
3. 东校老师研讨课。课题：《买电器》北师大版二年级下册第五单元第一课时	白羽忻
4. 评课互动。评课人：张虹，赖小玲，曾云辉	评课人及全体人员

图5　数学学科主题联动教研方案

2. "七彩树"教师成长共同体

"七彩树"成立的初衷是整合集团内部优质教师资源，打破学科壁垒和校区界限，实现互助共赢。共同体培训计划分成 3 个板块：学校文化解读、教师职业素养、学科教学技能。细化到每个月，除了常规打卡，月月都有主题。"七彩树"教师成长共同体为青年教师的快速成长提供了平台，使多名新教师在福田区 AI 赋能教学比赛、福田区项目式学习教师比赛、福田区小学科学青年教师基本功比赛、福田区小学科学教学案例比赛等当中获奖。

3. 常规教研与特色教研并进

（1）常规教研。各校区各学科有固定的常规教研时间，以英语组为例，集体备课做到"3 个一"：坚持每周一次集体备常规教研与特色教研并进课；每两周　次观摩课活动和主题式经验分享会；每月一次读书交流会。"五步走"研讨课：每次上研讨课的科组老师执行备课、听课、评课、磨课、再上课的"五步走"模式。课件做到"两个一"：每单元一课件，每班一课件。内容包括：每课一歌，每日对话，谚语/格言，复习，新授课内容。英语科组教研"点面结合"，即由一个点、两个面、三项活动组成。一个点是以教材解读为基本点，辐射出"特色课程"和"校本课程"两个面，衍生出"项目活动""主题活动""趣味活动"三项活动。

a. 教材解读——千锤百炼，精益求精。

上海牛津教材是六校区 1～6 年级学生的通用教材。6 个教研组分别根据自己的学情，进行细致入微的解读，提出适合各自校区的授课方案、策略，并制作出不同的教学课件。KB 教材是六校区 1～3 年级学生的辅助教材。由于教材难度较大，六校区进行了多次教材探讨，才制定出适合自己校区的教学计划和教材设计。

b. 特色课程——锐意进取，开拓创新。

自然拼读教学：天骄和深南校区只有低年级学生，两校区深入学习、研讨自然拼读，研发自然拼读教学。英语阅读教学：学校提出共读和个性阅读策略。每月共读一本书，每周自选一本书进行个性阅读和分享。水围和狮岭校区学生生源相仿，两校区就中、低段学生英语阅读内容、形式进行研修。东、西校区学生生源较好，就中、高段学生精读和泛读进行研修。天骄和深南校区学生年龄段较低，则进行自然拼读阅读。课本剧、英语戏剧：根据校区、学段提出不同的剧本、表演要求。狮岭，水围，东、西校区中段学生就课本剧的编写、表演进行研讨；高段学生的英语戏剧表演就剧本整合、情景设计、服装道具等进行研讨。多语种课程体验：为了提高学生的多文化感知，五、六年级开设了法语、西班牙语及俄语多语种课堂；利用下午大课间时间，聘请专业的外籍老师进行授课，让学生接触多文化多语言的熏陶；并组织学生在节日进行表演，如西班牙语传统歌曲演唱、法语情景剧等。

c. 校本课程——推陈出新，独树一帜。

为了提高学生的国际理解，了解国际文化，在东、西校教师的一致努力下，我们研制出了《Seeing the World · Showing China 大大眼睛看世界，小小童心秀中国》校本课程。该课程介绍西方主要国家和中国主要地区，涉及地理知识、民族文化、风景名胜、历史发展等内容。英语科组把外教给教材的录音制作成二维码，并印刷到相应的内容页面上。学生们通过扫描二维码，边听边看边读，且在家里就能感受地道的英语文化。科组老师分年级设计出不同的任务单，低年级以听说和动手为主；中年级侧重读写过渡，初步培养其国际视野和文化思考习惯；高年级着重培养文化理解和自主自信学习。

常规教研		
学科	时间	负责部门（人）
语文	周二下午	各校区学科组长
数学	周三下午	各校区学科组长
英语、道法	周四下午	各校区学科组长
综合 （音乐、美术、体育、 科学、信息、心理）	周五上午	各校区学科组长

图6　常规教研安排

（2）特色教研。分特色课程教研和项目式学习教研两部分。

a. 特色课程教研。根据六大校本课程，集团每年有序开展相关课程素养月活动（图8）。下面以"数学素养活动月"为例进行阐述。

数学素养活动月

什么才更适合未来学生的成长和发展呢？当然是学生的能力的培养！在数学学习中，教师需要在特定的活动背景下培养学生们提出问题和解决问题的能力，在一个个简单有趣的活动中，发展其观察、分析、比较、联想、创意等思维品质。每年三月，全校数学科组围绕《数学思维》校本课程，分年级分阶段开展数独、智力七巧板、图形分析、统计等活动。对于数学学习资源的开发，教师们从实际生活出发、结合其他学科探索数学的奥秘：对一年级小朋友进行七巧板创意使用的引导，将七巧板的设计与绘本故事相结合，进行跨学科的整合；引导孩子们发现生活中的数学：选水果、发现并统计校园里的数学活动；激发数学的实用性：请六年级的小朋友规划家庭理财……此外，学校根据孩子的年龄特点与思维水平，为各年级孩子精心挑选了一套数学游戏素材，如"对对碰""IQ car 智力赛车""黑白折学""数字游戏""3D 建筑模型""数独游戏"等。

校内，组织班级与年级主题比赛：一年级"智力七巧板竞赛"、二年级"IQ car 赛车大比拼"、三年级"折纸达人大比拼"、四年级"数字游戏"、五年级"3D 建筑模型大比拼"、六年级"制胜策略"。此外，还组织了设计板报等特色作业活动，主题包括"小小七巧板、创意大世界""梦幻的对称王国""幻彩图形创作""有趣的小棒""正方体展开图""图案设计"。

校外，或通过亲子互动，或通过学生们自主操作，发现数学奥秘，探究思维路径，引领学生从生活到数学，从数学回归生活。这既丰富了学生们的课外生活，又使学生感受到数学魅力无处不在。

通过数学素养月活动的开展，首先，教师激发了学生的问题意识，发展了儿童思维（图7）。著名教育家苏霍姆林斯基曾经说过：儿童的时间应当安排满种种吸引人的活动，做到既能发展他的思维，丰富他的知识和能力，同时又不损害童年时代的兴趣。其次，教师也培养了学生的创新精神，提升了思维品质。数学是思维的体操，在培养学生问题思考与解决能力方面不可或缺。通过研发校本课程《数学思维》，让学生在玩中学、在学中玩，学生

数独活动

在简单的数独活动中，应该"瞻前顾后""左顾右盼"地思考数字之间的关联，寻找解决问题的方法。

七巧板活动

由易到难，由分解、组合到设计的"七巧板"活动，可以充分表现"自由"的个性思考。

图形分析

有关图形的观察、分析及逻辑判断，促使同学们以数字、图形等多种思维看待数学。

统计活动

不同层次的生活统计，让同学们走进生活，进行收集、整理、分析数据，培养解决生活问题的能力。

其他思考

与数学无关的活动，也能培养我们的创意思考，让思维更开阔。这里带给大家一个方向：

思维无处不在！

图7 数学素养月活动

们可以带着问题走向生活实际。谈到思维训练，自然有人会想到"奥数""珠心算"，而我们力求在看似简单的数学活动中培养良好的思维品质。

	特色课程教研	时间
1	语文素养课程素养月	10 月
2	数学思维课程素养月	3 月
3	英语特色课程素养月	5 月
4	综合创意课程素养月	12 月
5	思辨能力课程素养日	9 月 9 日
6	情意教育课程素养月	12 月

图 8 特色课程教研安排

b. 项目式学习教研。相比传统教学模式，项目式学习正成为育人方式和课程教学变革的重要学习方式。集团"项目式学习"起步比较早，2019 年 1 月新学期第一次会议，柳中平校长就亲自为全校教师作了"项目式学习"专题讲座，讲座归纳总结了小学学科融合教学中项目式学习的实施模式及引导策略，鼓励教师将项目式学习与学科教学相融合，在融合中促成学生的深度学习和自主学习。各学科骨干教师自发组成项目式学习研究小组，开展跨学科项目式学习活动的尝试，围绕学科关键概念和核心素养，让学生亲身经历完整的运用多学科知识、概念、策略等去解决真实的问题（图 9）。基于英语、科学、语文、信息技术的项目式学习案例《盘菜》，基于数学、科学、信息技术、语文的项目式学习案例《"蒜"成这样》皆荣获福田区项目式学习课程实践比赛（教师类）一等奖。

在疫情的影响之下，2020 年春季学期延期开学，各校利用网络平台，"停课不停教、不停学"。根据集团办学理念——"自然生长的教育"，结合疫情情况，柳中平校长创新性地提出"家庭'项目式'自主学习"，即在家庭环境中推行"项目式"综合学习，让学生在"主题"项目的指引下，自主探索获取相关知识技能，于规定的时段里自主完成相关学习与运动任务，从而培养学生自我管理时间、多种学习方式融合及问题解决等能力。集团教研部门迅速成立各学科课程资源开发团队，依据学生已有的能力和水平，结合防疫现状、家庭环境和自主探究等因素确定主题，制作自主学习资源包、教学指引和学习指引，帮助学生和家长尽快进入学习状态、有意识地培养和提升学生的自主学习能力。学习强国、南方教育时报、深圳大课堂、"深圳＋"、福田教育等媒体对我校的"家庭'项目式'自主学习"进行了报道，福田区美术、音乐、数学教研组开设专栏分享我校项目主题学习。疫情期间，教师们撰写的论文案例参加了福田区在线教学征文活动，有 42 篇获奖（小学组共 200 余篇），10 篇入选 2020 年深圳市福田区教师在线教学实践探索论文集《在线教学沉思录》（共 100 篇）。汇集我校各学科教师经典项目式学习案例的《家庭"项目式"自主学习》一书已正式出版。

经过前面两个阶段的探索，各学科教师对项目式学习有了较为深入、完整的认识，并自觉在自己学科里开展项目式学习实践活动。结合国家课程标准，鼓励学生创造性地解决实际问题。科学学科《指南针的探究制作与应用》荣获"福田区项目式学习教师比赛特等奖"，《一击即中——如何制作一台精准的投石机》荣获"福田区项目式学习学生比赛特等奖"；信息学科《坐姿提醒器》荣获"福田区项目式学习教师比赛特等奖"，《自动归位购物车》荣获"福田区项目式学习学生比赛特等奖"；语文学科《现代诗歌的那些事》荣获"福田区项目式学习教师比赛一等奖"；英语学科《Chinese Tranditional Festivals》荣获"福田区项目式学习教师比赛一等奖"。

	项目式学习教研	负责人
1	语文学科开展"姓氏歌""端午节""现代诗歌的那些事"项目式学习	王干、朱燕
2	数学学科开展"统计与整理数据"项目式学习	罗梅
3	英语学科开展"Chinese Tranditional Festivals""Hello Spring 体验式作文"项目式学习	张虹、赖小玲
4	科学学科开展"指南针的探究制作与应用""做一个'过山车'"项目式学习	江思萍
5	信息学科开展"坐姿提醒器"项目式学习	江思萍

图 9 2020—2021 学年第二学期项目式学习教研安排

集团的项目式学习经历了"跨学科项目式学习自发尝试""家庭项目式自主学习""学科教学'自然生长'项目式学习"3 个阶段的发展，基本实现从"方式转变"到"思维变革"，并取得具有区域示范效应的组织效益（图 10）。

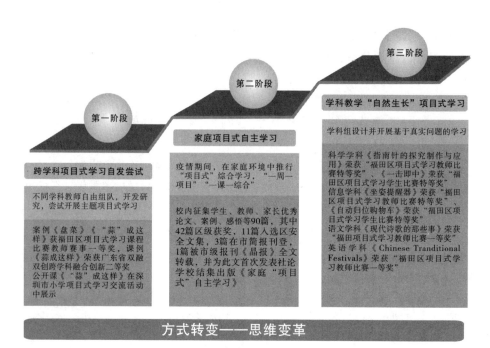

图 10 集团项目式学习的 3 个阶段

集团根据国家、省、市、县的有关要求，除国家课程以外，按计划开展校本研修工作。近三年来参加校本研修的教师人数达到 100%，参训教师都能够按要求完成校本培训学时任务，且对校本研修满意度较高。集团教师积极参加市、区级各类教学比赛并取得优异成绩，校本研修功不可没。

以"自然生长的教育"为核心理念开发的六大校本课程，在校本研修的内容、形式、管理机制等方面发挥了示范作用，不仅在集团生根发芽，经验还被推广至兄弟学校，各地名校长、名师跟岗团到我集团观摩学习，为区域教师研修活动的开展提供了有效支持。

集团有区级及以上各类名师 77 人，其中省名师（校长）2 人、特级教师 3人；有区级及以上工作室（坊）24 个、福田区优秀教研组 17 个、区级及以上课题 25 个、市好课程 2 个、区品牌课程（培植）5 个。集团把校本研修的成果转化为"生产力"，应用于教学实践，在教育教学工作中形成"科学、严谨"的教学习惯，真正践行"把教育做到孩子心里去"，让学生们"自由健康地呼吸，快乐创意地思考"，为长成参天大树而努力。在福田区引进的"上海思来氏"《PCDP 儿童发展评估报告》中关于教学质量的综合跟踪评估显示，集团学生在"学科整体发展""学习基础素养"等方面均达到"既优质又均衡"的高水平，在"注意力""逻辑力""理解力""精细动作"等维度发展达到"领先全国同龄学生"水平。《PCDP 儿童发展评估报告》显示，我校学生各维度发展处于领先地位（图 11）。

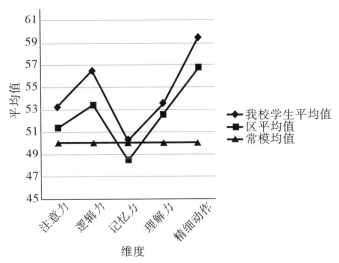

图 11　集团学生各维度发展处于领先地位

附录：

深圳市荔园外国语教育集团"七彩树成长共同体"教师培训活动计划

培训目标：融入学校，站稳课堂。

培训人员：教龄 0～2 年的教师，新转入教师。

培训周期：一年。

培训内容：第一板块 学校文化解读；第二板块 教师职业素养；第三板块学科教学技能。

培训安排：如附表 1 所示。

附表 1

第一阶段 （8月23日至 9月30日）	第二阶段 （10月1日至 10月31日）	第三阶段 （11月1日至 11月30日）	第四阶段 （12月1日至 12月31日）	第五阶段 （1月1日至 1月23日）	第六阶段 （1月24日至 2月21日）
主要内容：了解学校物质文化、精神文化和制度文化 1. 学校环境和硬件设施 2. 学校规章制度 3. 学校办学理念和教育愿景	主要内容：提升学科教学技能——教学设计培训 1. 解读学科课程标准 2. 提升研读教材的能力 3. 掌握教学设计步骤和方法 4. 教师基本功（教学实践、粉笔字、阅读、随笔）	主要内容：提升育人能力——学生管理与课堂管理培训 1. 学习班主任工作常规要求和方法以及课堂管理方法、要求 2. 学科教师育人方法（与学生沟通交流的方法、学生思想工作的方法等） 3. 教师基本功（教学实践、粉笔字、阅读、随笔）	主要内容：提升学科教学技能——课堂教学大比拼 1. 了解有效的教学策略和方法 2. 教师赛课 3. 教师基本功（教学实践、粉笔字、阅读、随笔）	主要内容：提升信息技术能力——常用信息技术手段培训 1. 学习并掌握常用的办公和教育技术 2. 教师基本功（教学实践、粉笔字、阅读、随笔）	主要内容：新型学习方式——PBL项目式学习培训 1. 了解PBL项目式学习 2. 掌握PBL项目式学习的设计和实施的流程和方法 3. 假期自我提升

第七阶段 （3月1日至3月31日）	第八阶段 （4月1日至4月30日）	第九阶段 （5月1日至5月31日）	第十阶段 （6月1日至6月30日）	第十一阶段 （7月1日至7月11日）	第十二阶段 （7月12日至8月31日）
主要内容：提升学科教学技能——教学表达培训 1. 教学语言 2. 教学板书 3. 现代技术运用 4. 教师基本功（教学实践、粉笔字、阅读、随笔）	主要内容：提升学科教学技能——说课培训 1. 学习并掌握说课的流程和方法（集中培训） 2. 教师基本功（教学实践、粉笔字、阅读、随笔）	主要内容：提升学科教学技能——教师基本功比赛 1. 了解教师基本功比赛内容、规则和方法（分学科集中培训） 2. 教师基本功（教学实践、粉笔字、阅读、随笔）	主要内容：提升学科教学技能——教学研究培训 1. 教学论文撰写 2. 教学课题研究 3. 教学理论研读	主要内容：提升学科教学技能——教学测评培训 1. 作业评价 2. 试题命制 3. 质量分析	主要内容：假期自我提升

沃土育新竹　拔节展斗志

——翠竹青年教师会校本研修经验谈

深圳市翠竹外国语实验学校　孔文东

一、整体设计

青年教师是学校未来的希望，促进青年教师成长，实现教师梯队持续发展对于学校的发展至关重要。为了提高青年教师教育教学的综合素养，帮助其尽快胜任岗位要求，学校于 2017 年 11 月成立了青年教师会，制定了青年教师发展规划。青年教师的研训 3 年为一个周期，每届青年教师会将 35 周岁以下的教师纳入队伍，按学年开展规划培训，每年定期召开青年教师总结会，对每位教师在过去一年里所取得的成绩结合他们的预期目标进行跟踪反馈，对他们的成长作出评价，引导他们为进一步的提高做好规划。

对青年教师开展了诊断测评与短板梳理等活动，通过分年度设计研修主题和阶段目标，科学整合校内外优质资源，开展常态化的主题研修活动等，帮助青年教师把"立德树人"落实到学科教学体系中，以德施教、以德育德，解决工作中的困惑，提高师德践行能力；以学科育人能力为主线，重点提升青年教师对教学内容及课程标准的理解、对学生认知规律的分析、对课堂学习活动的设计以及对课堂作业的命制等专项能力；树立教科研工作意识，提升青年教师发现教学问题，运用多种方式解决教学问题的反思研究能力；引导青年教师制定职业发展规划，特别是从合格教师到胜任教师的成长计划，助力青年教师专业持续发展。

二、具体做法

（一）诊断测评多维度

我校通过联合校外专业研修机构开展课堂观察、工具测评和师生访谈等活动，找准青年教师在师德修养、学科知识、教学能力、信息技术与学科融合等方面存在的普遍性、关键性问题，根据问题确立培训主题，修订完善三年研修的实施方案，指导参训教师制定个性化的研修计划。在 2017 年 9 月至 2018 年 2 月第一学期研修中，我校开展了基于诊断和自我评价工具的《教师职业成就感满意度评价》《青年教师专业基础摸底考察评价》《教师教学问题聚焦及个人短板梳理》等调研诊断活动，帮助教师梳理自己专业上的短板，及时发现教育教学中的问题，从各个方面了解每个青年教师的专业发展需求（表 1）。

表 1

诊断内容	方式
教师职业成就感满意度评价	问卷，访谈
青年教师专业基础摸底考察	听课考察，教学设计批阅
教师教学问题聚焦及个人短板梳理	问卷，访谈，测试
国家课标的正确认识	讲座，测试，研讨
国家课标的有效落实	讲座，实操，研讨
新课标教学方案的科学设计与规范编撰	讲座，实操，讲评
教师教学常规及微格研练（1）	讲座，实操，讲评
教师教研常规及微格研练（2）	讲座，实操，讲评
青年教师课堂教学情况诊断与研讨	抽样听课，讲评，交流
青年教师课堂教学展示汇报与研讨交流	研赛，交流，讲评
优秀教师课堂教学观摩交流	观摩，考察，交流
青年教师校本研修阶段性反馈、总结	汇报，交流，评价

（二）研训内容系统化

学校基于诊断测评结果及教师的共性需求与个性需求分析，具体分为 3 个层面：教育层面（含师德）、教学层面和教研层面。基于这些问题的排序，进一步了解每个教师需要解决的问题和大家共同关心的问题，以及需要哪些方面的理论学习和实践改进，包括研修的方式和资源等。我校对接下来三年的校本研修的内容和方式进行了系统化的整体设计，使其更适合教师的需求，更能促进教师的专业发展。

青年教师的培训内容包括思想建设、基本功强化练习、教学能力提升和课题研究能力培养以及综合能力提高等方面。我们将从以下几个方面夯实青年教师的基础，有效促进青年教师能力素养的全面提升。

（1）在师德方面，重点从思想政治、师德修养、社会担当等方面设计课程主题，主要包括习近平新时代中国特色社会主义思想、社会主义核心价值观、全国教育大会精神与新时代教师队伍建设政策解读、学科育德的途径与方法、"四有"好老师的使命与担当、身边最美教师故事等。

（2）在理念更新方面，通过理论与实践相结合的校本研修，强化青年教师教学研究与改革的意识，懂得如何根据国家课程标准正确制订科学的教学方法，明确认识师生教学工作常规，充分落实国家新课标，从而形成正确的教育观和价值观。

（3）在教师基本功强化练习方面，学校通过邀请原深圳教育学院基础教育系主任、全国教育劳动模范、享受国家特殊津贴龚浩康专家及其团队和经验丰富的教师，从钢笔字、新课标教学方案的科学设计与规范编撰、主题演讲、现代信息化教育技术以及和家长的沟通艺术等方面对青年教师的教学基本功进行全面培训，规范青年教师学科教学常规，提升其教学综合素养，从而有效地提高青年教师教育教学的基本功。

（4）在教学能力提升方面，针对学校青年教师在学科教学中的需求，组织专家团队进行通识研修指导，使青年教师明了学科教学能力的基本构成、教学实施策略及注意事项；同时组织专家通过现场考察诊断、操作实施讲评、经验交流互动、案例分析点评等形式，帮助其在教学设计、课堂教学、组织形式、调动学生情绪、课后反思、作业批改以及教学评价等方面得到改善，使之获得教学专业能力的有效提高。

（5）在课题研究能力培养方面，邀请市、区教育教学专家和学校科研带头人对青年教师开展课题研究培训，使青年教师清晰课题研究的本质和课题研究的方法，帮助其在教育教学过程中保持开展课题研究的思维，学会在教学中发现问题、反思问题、针对问题进行探索研究，从而解决问题。

（三）研训过程递进式

青年教师教育教学能力的成长提升不可能一蹴而就，学校对青年教师的培养应遵循循序渐进的原则开展。青年教师的研训方式：理论培训磨基础—实操研讨促提升—课题研究推发展—综合素养促全面—参加比赛展风采。

（1）理论培训磨基础。青年教师会成立初期，我校邀请龚浩康专家团队进校进行理论指导，为青年教师开展了"创新教学板书设计的理论与实践""新课标教学方案的科学设计与规范编撰""教师教研常规及微格研练""青年教师课堂教学情况诊断与研讨"等专题讲座，帮助青年教师正确认识和落实国家新课标理念的基本策略、方法，并将其充分运用于日常的教育教学工作中，以及教学中各种情况的处理。

（2）实操研讨促提升。在龚浩康专家团队为青年教师做了专题理论培训后，学校组织开展了青春课堂比赛，通过教学比赛对青年教师进行针对性指导，完善课堂表现，帮助青年教师努力提高课堂教学能力。

（3）课题研究推发展。为了提高青年教师的课题研究能力，学校邀请深圳市教科院贾建国博士、罗湖区教科院李富贵博士、罗湖区教科院荆志强副院长等市、区教育教学专家为青年教师开展了一系列的课题研讨会，帮助青年教师认识课题研究的重要性、掌握课题研究的方法，以及如何在教育教学过程中开展课题研究。学校近年来课题研究成果突出，学校教师参与课题研究的积极性高涨。2019 年，学校成功申报了 6 个深圳市规划课题、15 个罗湖区教改规划课题以及 25 个罗湖区智慧小课题。

（4）综合素养促全面。学校青年教师会主要开展以下活动来提升青年教师的综合素养。

备赛研课反复打磨，以区市智慧杯教学基本功比赛、校青春课堂大赛为任务目标，驱动课堂实践研究。学科分管行政，亲力亲为精心辅导，组织学科骨干、资深名师、高级教师等组成团队扎实教研。

学科专业话题研讨，借助讲座契机，就一个学科专业话题展开讨论，画思维导图，拟心得反思，做梳理小结。聚焦小组合作及前置学习任务做深入研究。青春课堂各学科均用到小组合作的学习模式，普遍注重前置学习，创新分层作业设计。课堂上学生主体地位更加鲜明。

阅读推进素养提升，在学校经费的大力支持下开展阅读活动，以每年省市《共读一本好书》活动为契机，引导青年教师阅读专业书籍。以配置推荐加自主申购书籍的方式，辅以读书笔记的任务，提升修养。开展读书交流会拓展思考。

另外，学校通过名师工作室和师徒结对等方式帮助每位青年教师加入校级、区级、市级的名工作室，在名师引领下全方位成长。

（5）参加比赛展风采。青年教师通过近年来的学习培训，积极参加罗湖区、深圳市各级各类青年教师比赛，并取得优异成绩。在每次比赛中各科青年教师均有获得一等奖，代表罗湖区参加市赛，均取得良好成绩。

（四）主题研修显常态

锁定"建构青年教师研修新常态"的目标，由资深优秀教师和青年教师组成"成长型共同体"，开展基于学科的"3－4－2"主题研修活动。聚焦

"主题式、信息化、线上线下结合、长周期、递进式、能落地、成果表达、推广示范"等关键词，将线上研修与校本研修深度整合，以日常教学实践的问题解决为导向，以同步教学进度的课例研究为载体，把质量监测与资源生成贯穿全程，凸显主题性、长周期、递进式的研修活动。成立学术委员会并制定关于"两线研修"的奖励细则，使线上研讨逐渐成为常态。具体模型如下。

> 翠竹主题研修"3-4-2"模式
> 第一步：寻找问题　确定主题（一周，诊断、调研）
> 第二步：个体研习　理解主题（一周，加法）
> 第三步：同伴互助　深化主题（一周，减法）
> 第四步：确定课例　一次设计（一周，备课）
> 第五步：第一次研讨课（一周，观课、议课）
> 第六步：深度打磨　二次设计（一周，反思、改进）
> 第七步：第二次精品课（一周，专家、对话）
> 第八步：集体反思　成果提炼（二周，论文、案例）
> 第九步：固化模式　引领示范（二周，建模、综合场）

开展"3-4-2"的主题研修活动，让研修组中的每个青年教师都经历主题遴选的过程，了解主题制定的方法，量化相关的操作要点；每个青年教师都会经历对该主题的个体学习过程和同伴互助过程，在做"加法"与做"减法"中完成对研修主题的深化；在具体实践阶段，基于主题产生研究的课例，通过团队的智慧经历二次打磨，从而生成优秀的课例；在同课异构的两次现场展示中，开展线上与线下相结合的研讨活动，实现教研留痕，即使活动结束，研讨也不会终结；这个长周期的校本活动，为教师发表文章提供了丰富的素材，合作发表成果的思考实践也解决了青年教师发表难的核心问题。

（五）教师成长全覆盖

青年教师是学校未来发展的主力军，学校非常重视青年教师的培养，成立青年教师会，设有会长、副会长等职务，由学科分管行政管理，由分管校级领导负责。新教师入职后都会被纳入青年教师会统一管理，参与相关学习培训，制订职业生涯目标，根据目标做好职业规划以及为实现目标而采取的策略。

为了帮助青年教师成长，快速适应工作岗位，学校在新教师入职后都会开展"师徒结对"活动，为每位青年教师分配一位经验丰富的"师父"，由"师父"带领其成长。学校每学年都会要求青年教师做好"四个一"，即上好一节优质课、读好一本教学理论书籍、进行一项小课题研究或写好一篇教科研论文、练好一门基本功，并为每一位青年教师建立一份成长档案袋。每位青年教师将一学年以来的学习、收获等通过文字、光盘和照片等形式，记录在档案袋中，以便期末时对每位青年教师的成长档案进行检查反馈，帮助其找到短板，督促其全面提升自身专业能力，促使其成长为全面的教学教研专业人才。

学校每年都开展一次校园青春课堂大赛，所有青年教师都要上一节公开课，由校领导、学科名师、骨干教师组成专家团队进行听课评课，提出反馈意见，进而推优参加区、市级教师基本功比赛，这充分为每位青年教师提供了展示自我和提升自我的平台。通过一系列的活动，学校在 2019 年罗湖区教师基本功大赛中有 6 个学科的青年教师在比赛中获得一等奖（语数英科体音），在 2020 年罗湖区教师基本功大赛中有 7 个学科的青年教师在比赛中获得一等奖（语数英科体音美）。教师青春课堂大赛对于促进青年教师教育教学专业能力的提升具有积极的促进作用。

深圳市翠竹外语实验学校
青年教师校本教学研修班简案

为提高青年教师的教学、教研专业素养，经学校与总课题组研究决定，特举办以提高课堂教学专业能力为基本目标的青年教师教学研修提高班。研修周期为一个学年，按研修内容层次推进，分为两个阶段，每阶段为一个学期（可视情况适当调整）。通过科学整合校内外优质资源，使青年教师能较好地适应新时代教学工作岗位的较高要求，正确认识和有效落实国家课程标准，从而从整体上提升青年教师教育教学的综合素养，提高学校学科教学的质效，提升办学水平，促进师生和学校全面、更好和可持续地发展。

研修时间：2018.3—2019.2

基本目标：

（1）能在课标理念指导下，科学、规范地撰写出有较高质量的教学设计。

（2）能懂得落实课标理念的基本策略，较好地开展教学教研工作。

（3）能明确认识教学专业要求和工作常规，锤炼较全面的教学教研专业素养。

主要内容：

一、第一学期：（2018.3 — 2018.7）

（1）青年教师目前工作状况摸底考察（座谈，批阅教案，听课摸底）。

（2）国家课标的正确认识（讲座，实操）。

（3）国家课标的有效落实（讲座，实操）。

（4）新课标教学设计研修（上、下；常规一；讲座，实操，讲评）。

（5）师生课堂教学常规研修（含微格教学；常规二；讲座，实操，讲评）。

（6）作业设计、批改与分析讲评研修（常规三；讲座，实操，讲评）。

（7）青年教师课堂教学研赛交流（展示，互动；或结合区域研赛进行）。

（8）特色课程的教学研究（机动安排）。

（9）青年教师校本研修阶段性反馈、总结。

二、第二学期：（2018.9 — 2019.2）

（1）创新教学设计的指导与评改（评改，实操，讲评）。

（2）课堂教学操作技巧研修（常规四；实操，听课，讲评）。

（3）市内外名师（或特级教师）展示交流（机动安排；展示，互动）。

（4）听课、评课实操技巧研修（常规五；讲座，实操，讲评）。

（5）说课、研课实操技巧研修（常规六；讲座，实操，讲评）。

（6）系统科学在优化学科教学中的应用（上、下；讲座，实操，讲评）。

（7）课题研究的基本理论与操作实践（上、下；常规七；讲座，实操，讲评）。

（8）特色科研项目的操作策略研究（机动安排）。

（9）青年教师校本研修反馈、总结。

三、第一学期大体安排（2018.3—2018.7）

附表1

序号	时间	内　容	说　明
1	3月上旬	评阅教案、硬笔书法，考察学员情况（摸底之一）	学员上交教学设计（电子版发专家组邮箱、纸质版交专家批改）
2	3月中旬	讲座：国家课标的正确认识（结合专家第一次摸底听课）	强化国家课标意识，用国家课标来指导教学行为
3	3月下旬	讲座：国家课标的有效落实（结合专家第一次摸底听课）	教学设计情况讲评（发放参考样稿资料）
4	4月上旬	新课程教学设计研修（上、下）（讲座，实操，讲评）	教学设计修订后再次评阅讲评

（续上表）

序号	时间	内　容	说　明
5	4月中旬	讲座：师生教学常规（重点为教态、语言、板书、课件制作等）	强化师生教学基本功锤炼和学生学习常规训练，分组研练讲评
6	4月下旬	师生教学常规观摩（学员微格教学研练）	研练，观摩，研讨
7	5月上旬	优秀教师课堂教学展示交流（或结合课题区域性研赛进行）	布置课堂教学研赛，学员自选项目，为研赛做准备
8	5月中旬	讲座：作业设计、批改与讲评（上、下）	作业设计、批改与讲评实操
9	5月下旬	课堂教学研赛指导（或结合校内外研赛进行）	课堂教学研赛准备或进行
10	6月上旬	学员课堂教学研赛交流（第二次听课；或结合校内外研赛进行）	进行教学研赛，专家评委现场点评指导
11	6月中旬	学员教学阶段性反思（或预习、复习、考试等特色项目研修）	学员教学阶段性反思及阶段性成果整理
12	6月下旬	提高班研修工作阶段性小结	举行研修领导小组联席会或全体学员小结会

注：1. 相关活动尽可能不影响教学工作总体安排，尽可能利用科组活动时间。

2. 在保障基本内容的前提下，上述项目可视具体情况适当变通、调整或整合。

3. 每位新教师（或每个学科）最好由学校聘请资深老教师担任指导老师。

四、第二学期大体安排（2018.9—2019.2）

附表2

序号	时间	内　容	说　明
1	9月上旬	创新教学、多元设计的研究（讲座；实操）	创新教学、多元设计实操（设计，评阅，讲评）

（续上表）

序号	时间	内　容	说　明
2	9月中旬	学员创新教学、多元设计实践（机动安排）	创新教学、多元设计研练（分组交流，个别讲评）
3	9月下旬	听课、评课技巧研修（讲座；实操）	教学专业能力研修实践，布置"四合一套餐"研赛准备
4	10月上旬	听课、评课技巧实操（讲座；实操；"四合一"演练之一）	分科或交叉实操，讲评指导
5	10月中旬	特级（优秀）教师示范交流（二）（时间机动安排）	结合听课、说课和评课实操
6	10月下旬	说课、研课技巧研修（讲座，实操；"四合一"演练之二）	实操演练，讲评指导，（或进行教学）
7	11月上旬	上、说、听、评课综合研练（"四合一套餐"研练；或组织观摩）	实操演练，讲评指导，学员选择"四合一套餐"准备
8	11月中旬	系统科学在优化教学中的应用（上、下；讲座，实操）	学员结合教学进行研练
9	11月下旬	课堂教学"四合一套餐"研赛（或结合校内比赛进行）	学员结合教学进行研赛
10	12月上旬	课题研究的基本理论与操作实践（上、下；讲座，实操）	学员结合课题研究进行研练
11	12月中旬	教学冷门问题研究（或特色项目研修；机动安排）	学员反思研修，整理成果，研修领导小组收集成果
12	12月下旬	提高班研修工作反馈总结	（机动）

注：1. 相关活动尽可能不影响教学工作总体安排，尽可能利用科组活动时间。

　　2. 在保障基本内容的前提下，上述菜单可视具体情况适当变通、调整或整合。

　　3. 每位新教师（或每个学科）最好由学校聘请资深老教师担任指导老师。

"生态化"校本教研，为教师成长奠基

东莞市松山湖第一小学　蔡敏胜　阳海林

东莞市松山湖第一小学创办于 2018 年 1 月，是东莞市松山湖高新区第三所公办小学。学校创新办学模式，实行全员聘任制，尝试通过课程建设来引领学校的文化发展，并就学校的课程改革进行探索与实践，践行生态化教育，激发办学活力，让儿童站在教育正中央，让每一个生命幸福而完整地成长。

学校目前有 51 个教学班，教师来自全国各地，文化多元，年龄结构不同。学校以"课程建设"为抓手，推进课程改革。教师队伍急需更新教育教学理念以跟上学校课程改革的步伐，与学校高起点发展同频共振。这一切，对学校的教师队伍建设和学校的校本研修提出了更高的要求。学校以"生态化教育"的理念系统指导学校的办学行为，积极开展校本研修活动，探索生态化教育理念之下的教师发展。

一、校本研修的实施理念

教师是学校的核心竞争力，教师强则教育强。在学校的整个教育生态系统中，每个人都应该有自己的"生态位"，一个人好不是真正的好，一群人的好才是真正的好。校本研修立足于学校的办学愿景和发展目标为教师发展助力，既要关注教师个体的发展，又要关注教师群体的发展，使两者形成合力，指向学生的生命成长。根据马斯洛的"需要层次理论"，关注不同层次人的发展需求，构建学校的"生态化"校本研修体系。

二、校本研修的内容及措施

每学期校本研修的具体内容是不一样的。学校及学科组在前期的研修基础上根据学校的年度工作重点和课程改革的方向进行聚焦，实施精准研修，解决教学中面临的一些困难和问题，为教师成长搭建"脚手架"。

（一）研修内容聚焦主题和问题

（1）聚焦核心主题，开展校本研修。本学期在立足以前研修开展的跨学科的综合性学习、语文的古诗词教学、数学的学习路径专题教学、英语学科的绘本教学等校本研修的基础上，所有学科聚焦"单元整体教学"的主题研修。聚焦主题、整体推进、个性化实施。

（2）聚焦实际问题，开展校本研修。及时梳理在教育教学中存在的一些问题，动态地开展项目化校本研修，涵盖教学的各个方面。聚焦问题、分步推进、动态实施。例如，《习字记》《诵经典》等课程的常态化实施。

（二）实施措施聚焦实效和多样

学校通过构建教师阅读研修、名师大讲堂、TED 主题演讲、级部主题教研、项目式研修学习、导师制等多措并举的研修方式促进教师发展。学校倡导老师们通过这种多元的方式进行实践，夯实学校的课程建设，让教师们的探索基于学校、基于问题，实现自我的成长。

（1）常态教研，聚焦主题研修。改变大一统的研修模式，让学习真实发生。为了有效促进研修，更加有效地开展教研活动，每学期初，语、数的低、中、高 3 个学段的科组长都会召集本组教师一起讨论分析情况，制定切实可行的便于落实的教研组工作计划。每学期的教研活动形式，都尽量做到形式的多样、研讨的有效。

周教研。学科组坚持每周进行一次集体的大教研活动，以解决学科的理念和方向等共性和专题性的问题。活动中做到"三定"（定时间、定内容、定中心发言人），内容一般采取理论学习和研究教材交替进行，理论学习还包括经验传递，即外出进修培训的教师出去"学"回来"传"。这使全组教师学习外地经验的同时也明确了自己努力的方向。

日教研。级部教研也紧跟学习的主题常态化开展，聚焦课堂教学的真实问题。学期的时候将任务进行分解，成立不同的项目小组，每个项目小组领取一定的主题，确定组员，做好任务分工，在级备研修的时候进行汇报和模拟上课，并在课堂上进行实践，对存在的问题再修改和实践，从而实现了资源共享、常教常学、日教日新。

除了专题研修外，还有公开课课堂研讨、同课异构、随堂听课个性化诊断等。

（2）主题性演讲，聚焦生命成长。在学校，每学期一次的主题 TED 演讲已经成为学校校本研修的一种新样态。每个学期开始的时候，学校会根据学校的工作重点以及发展方向，确定一个研修主题，开展为期一个学期的研修实践活动；期末的时候以主题演讲的形式进行汇报，汇报的内容涵盖学校的课程建设、文化建设等方方面面。

从 2018 年学校创建至今，我们开展过的主题为《尊重，无处不在！》《后疫情时代，教育何为？》《脚踏实地，仰望星空》《重建课程生态》《教师如何做一个设计师》《擦亮生态教育品牌——组织变革与课程重构》《不忘初心，牢记使命——我的教育故事》等。这些主题演讲看似是一个演讲活动，其实是一个具体的主题研修活动，如主题《做最好的自己》，教师们可以从不同的方面去实践，教师个体完成，而有的主题则需要成立项目小组共同完成，最终以演讲的形式进行研修成果的汇报。既是分享，其实也是一次聚焦主题的培训和学习，每个人都是研修者，每个人也是学习者。在这样的过程里，我们发现了一批学校文化建设的坚守者，班级管理的创新者，课程改革的开发者……他们在各自的岗位上绽放自己的精彩，一些优秀的教师也脱颖而出。

（3）项目式培训，聚焦问题解决。根据学校的发展需求，每一个入职教师都要进行"正面管教"专题和项目式 PBL 课程的学习。一个专题直接面对教师管理班级和教育学生的能力，做到"和善而坚定"；一个专题面对入职后学校开展"大主题、项目式、跨学科"的综合性学习，提高教师课程研究、开发和课程执行力，让教师以更高的视野和能力来面对教育生活。在专题学习中，学校把教师分成不同的学习小组，在学习中动手、体验，变传统的"灌输式"的被动接受的学习模式为主动的学习建构，大大激发了教师们的学习兴趣和参与意识，取得良好的学习效果。

学校校本研修的形式灵活多样，研修的内容也总在发生变化。学校一定是根据教师的需要，提供更好的学习支架，为其成长赋能。例如：当语文学科对整本书的阅读有困惑时，学校便邀请国内资深专家过来指导；数学学科组开展"差异化教学"走班时，学校邀请温州大学章勤琼教授团队来校开展一个项目研修学习班，解决教师们面临的困难和问题，把研修的内容放在教师们最需要的地方，提高研修的实效性。

读书打卡阅读分享、组建磨课团队、师徒结对、阶段性的项目小组等，这种建立成长学习共同体的研修形式在学校随处可见，全息存在，形成了网状化的研修体系，使每个教师都能找到自己的生长点，成长为自我。

三、网络型学习共同体的教研路径

依托网络型教学学习共同体，是如何促进教师学习的呢？下面以数学学科组为例论述。

（一）基于问题解决为导向的项目式教研

开学第一周，很多年轻的老师都在诉苦"课堂秩序混乱，学生完全不听教导……"年轻教师在入职的蜜月期的"教学体验"将直接决定对教师职业的认同度。基于此，数学科组围绕老师的困惑设计了一系列的活动。

座谈会明确问题：将资深教师与年轻教师分成若干小组，帮助年轻教师厘清遇到的问题，然后梳理出来；资深教师就大家提出的问题答疑解惑。最后明确当前需要解决的主要问题是"如何快速建立一年级学生的课堂学习常规"。

示范课提供策略：一年级的备课组长鲁星煜老师随即上了一节示范课，课前如何组织学生迅速进入状态？课中如何引导学生专注倾听？如何交流？如何表达……在示范课后，备课组又通过"揭秘课堂密码"的活动，共同梳理出教学策略：使用简洁、清晰、指向明确的口令；随时渗透、训练学生的常规；建立和完善个人量化和小组竞赛相结合的评价机制。

见面课显成效：在明确问题、榜样引领、提炼策略后，年轻教师开始在班级尝试和不断反思调整。在一个月后的"新教师"见面课上，课堂教学活而不乱，学生的学习更是井然有序。

研课议课促成长：有序的课堂常规为年轻教师提升教学能力提供了有力保障。虽然是新教师见面课，但都是以"同课同构"或"同课异构"的形式进行，课前教师们已经成立磨课团队进行了充分的准备，因此在第一位教师上完课后，备课组立即组织教师进行议课、改课，第二位教师在此基础上进行完善和优化。无论是观课、议课还是上课的教师都加入其中。

反思中深度交流：课例展示结束后，年轻教师又将教研活动中的所思、所想、所悟转化成文字，这让他们深刻认识到"教学中遇到问题是很正常的，在资深教师的引领和帮助下，在同伴的互助下，是可以克服困难，胜任工作的"。

基于问题的学习，从横向上看，是团队帮助年轻教师提高教学能力的过程（图1）；从纵向上看，是团队成员参与的"深度解决问题过程"：透过问题现象，避免采用"惯性"就事论事的方式，而是结构化地设计活动从本质解决问题，并最终影响年轻教师的思维模式，使其学会结构化地设计和解决问题。

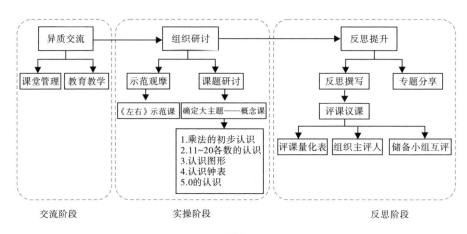

图1

（二） 基于整体视角的集备教研

日常备课是每一位教师的"家常便饭"，而备课的质量直接影响着教学的效果。在"网络型"学习共同体中，又是如何发挥群体的优势，实现"1 + 1 > 2"的效果呢？

学校的做法是以备课组为单位，从"整体规划—教学设计—研磨汇报—课后反思"4个层次进行（图2）。

整体规划：学校会从"科组规划：学科教学重点—备课组规划：年级教学重点—任务小组规划：课时教学重点"3个层次对集备进行整体规划。（配上分工表）

小组讨论：每个课时都有一位主备教师，主备教师需要将该课时"精备"，组内其余成员也需对非主备课时进行自主研究。在研磨汇报之前，各备课小组进行初步分享，在此过程中共同化解问题，形成统一意见。

研磨汇报："研磨汇报"分"主备人试讲—'过来人'补充—二次修改形成资源包"3步走。主备人首先进行试讲，随后"过来人"就教学目标、重难点、教学策略进行补充，进一步聚焦讨论的重点，总结经验教训。在集体备课后，主备人需对教学资源进行修改，进而形成资源包。

课后反思：课后反思也分"个人撰写—组内评议—校内评优"3步走。个人撰写反思后，由另一位老师进行评析，进而使教师相互协作，取长补短。在每个月末，科组内将会评选出若干优秀反思。校内评优的制度，能切实调动全体教师的工作热情，为内生发展思路的落实奠定基础。

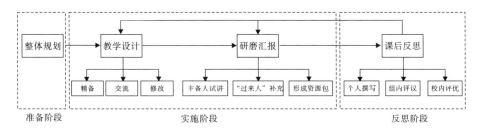

图2

在集体备课的过程中，主备的教师处于网络的核心位置，需要精心准备；其他教师重在提出修改和完善的建议，经过集体智慧形成的教学设计能够突出重点、突破难点。让年轻教师学会如何备课，让资深教师在比较中更容易形成自己的教学风格，并形成良性循环。基于"网络型"学习共同体的集备模式，将个人智慧与团队力量完美结合在一起，既提高了备课质量，又提高了教师工作效率。

备课的质量高了，受益最多的还是学生。高质量的备课不仅能激发学生学习数学的兴趣，还能提高学生学习数学的积极性。学校对一年级的学生进行了学生数学学科喜爱程度的调查，结果表明，大部分学生喜欢数学及数学老师，对数学感兴趣，认为数学课堂生动有趣。学生在课堂体会的乐趣又会反过来愉悦上课的教师，让每一位教师在日常的教学中就能体会到教师的幸福感。

（三）基于主题的深度研究

面向未来的人工智能社会，教师还需要深度学习。基于主题的教学研究，就显得尤为必要。教学研究会从"确立主题—文献研读—课例研磨—成果转化"4个方面进行，"网络型"学习共同体同样发挥着重要的作用。

确立主题："网络型"组织的核心人物选择契合当下数学教育和学校发展方向的主题，比如学习路径、单元整体教学、项目式学习等。

文献研读：教师的研究是在一定的理论指导下进行的创新性的探究活动。因此，在主题确定后，核心教师组织成员进行文献研读，对要研究主题达成共识；同时在专家的指导下，确定主题研究的框架和路径（图3）。

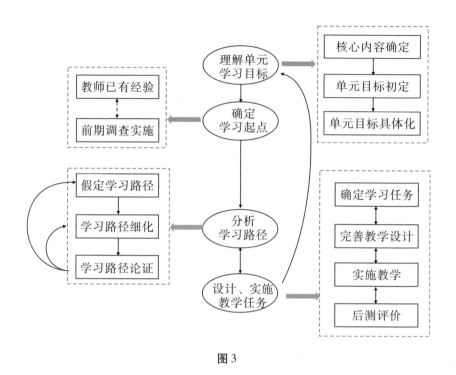

图 3

课例研磨：由几个核心人物分别成立项目组，结合主题，选择课例展开研究，并在磨课中不断调整和修改，最后进行课例展示。

成果转化：课例展示结束后，项目组及时将研磨的过程和思考，从不同的角度进行梳理和提炼，撰写成文章或转化为课题。

基于主题的研究，研究的时间长、研究的内容广而深，能将不同的学习方式"阅读、写作、教学"自然加入其中，同时也能使教师的成长最快。

在这个变化的时代，面对种种不确定所带来的挑战，作为教师唯一确定的就是跟同伴组建成"网络型"教师学习共同体。在这个共同体中，学习是核心任务，合作和参与是基本形式，共同的愿景和信仰是前提条件，相互依赖是重要的特征，目的是促进教师专业发展，共同促进学生的学习。

办学以来，学校探索"生态化"校本教研，以课程建设为抓手，促进了教师的成长和学校的发展。2019 年 10 月 22 日，学校迎来"全美最佳教师"雷夫来访，并亲笔题下赠言"你们正在改变世界并且使之更加美好！"，"这简直是一所城堡一样的学校"。2020 年 10 月，《当代教育家》杂志以"一所种出来的学校"为题对学校的办学成果进行全面报道，并给予了学校极大的肯定和鼓励。

附录：

TED 演讲：擦亮生态教育品牌
2022—2023 学年度第一学期
松山湖第一小学期末分享会方案

　　松山湖第一小学自创建以来，便把"生态教育"作为学校的办学哲学，用生态的视角来重新定义、思考教育，重建师生自我生命的高价值感。四年多来，学校通过"一间生态教室"的建设、尝试通过课程建设来引领学校的文化发展、深入探索课程改革等一系列践行生态教育的行为，激发办学活力，让儿童站在教育正中央，让师生幸福而完整地成长。2022 年 4 月"义务教育课程标准（2022 年版)"颁布，为了落实课程标准的理念，我校进一步深入践行基于生态理念下的办学行为，探索校本研修的路径，擦亮生态教育品牌。为此，2022—2023 学年度第一学期 TED 演讲主题为"擦亮基于生态理念下的教育品牌"，分享会将于学期末举行。

　　一、分享形式

　　1. 由项目团队进行分享

　　此次分享会以级部、学科组为单位，围绕主题成立不同的项目组进行实践研究，然后通过梳理和提炼，最后派一人代表项目组进行校级分享。每个项目团队的人数不超过 6 人。

　　2. 分享时间

　　每个项目单元的分享时间为 15～18 分钟。

　　3. 演讲形式

　　采用 TED 演讲的形式，名额 20 名。

　　4. 分享项目申请

　　由级部和学科组统筹，围绕主题以项目组的形式进行申请，申请内容包括：背景、实践、价值 3 个方面，9 月 20 日前完成项目申报，学校对申报材料进行审核并公示。

　　二、分享主题

　　分享主题要基于学校的办学实际，聚焦教育教学中的重点和难点问题，确定申报主题，以办学行为的改进和师生共同发展为研究目的，增强校本研修的针对性，实现教师从理念到教育教学行为的转变。

1. 生态管理

（1）一间生态教室建设。

（2）级部管理负责制。

（3）学科组建设。

2. 生态课程

（1）生态课程文化的构建。

（2）生态课程内容的开发与实施。

（3）生态课程的评价策略。

（4）生态理念下的教与学方式的转变。

3. 生态文化

（1）生态化教育文化内涵的梳理和提炼。

（2）尊重文化的内涵挖掘与提炼。

（3）团队文化的营造与凝练。

（4）我的教育故事（与特殊学生的相处）。

4. 生态环境

学校物理环境（如各开放空间、课程设施等）的建设。

三、分享内容的撰写

（1）级部和学科组在选题时应充分考虑实际情况，建议是在已有实践的基础上，选择有成效、有价值、有推广性地并最能突显"生态教育"的内容，进行梳理和提炼。

（2）内容要注意理论、案例、策略的结合，具有推广价值。

（3）内容初稿在12月15日前完成，经学校提出修改意见后进行二次修改并定稿。

四、评价形式

1. 专家指导团队

高校专家和教研专家。

2. 成果转化

20份分享文稿将体现松湖一小践行"生态教育"的精髓，面向社会发布。

3. 凡参与校级分享的项目，都可以作为校级课题研究项目

附表 1　项目申报书

项目内容		项目负责人	
项目主题			
项目组成员（6人）			
项目内容	一、项目背景 二、项目实施情况（重点写） 三、项目价值（重点写）		
学科或学科 审核意见			
部门审核意见			
校长室审核意见			

聚焦校本研修，为教师绿色成长注入生命活力

佛山市顺德区西山小学　李飞雁　卢晓雯　刘映红

李　菁　高君颐　龙惠勤

学校发展的灵魂在教师，优秀的教师队伍、良好的科组文化、浓郁的教研氛围，无疑是学校发展的命脉。好的校本研修模式应该是能充分激发教师的潜能，调动师生的积极性，带动学科的发展，提高学校的教学质量，提升教师的教学技能，完善教师的人格。教师在实践中不断与环境进行对话，不断对行为进行反思，从而提升教育教学的有效性。一所高质量发展的学校必须具有鲜明的办学特色和拥有优质的教师团队。近年来，我校以"绿色教育"为办学理念，聚焦学生生命性教育，在尊重教育发展规律的基础上，注重教师素养养成，沉浸式打造优质教研团队，形成了在定位发展上聚焦教师专业成长，在建设优秀学科团队上分散教师个性化发展，在引领教师高位发展上聚力课题课程的多维网络，实现学校教研管理上疏可驰马的从容自由和密不透风的专业严谨。

一、顶层设计，方案引领

教师作为从事教育教学工作的专业人员，通常会经历由不成熟到相对成熟的发展过程，需要通过不断学习与实践来提高专业水平。以往学校一般采取的"一刀切""大一统""运动式"的培养模式，不可避免地造成了针对性不强，对教师的特点和基础把握不准，对教师的专业需求厘定不清，对教师的专业发展方向、目标和途径界定不准的问题。因此，只有研究教师职业的专业发展特点以及教师职业发展过程的规律才能改进教师的培养，才能促进教师的专业发展，进而提高教育质量。

（一）层级培养，科学有效

西山小学作为一所百年名校和区域内素质教育品牌学校，约15%的教师属于学校的名师和骨干，他们是各个学科的带头人和领军人物。但在过去相当长的时期内，这类"名师"的形成，主要靠个人自觉、主观努力、自我成长。

学校80%左右的教师都有较强的事业心，有较高的工作热情，有一定的教育理想和追求。在主观上，他们有对专业引领的需求，有对先进理念的诉求，有丰富自我、完善自我、提升自我、发展自我的良好意愿。这部分教师是学校的主体。但拘于专业视野狭窄，发展动力弱，努力方向模糊，他们所拥有的专业理念、专业素养明显欠缺，制约了他们向专家型、科研型教师的发展。还有5%左右的教师是队伍中的"学困生"，主要表现为事业心不强、责任意识淡薄、牢骚满腹、职业倦怠感较为严重，对新事物、新举措有着本能的排斥和厌恶。

西山小学根据自身实际情况，提出了"层级培养"的理念和思路，采取分类、分层、分级培养，分阶段培养一批在教育教学一线发挥重要作用的学科名师及德育类名师，探索与实践教师培养的新命题。计划培养好能适应并胜任学校教育教学工作的应届毕业新教师、一批教学教育素养潜质优秀的"教坛新秀"、班主任工作领域有突出成绩的名班主任、具有影响力的名师或专家型的特级教师，以保证学校健康持续发展，实现学生全面发展，促进学校教育事业的蓬勃发展。

"层级培养"是指教师的职业发展如同人的身体和心理发展一样，可以分为几个连续的不同阶段，且每阶段都有特定的职业发展任务。在教师职业生涯的不同发展阶段、发展各个层面、个人不同追求方向上，不断帮助其成长的过程就是层级培养。

学校根据教师职业发展的不同时期，将教师专业成长过程依次划分为以下逐步上升的4个层级。

（1）第一级：新手型教师，职业探索期，角色适应阶段。

（2）第二级：胜任型教师，职业成长期，经验积累阶段。

（3）第三级：业务精干型教师，职业高原期，专业成熟阶段。

（4）第四级：专家型教师，职业超越期，专业引领阶段。

一言以蔽之，西山小学教师专业成长的层级培养行动研究，就是西山小学以教师不同的层级发展目标为抓手，探索以教师不同层级发展目标的实现，逐次上升，达到教师整体素质全方位提高的教师继续教育和专业成长模式。

（二）构建多元教研模式

良好的教研氛围是促进教师成长的关键，学校的教研活动就是教师课堂教学的"诊所"，对教师课堂教学的健康发展以及教师自身专业发展具有十分重要的意义。而当前传统、单一和僵化的教研模式并不利于教师的专业化成长。在发现问题的基础上，西山小学积极探索教研新途径，构建多元教研模式，加强教研活动实效性、针对性，切实提高教师的课堂教学水平。

1. 基础型校本研修活动

结合本校实际，在教研活动上采取"双线并行，多元并举"的方式，即学科内以"学科大教研"和"备课组小教研"双线结合模式。"大教研"中科组集中研究教学中的共性问题，如对学科教学的总体理解、课程标准的解读和学科发展的趋向等教师发展中的问题，旨在在学科发展上给教师更高、更准、更新的教育理念。"小教研"针对教材或教学中具体问题的研究与实践，聚焦课堂教学的实质性问题，结合备课组集体智慧，落实教学计划，从而实现教学目标。为了更好地指导科组教研活动的开展，学校确立的多元教研模式如下："同课异构式""说课式""主题式""经验分享式""反思式"，并在每一学年具体而有效地落实以上教研。

2. 特色型校本研修活动

（1）"课题课程"引领教师高位发展。课题研究是教师专业成长的需要。教育改革的步伐在加快，为了适应素质教育对教师提出的新要求：教育、教学工作的模式由"经验型"转向"科研型"，用"课题课程"引领教师高位发展。为达到要求，课题和课程是最有效的方式：教师在教学实践中，通过学习、积累、合作，进而开发校本课程；在发现问题的过程中，重整教育资源，优化知识体系，提炼教学成果，形成研究课题；各类课题研究的分享、融合，又促进新的课程建构；好的课程又会进一步促进教师的教育实践。在这个过程中，教师的角色得到重塑，教师成为学习者、合作者、领导者、设计者和促进者等，即面向未来的新时代复合型人才，这个过程是闭环式的，如图 1 所示。这样的教师成长生态链，为西山教师绿色成长注入生命活力，而课程资源的无限性，决定了教师专业发展也是无止境的。

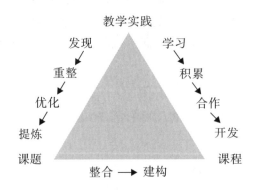

图 1　西山小学特色型校本研修模式

（2）制定具有针对性的学科团队个性建设策略。不同学科具有不同的育人目标和育人模式，鉴于各科组的特色，在科组建设的过程中应尊重学科背景和学科知识特点，让学科各尽其长。因此，学校赋予各学科组长制定本学科团队建设计划的空间，力求每个科组立足自己之长，创新学科建设新途径，放眼学校未来发展；同时针对各学科特点，制定相对应的学科建设制度以及学科评价方式，以有形的方式确定学科建设规则，并以特色评价促进学科可持续发展。

二、校本研修的主要特色和亮点

（一）一科一策，建设优秀学科团队

面对新时期教育发展的新要求，培养教师的教科研能力水平，带动科组整体发展，进而促进学校教学和管理的系统整合，是学校赋能教师、教师提升学生，教师、学生反哺学校的出路。西山小学秉承"共建赋能""共享链接""共赢互引"的科组建设理念，运用"一头狮子率领的一头羊一定能够打败一头羊率领的一群狮子"的思维方式，在尊重学科特点的基础上，落实基础学科的要求，结合学校教师构成和学生情况，构建"一科一策"优秀学科团队，以"主题课程"为抓手，整合教师个性特点，激发教师潜能，衔接学校整体发展需求，取得了初步成效，为学校跨学科复合型、专业型教师人才培养和整体精进型科组的建设奠定了基础。

1. 面对有限资源打破学科壁垒，构建多学科联动的融合型科组

现代教育注重学生的全面发展，"五育并举"早已不是空口之谈，但在具体实施上，很多学校却面临着"巧妇难为无米之炊"的尴尬，想要全面开展丰富活动却因缺乏专业型教师队伍的投入，处处掣肘。西山小学以"绿色教育"为核心办学理念，尊重学生的成长规律，为其成长抹上一缕温暖的底色，在素质教育开展的道路上并无得天独厚的优势，但在大胆的尝试、多效突破的实践中，摸索着属于自己的特色之路。

儿童的学习成长也需要"学科内"的融合和"学科间"的整合，在这一教育规律的启发下，我校着力构建"跨学科"理念，在兴趣和智慧的牵引下，以研学、小课题、小教研、大竞赛等多种类型呈现。面对专业学科队伍人才的紧缺，我校充分发挥原本教师队伍的特长，大胆培养启用跨学科人才，以点为辐射，拉动整个学科队伍的建设，为后续科组的建设积累有效的经验。

如我校科学科组的建设初期只有一名高级教师周郭旺老师，周老师在街

道、区多项教研任务中都有出色成绩，曾为大良科学教师队伍的建设做出不薄的贡献，但是如此好的导师在学校却因没有专业的"兵"，独木难支，这也制约了我校的科创教育的发展。专业团队可以慢慢组建，但是学生的科学教育却不能等。面对新课程的挑战，我校积极实行师资队伍的跨学科融合，打通学科壁垒，拓展教师学习边界，鼓励解放教师的创造力，努力实现教师人才的融合。

在该理念的引领下，科学组的队伍随之壮大起来。有了可调动的师资，有了优秀的"领头羊"，在课题、竞赛的推动下，更多的教师在这样的跨学科氛围中主动融入，形成了一种教育场域，拥有了一套独特的活力密码。此后，获得科学竞赛大奖的就不仅仅是科学老师了，还可能是语、数、英等学科老师，如在2018年语文科李菁老师就获得了全国科学实验说课特等奖，获全国"实验教学能手"称号。

校本研修对教师的成长不能停留在校园内的闭门造车，需要有更加开阔的思维和视角。科学科组建立了"农业创客STEAM教学资源开发与应用的共同体"，形成了新伙伴研修关系，资源共建、成果共享、多方共赢，探索各校校本研修协同发展机制，力图扩大在科学学科领域内的示范引领辐射。积极承办科学赛事，努力加大和学校、社会优秀科研团队的学习，积极探索属于西山特色的科学教育发展之路。

2017年，西山小学被评为中国生态教育示范学校。借此时机，西山小学前瞻性开展农业创客教育，西山小学科学科组在华南农业大学教授的指导下，与八斗公司合作，围绕已有资源，以种子馆为创客基地，成立了绿享农业创客中心，并开发了与之相匹配的农创课程体系。2018年，西山小学成为亚洲第一个国际有机农业组织（IFOAM）的会员学校，成为全国第一家开设农业创客课程的学校创造性开发农创课程学校。至今，西山小学已经开发了"绿享"种子静态展示、"绿享"植物成长箱实验、"绿享"生物克隆、"鸡"动人心、松鼠养育等课程。

2. 面对精进团队高位引领，构建百花齐放专业型科组

在学校学科建设的发展和教师队伍的培养中，优质学科的建设和发展压力同样不容小觑。优势学科由于有固有模式、优良传承，在学科发展中具有一定的学术张力，但是由于科组优秀人才汇集，容易出现教师个体资源旱涝不均现象，这对保持专业活力和调动教师积极性不利，也为科组后续发展、组内人才培养埋下不稳定因素。如何有效统筹协调且形成百花齐放之势是学校面临的新挑战。

学校要帮助教师不断地去丰富、扩大、提升自己的生活领域和生活境界，促使他们真正走进自己的生活，主动承担各种不同的工作角色，引导他们在各种不同的活动中丰富自己的个性，提升自己的教师人格。建设优势学科，在围绕育人要素的价值性、周期性、融合性和挑战性的同时，秉承理念引领、计划部署、制度保证、团队践行的原则，稳扎稳打地达到学校优质教师梯队培养的目标。

语文科组是学校最大的一个教研单位，55 位语文教师中，有南粤优秀教师 2 人，副高职称 6 人，一级教师 39 人，担任班主任工作 48 人，担任年级组长 4 人。近三年，语文科组获 12 个国家级奖项，30 多个省级奖项，40 多个佛山市奖项，多名教师在市、区、街道优质课竞赛中获一等奖。在各项比赛中名列同级同类学校前茅，是一支进取型、专业型、学习型的团队。

如此殊荣下，如何打破部分"大树底下好乘凉"的投机心理，如何驱动百舸争流的教师成长，如何实现青蓝衔接的良好互动，如何带动结合时代特色的科组创新……为让更多的教师在教研的过程中实现实际的成就感，我校注重抓好两个方面，即制定踏实前瞻的工作计划和营造切实高效的教研氛围。

（1）立足当下，严抓常规以驱动高质课堂。高效的团队建设需要有效的常规制度，教师团队的建设离不开规范的建立。我校实行"常规不松懈，'三查'勤补缺"的制度，对于备课、听课、作业批改、学生辅导等进行先自查、再互查、最后校查的形式，随机查、集中查相结合，以督促每名教师注重专业的积累；规范备课组，关键抓"落实"：期初定计划、中间抓落实、期末促总结。期初的计划注重学生活动和教师成长的规划，为每一位青年教师制定挑战目标，设立青年教师训练项目，其中包括专题赛课、三字书写、教育故事演讲等，营造有序紧张的教研氛围。学期间的落实注重体现各年级的特色和个性，各类校本课题的立项，给每一位教师充分的空间，容错、试错、纠错。期末的总结是团队的复盘，有助于科组的团结和反思，为下一次的挑战奠定了基础。

责任到人、均衡发展的评价制度才能充分调动科组成员。教师目标管理责任书落实每一位教师的教学责任；科组长考核制度、教研制度，以专业的要求来规范和引领团队的成长；听、评课制度和"四率一平"教学评价让教师的努力落地，给予优秀的教师更多的平台和机会。每年的青蓝工程为教师的成长供能，统筹校外各类专业培训的委派，为科组每一位教师的发展定位和赋能。

（2）放眼未来，高位引领以撬动全面发展。在绿色教育理念的引领下，语文科组对课堂教学的定位是紧扣教材、不囿于教材、以教材为中心，向相关知识点辐射，为学生的可持续发展奠基，为学生的成功搭桥。近两年，我校引进了梦想课堂、普乐课堂、智慧课堂、创造力课堂等先进的课程理念，为语文课堂推陈出新。科组教师把这些元素和语文教学融合起来，开发了《儿童创造力课程》（红系列）；引进普乐课程元素，开发出《儿童创造力课程》（金系列）；结合本校本地学情，科组还开发了《粤语经典诵读》和《书香墨韵》《饮顺食德》校本课程。

（3）课题促教研，专业有方向。除了常规的计划还需要营造高效的教研氛围，科组从实际出发，分别从课内阅读、课外阅读、生字教学、作文教学等角度，遵从"从工作中来，到工作中去"的原则，在工作中发现问题，在研究中解决问题。每学期，科组重点做好一到两个教学课题，引领学校的教研方向。如本学期，我校的区级课题《"带着地图去阅读"教学策略在小学中高年级的实践研究》正在进行中，该课题尝试开发一套分别以"胸怀祖国"和"放眼世界"为主题的校本阅读系列，意图使学生通过这两套读本，初步了解中国和世界的历史、地理框架，培养学生的高雅情趣、健朗精神、书卷气质和家国情怀，为其未来奠基。

（4）课间微聊教，时间有保障。语文老师的工作非常繁重，教研时间从哪里来？教师们抓住课间时间，三五分钟，七言八语，各抒己见，就能解决一个实际问题。解决不了的问题，则备课组长收集起来放在大教研时拿出来讨论。"微聊教"成了语文科组独特的文化风景，是教师们公认的最接地气的教研模式，解决了教研的时间问题。

（5）精推教研课，评课练内功。语文科组每学期都会精心打造各种特色课堂，听课、评课全员参与，在听课评课的大氛围中实现教师个人素质的升级。

科组对教师们的评课也有严格的要求：①人人评课，当天上传；②找出问题，不怕犀利；③汇成简报，全员学习。在这样的氛围中，我校的教研课不仅使上课教师的专业素质得到提升，也使听课教师在评课、议课中不断进步，更能促进一支专业型的教学团队逐步形成。

（6）阅读不熔断，源头活水来。"问渠哪得清如许？为有源头活水来。"科组特别重视建设学习型团队，提出以备课组为"圈子"，以"提升素养"为目的，全面开展教师读书活动。科组要求每位教师每学期做到"三个必读、一次分享"：必读学生的必读书；必读一本国学经典；必读一本世界名著；在备课组分享一次读书感受。希望通过这样的氛围，教师们以学习促提升、以交流造氛围，绝不"以己昏昏"，妄图"使生昭昭"。正是在这样的氛围之下，打造出了一支优秀的专业型、学习型、进取型的团队。

（二）课程课题，促使教师专业成长

鲁迅说："凡改革，最初总是有觉悟的智识者的任务，这些智识者必须有研究、能思索、有决断，而且有毅力。"西山小学历经百年文化沉淀，早在20世纪七八十年代的课改实验中就享誉全国，有着"北有景山，南有西山"的美誉。面对飞速发展的时代，教育面临重大改革，教师怎样才能在时代的洪流中逆流而上呢？西山小学赓续百年荣光，在新时代的呼唤下，结合现代教育要求，高瞻未来教育发展，加大校本研修中的教育科研，以构建现代绿色理念下的课程体系为载体，为培养可持续性发展的复合型人才昂扬向前。

课堂是教育的主阵地，课堂改变，学生就会改变；课程改变，学校就会改变。"课程的丰富性意味着生命的丰富性，课程的卓越性意味着生命的卓越性"，西山小学坚定这样的信念，不断完善丰富绿色生态课程体系，并引领各科教师积极申报课题，建立教师成长的绿色生态链。

那么，如何形成教师成长的绿色生态链？

1. 课程拓宽知识领域

在信息高速发展的时代，学生认知领域拓宽，吸纳知识的途径由单一变为多元。教学中，许多问题超出了课堂教材、教学参考书的范围。这就对教师提出了挑战，迫使教师不断推动自己的专业成长，不断提高对教育教学的认识水平，形成内驱力。教师要关注自己专业之外的知识领域，学习和积累，完善自身知识体系，进而开发课程资源。因此，课程能很好地拓宽知识传播的途径、渠道，是科学知识和人文知识的交融。

2. 课程培养创造思维

在课程资源的开发和实践中，教师也在不断改变指导学生的思路和方式，转变行为习惯和行为方式，培养和施展自己的教学智慧，学会创造性地开展对学生的指导工作，这一过程需要经历反复地操作和练习等活动，从而不断提高教师教研水平。

3. 课程课题提升教研智慧

在课程资源开发与利用的实践中，教师将与学生一道获取知识，转变角色。教师不仅成为学生知识的提供者，也成为学生获取知识的合作者和组织者。而依托课程资源进行的课题研究，包括各种专业知识、科研方法、数据处理、结题报告等，几乎很难一个人就很好地完成全部工作，这就要求教师既要与同事建立联系，又要从仅仅关注本学科走向关注其他相关学科，从孤身奋战到与他人合作，分享智慧成果。

4. 课程课题促进绿色成长

教师在课程的开发、实践、重整、提炼中，形成研究课题，而课题研究成果再反哺优化或再开发新课程，教师将不再只是被动讲授者、执行者，而是从课程边缘走入课程中心，成为课程目标和标准的制定者、课程计划的实施者，主动、积极地参与校本研修的全过程，包括计划、实施、评价等，实现教师专业成长的飞跃。

综上所述，独特的、完整的、自成体系的西山小学绿色生态校本课程，实质上是教师角色重塑的理想途径。西山小学以丰富多彩的特色课程体系配合国家课程，构建了独特的西山绿色生态课程体系。课程总体框架是：基础型课程校本化、拓展型课程活动化、探究型课程个性化。

在华东师范大学刘侃博士的指导下，我校围绕学校绿色生态课程体系建设重点课程，并撰写了四门课程纲要、五门课程方案，如基础型课程化校本化的书法课程、足球课程；拓展型的科技、智能、农业三大创客课程；探究型梦想课程、普乐创造力课程等。在课程引领下，学校教研团队的科研水平和能力逐步提高。

附录：

2020 学年西山小学名师校本专项培养方案

为进一步加强我校教师队伍建设，深化学校教育教学改革，造就一批教育教学骨干，充分发挥名师在教育教学工作中的引领作用，带动教师队伍整体素质的提高，全面提高教育教学质量，推动我校各项工作更好更快发展，现结合我校实际情况，制定如下名师培训培养计划。

一、指导思想

（略）

二、培养目标

（1）"胜任教师"培养目标。培养成为能适应并胜任我校教育教学工作的教师，师德情操良好，具备学科教学技能和方法，具备开展教学研究的基本能力。

（2）"教坛新秀"培养目标。培养成为在教育教学岗位上脱颖而出的优秀青年教师，师德情操良好，教学实践能力强、教育教学实绩突出、具有较强的教育教学研究能力。

（3）名班主任培养目标。培养成为优秀的名班主任，师德情操良好，班级管理知识丰富，能把握好班级管理的力度和教育学生的深度。具备娴熟的班级管理技能与方法，能从班级管理问题中反思、改进教学行为，具备班级管理研究的能力。

（4）名师培养目标。培养成为优秀的教师，师德情操良好，学科教学知识丰富，具备娴熟的学科教学技能与方法，能够把握课程与教学改革方向，具备强大科研能力，在学校课程开发和教学改革的实践与理论建设中能当重任的教师。

（5）特级教师培养目标。培养成为专家型教师，师德情操高尚，对所教学科具有系统的、坚实的理论知识和丰富的教学经验。或者在学生思想政治教育和班主任工作方面有突出的专长和丰富的经验，并取得显著成绩。

三、培养对象与措施

根据我校教师各方面情况的不同，采取分类、分层、分级培养。制定以下几个层级的培养对象分类与措施。

第一层级：胜任教师的培养

培养"胜任教师"是指培养能适应并胜任我校教育教学工作的教师，2020年刚毕业的教师有：李嘉泳、任丹丽、马馥润。

主要培养措施：①主要采取师徒结对培养，学校将请有经验的教师与培养对象结成交流对子，开展拜师学习活动，可采用教学观摩、现场观察、跟岗学习、互相听评课等方式组织开展培训学习，为其成长提供直接指导。②每月向指导教师汇报自己的研习情况并提交工作总结，使自己能快速成长，胜任教育教学工作。

第二层级：教坛新秀的培养

在本计划中，我们计划在8年教龄以下的青年教师中培养一批"教坛新秀"。主要培养对象有：李星杭、戴斯娜、韩二磊、高君颐、陈聪、李菁、欧阳晓茵、钟家红、赖思苑、邹秀春、黄伟杨、何澜澜、谢美菊、王思莉、林振升、黄自航、胡广、李小毅、梁雨静。

主要培养措施：①学校将安排优秀教师一帮一带培养青年教师，在教学常规、班主任管理、教育管理等方面进行指导。②学校将安排并督促培养对象参加校级以上公开教学、学科竞赛和课题研究等活动，并给予悉心指导。每学期，青年教师需进行有师傅指导下的校级及以上的公开课或公开班会课不少于1次。③积极向上一级教科研部门推荐学校的骨干培训对象，鼓励和推动其参加各级学科教研比武等活动，鼓励教师脱颖而出。

第三层级：名班主任的培养

"名班主任"的主要培养对象有：赵珣紫、梁艳庄、王萍、何如松、张霞、黄春花、欧玉珍、李瑞谏、张礼花、吴少芳、郭红梅、江彩云、李文凤、杨轶青、林剑梅、黄慧。

主要培养措施：①学校对名班主任培养对象坚持培养和加担子相结合，聘请专家对名班主任进行指导，提高其科研和班级管理能力；②每位名班主任培养对象每年至少撰写 1 篇有关德育方面的论文，主持或参与 1 项区级以上的课题研究；③组织名班主任积极参加各级各类竞赛评比活动，提高自身素质；④学校也将搭建平台，开展卓有成效的交流研讨活动，借助教研活动、论坛、讲座等形式，提高班主任管理研究、教育管理研究；⑤组织名班主任培养对象到各级各类先进学校观摩学习，取长补短，学以致用。

第四层级：名师的培养

"名师"是学科领域具有广泛影响和知名度，能够把握课程与教学改革方向，在学校课程开发和教学改革的实践与理论建设中能当重任的教师。主要培养名师对象有：汤敏、肖友萍、赵燕杨、邓巧红、叶慧明、罗熹、胡春晖、吕国良、刘虹、梁倩仪、洪银旋、黄志敏、梁军、石飞。

主要培养措施：①加强素质教育和新课程理论学习，每学年订阅 2 份以上与自己所教学科相符的书刊，阅读 2 部教育专著；②每年要有 1 个科研课题，至少写 1 篇教科研论文，至少上 1 堂教改汇报课，至少讲 1 次示范课，至少带 1 个徒弟；③为徒弟做好相应的学科教学的常规帮带和指导工作，为徒弟量身定做适宜的培养方案并做好跟踪，按月定期以面授形式给徒弟专业指导；④每学期进行一次书面总结，对照评选条件自我反思，查漏补缺，同时将本人的教育教学及科研成果及时提供给教务处或校长室存入个人成长档案夹；⑤学校为名师培养对象创造参与各级各种学习、进修、研究和实践的条件和机会，为其成长提供舞台；⑥每学年举办一次西山（名师）大讲坛。

第五层级：特级教师的培养

"特级教师"是国家为了表彰特别优秀的中小学老师而特设的一种既具先进性又有专业性的称号。特级教师应是师德的表率、育人的模范、教学的专家。主要培养特级教师对象有：李飞雁、吴艺、赵飞、肖友萍、李文凤、杨玲霞、周郭旺。

主要培养措施：①特级教师培养对象除了要继续做好本职工作以外，在科研和指导教师方面承担了更多的任务。要明确确定自己的教学、管理专长及研究主攻方向。②要把对课程改革潜心研究的新认识、新思想等诉诸文字，以科研报告、论文著作等形式表现出来，进而把教育科研落实于课程改革。③每学年为全体教师开展一次讲座或上一节示范课。④学校为特级教师培养对象创造进修机会、为其成长提供舞台。

四、保障措施

（略）

构筑"三研一体"校本研修模式，
助力教师迈上专业发展快车道

江门市新会圭峰小学　冯家传　梁柏腾

第一部分：校本研修的整体设计

百年大计，教育为本；教育大计，教师为本；教师发展，研修为本。校本研修，无疑将为教师的培养、名师的孵化、个人的成长与团队的发展注入源源不断的强劲动力。

江门市新会圭峰小学的校本研修以幸福教育办学理念为指导，立足于学校的办学实际，从教师的专业发展入手，着力解决教师的职业倦怠和发展瓶颈，增强教师发展活力，全面提升教书育人的满足感、成就感和幸福感。学校围绕"打造名师、培育骨干、提升整体、均衡发展"的思路，坚持"两个结合"（教学与科研相结合，理论与实践相结合），落实"三研一体"（教研一体、研学一体、研训一体），形成了"一模式、二建设、三工程、四平台"的校本研修体系，铺开了"一三五十"教师发展蓝图（一年站稳讲台，三年成为经验型教师，五年成为教研型教师，十年向名师行列迈进），确定了"立足新会—辐射五邑—知名广东—走向全国"的名校办学发展目标，在促进教师团队专业发展和培养学科骨干名师方面，取得了长足发展和可喜成绩。

第二部分：校本研修的主要做法

一、构建"一模式"

研而不教则空，研而不学则浅，研而不训则虚。我校认为，校本研修，要起于教、立于研、拓于学、用于训，从而构建教研一体、研学一体、研训一体的"三研一体"校本研修模式。

"教"就是课堂教学，是落实课改理念的根本途径。"学"就是理论学习，是更新教育教学理念，紧跟课程改革步伐的重要手段。"研"就是校本教研，是以教学问题和教学现象为导向，促进教师专业化成长的有效方法。"训"就是校本培训，是以专业发展为指向，提高教师教育教学能力和教育科研能力的重要手段。"一体"，是指在校本研修中促进"研"与"教"、"研"与"学"、"研"与"训"的主体融合，形式合一，形成研修共同体。"三研一体"的校本研修模式立足课堂教学，聚焦教学问题，链接理论学习，指向专业发展。它注重每个教师的个体差异，注重教师的教育经验的总结和提高，注重教师专业兴趣的培养和专业能力的发展，解决教师在教育实践和课题研究中遇到的问题，提高教师提出问题、分析问题和解决问题的能力。

我校立足课堂教学，依托学科组建设，以"自我反思、同伴互助、专业引领"为核心要素，以"学科组""智囊团"和"工作室"为活动载体，形成"教研、研学、研训一体"的"333"校本研修模式。

突出3个层次。按照教师的教龄、专业素养及可塑性、影响力，把全体教师大致划分为青年教师、骨干教师、教学名师3个梯队，有针对性地进行分层、分类、分组培训。

青年教师定位为"锻炼"，突出基本教学常规的培训和教学基本功的训练，主要通过学校开展的"师徒结对"制度、推门听课制度和"321工程"来落实。

骨干教师定位为"打造"，突出教学能力的打磨和教学风格的提炼，主要通过选拔参加教学比赛和承担教学展示，让其在课例打磨中快速成长。

教学名师定位为"成就"，突出其示范引领和辐射带动的作用，通过牵线搭台，帮助其树立学术权威和名师引领地位。

针对3项内容。我校把校本研修分解为3项内容：学科理论学习、学科素养发展、教学能力训练，3项内容有机渗透，整体落实。

我校建立学科教研制度和集体备课制度，每周统一安排两节固定的科组教研活动时间（其中，周一为艺术，周二为英语，周三为语文，周四为数学，周五为科学），一节固定的集体备课时间（由各年级学科备课组长确定落实），形成"自主备课—集体议课—科组研课"三级备课、研课的常态化校本教研模式。各学科组狠抓教研风气，做到每次集体备课有中心、有内容，提倡"一课一反馈，一课有一得"。如，语文科组每次教研活动都腾出时间对教师的基本技能进行抽查，还深入探索专题教研、主题论坛、微课微评等新形式的教研活动，纵深推进教与研的方式转变，促使教师们相互学习、主动研讨、共同进步。

我校建立课题申报推送制度和论文撰写评选制度，以课题研究带动校本教研，以论文评选促进教学反思，让小课题研究成为常态，让论文写作成为教师教研能力的标配。如，数学科组以"带题授课"和"案例研究"组织教研活动，引领教师带着课题在课堂教学中进行实践与探索，通过专题训练、专题献课、专题研讨、专题总结等系列活动，加强分析与研讨。数学科组还把吴正宪、刘德武、黄爱华等名师的案例带进科研活动中来，在多种不同形式的案例研究中，加深对数学本质的理解，增长教学机智，获得专业成长。

据不完全统计，近 5 年来，我校教师区级以上课题立项超过 30 项（省级以上 8 项），公开发表教育教学论文超过 40 篇，被推送参加江门市和广东省优秀教学论文比赛获一、二等奖的超过 60 篇，还参与了由语文出版社组织的统编教材"二下"的"双线"教学设计的编写工作。冯家传校长出版了教育专著《幸福教育的理论与实践探索——圭峰小学幸福教育的改革之路》。

用好 3 种形式。通过搭建校内锻炼舞台，拓展外出培训渠道，组织教学比赛备战，形成校本研修从输入到输出、从理论到实践、从校内到校外的立体化建构体系。

搭建校内锻炼舞台：通过开展教学展示、基本功训练、命题比赛、专题汇报、主题沙龙等研修形式，让每一位教师都有登台的机会、展示的机会、锻炼的机会。

拓展外出培训渠道：大力支持和组织教师参加不同层次、不同学科、不同形式的学习培训，让教师们走出校门受培训、睁开眼睛看课改、打开思路搞教研。

组织教学比赛备战：备战赛课是最有深度、最有实效的行动研修，也是最能在最短的时间内更新教师的教学观念，夯实教师的教学素养，提升教师的教学能力的教研形式，无论是对于参赛者还是陪跑者，无论是对于智囊团还是后备军。

二、夯实"二建设"

优化场室硬件建设。校本研修的组织开展，需要场室和硬件的支撑。为了便于开展不同规模、不同形式的校本研修活动，我校对现有的功能场室进行了个性化设计和升级改造，并按照场室的功能定位分别安装上录播系统、LED 展示屏、一体机等设备、设施。各功能场室实行专人管理，各尽其用：学术报告厅用于举办大型的教学教研活动，多媒体教室用于举行学科组每周的常规教研活动，试教课室用于各类比赛课、展示课、探索课、送教课的试教，职工之家用于备课组教研和智囊团备战。

强化校本课程建设。我校认为，校本课程的开发，校本教材的编写，既属于课程构建的范畴，也属于校本研修的领域，对锻炼和培养教师的教材解读能力、课程整合能力、信息技术运用能力，是其他校本研修形式不可替代的。因此，我校把校本课程建设定位为校本研修的重要形式和重要组成部分。

在校本课程建设方面，我校坚持"学校统筹，自主开发，自上而下，遍地开花"的思路和原则，鼓励和发动有志于校本课程开发的教师参与进来，提供活动场室，给予经费支持，邀请专家指导，建构课程体系。在学校的统筹和教师们的努力下，我校构建并形成了"九大课程""七大社团""五大节日"的生态课程体系，实现了校本活动课程常态化。例如，学校成立了文学社、陶艺社等特色社团；编写了《小学生古文诵读 80 篇》《小学生经典诵读选编》等校本教材；创办了学生作文期刊《幸福花开》；二年级开展每周一节的"走班制"创想课程试验；信息技术科组开发出基于 STEM 教育的人工智能系列课程。这一过程使担任课程建设的教师得到了锻炼与成长，为我校打开了校本课程建设与教师专业成长的双赢局面。

三、推进"三工程"

（一）落实"青蓝工程"

青年教师要迅速成长，实现"一年站稳讲台，三年成为经验型教师，五年成为教研型教师，十年向名师行列迈进"跨越式发展，必须要多管齐下创新校本研修形式，进行专项培养和系统打磨。我校主要通过启动"青蓝工程"，全方位给青年铺路子、出点子、压担子、搭台子。

一是实施师徒结对制度。我校立足于师徒结对制度和校本教研制度，以"师徒结对，以老带新"形式开展"青蓝工程"。各学科以"一对一"的方式挑选骨干教师结对子，组建成长共同体，通过落实"师徒结对听课制度"和"师徒结对评比制度"开展师徒结对，互相通过推门听课、结对磨课、同课同构，实施一对一的"传、帮、带、引"辅导。我校坚持落实徒弟"先听课，后上课"的课堂教学结对模式，师傅基本做到手把手备课、点对点对接、面对面指导。各年级备课组坚持开展好常规集体备课，用心指导新教师梳理教学知识，上好合格的常态课。

二是落实推门听课制度。推门听课制度是倒逼青年教师成长的检查制度、指导制度和评价制度。我校实行"巡课＋听课＋评课"的推门听课制度，全面听课，个别指导，基本实现与新教师上课的无缝对接，做到"有听课、有点评、有指导、有示范"，全方位帮助新教师站稳讲台。

三是推进321工程培训。"321工程"是我校针对新入职和新调入三年内的教师而设置的专项集中培训制度。"321工程"由政教处和教导处合作组织，坚持师德培训与专业培训两手抓，选拔优秀骨干教师组建新教师培训讲师团，实现"一周一培训"。学校学期初制定培训计划，定好主题，选好导师，落实考勤，确保每一次培训出干货、有实效。培训内容涉及教育管理、课堂教学、专业素养的方方面面，包括班级管理、课堂教学、家校沟通、班级文化、阅读分享、品德修养等。培训要求立足教学实际，聚焦教学现象，以教学实例、教学故事来引入和展开培训，让受训教师看得见、学得会、用得着，使其尽快上岗、尽早上位。

（二）助推"名师工程"

培养名师，实现自身造血，比引进名师的价值和意义更大。我校的"名师工程"是以名师工作室为平台展开。随着2021年5月我校广东省冯家传名校长工作室、广东省胡务娟名教师工作室的启动，我校已初步形成学校名师工作室建设的立体化体系（省级2个、市级4个、区级1个、镇级4个）。各级工作室通过上下联动、内外互动，承办各类跟岗培训、专题研讨、校际交流、互联互访，邀请各级专家名师、学科教研员进校指导，为骨干教师搭台展示教学，承担专题讲座，引导骨干教师把教学实践提升到学术研究的高度，并最终实现从教学型名师走向研究型名师。

（三）启动"智囊团工程"

比赛是最能锻炼教师、快速提升教师的教学素养的一个舞台，以赛促研是最有效的校本研训方式之一。我校智囊团工程因赛课机制而启动，是把青年教师引向比赛舞台，使之走向成熟的助推器。我校完善"赛课＋智囊团"的高级教研模式，发挥智囊团学科学术指导中心作用，以赛课为契机开展种子选拔和课例研磨，以集体智慧打造精品课例，打磨青年教师，继而通过赛课促进校本教研，历练团队发展，通过个人赛课带动团队教研能力的提升，实现教师的抱团发展，形成"一人赛课带动科组集体教研"的良好教研氛围。

在"三工程"的助推下，我校在学科组建设当中取得优异的成绩。在近年来江门市开展的星级教研组创建中，我校语文教研组、数学教研组、艺术教研组、科学教研组均被评为"江门市示范科组"（每年全市前两名为示范），英语科组被评为"江门市先进科组"。

四、搭建"四平台"

（一）岗位练兵平台

校本研修的首要任务就是提升教师的师德修养和专业素养，夯实教师的教学基本功。而教师的专业素养和教学基本功的提升，不能只是纸上谈兵，必须有实招、讲实战。所以，我校立足岗位练兵，落实常规训练，从"四个坚持开展"来落实校本研修，提高教师队伍整体学科素养。

一是坚持开展学科教学能手比赛。教师要实现专业发展，一定要上课，上出风格，上出个性。学校教研活动从课堂切入，在"研磨"上做文章，在"锻炼"处下功夫，重点抓好3种课型：新师型探索课（学科组）、经验型展示课（年级备课组）、骨干型比赛课（全校）。通过扩大参与面，调动积极性，以探索课、能手课、展示课、公开课等形式开展学科教研活动，推荐教师们上常态公开课，让每一位教师都有"磨刀"机会，让骨干教师"利剑出鞘"，让老教师"宝刀未老"，各科组每学期基本上能做到科组内40%的教师得到锻炼。同时，我校还深入探索专题教研、主题论坛、微课微评等新形式的教研活动，纵深推进教与研方式转变。为强化教研实效，各科组大胆创新实践：语文科组采取抽签即上评课形式，倒逼每位教师认真听课、主动交流，获得锻炼机会；数学科组能手课通过年级内部同课异构，让每位教师都参与到备课、试教、磨课环节，最后由指定老师出赛，力求教研过程和展示结果的最优化。

二是坚持开展粉笔字"一周一评展"。我校为每位教师配备了一块练字小黑板，贴上姓名，专人专用，落实教师基本功常态化训练，开展全校教师粉笔字书写"一周一评展"活动，落实文字组开展检查、评比，制作美篇公布、展示，让广大家长和师生、同行赏评互鉴。

三是坚持开展学科考卷命题比赛。我校认为，命题能力就是教学能力。一份优秀的命题，既能体现教师对教材知识点的全面把握，又能体现教师对教学检测和教学评价的精准把控，有助于教师明确教学方向，把"怎么教"和"怎么考"有机结合起来。因此，每一次的命题训练，就是一次学科的深度研修。在开展学科命题比赛的同时，教导处还组织各学科组搜集和研究不同地区、不同年度的试题，展开学习、交流、讨论，把握不同地方的命题特点、难易比例，并最终形成学校的试题库。

四是坚持开展期末教学基本功展示活动。把教师迎春文艺晚会与教学基本功检阅与展示有机结合起来，第一学期开展教师"一口话、两手字"教学基本功比赛，第二学期开展班主任技能比赛。通过组织比赛，为教师们搭台，让平时的训练成果有机会得到检阅和展示，同时也为各项教学比赛选拔苗子。

由于教师基本功抓得实、抓得到位，我校教师在各类教学基本功比赛中均获得喜人的成绩。梁柏腾、郭广龙、谢郁清3位教师先后代表江门市参加广东省第六届、第七届、第八届小学语文青年教师素养大赛，梁老师以第二名获得特等奖，郭老师和谢老师均获得一等奖第一名。梁柏腾、郭广龙两位教师还参加了2016年全国真语文教师基本功大赛，均闯进总决赛，获得小学组综合类一等奖。曾志华、谢郁清两位青年教师参加2017年全国真语文传统文化素养大赛均闯进总决赛，并获得文言文朗诵、默写古诗词、讲古代传统文化故事三个一等奖。

（二）培训学习平台

在新课程背景下，培训成为教师的必然需要和迫切要求。强化培训学习，也是改变教师职业倦怠、提升教师队伍发展活力的有效途径之一。我校把为教师提供优质的培训学习机会当作是教师的一项基本福利，以"重点培养，全面兼顾"为原则，立足本校，借助外力，进一步完善教师学习培训机制，落实教师培训经费专款专用，不断拓展外出学习新渠道，创新外出学习的新形式，对青年教师、骨十教师、教学名师进行有层次、有深度的培训，让教师在课程改革中找到个人专业发展的动力和获得幸福的能力。近三年来，我校派出教师参加跨区培训学习超过600人次。几乎每一位教师都有两次以上的外出培训，机会培训经费每年都大大超过学校规定的占用5%以上的公用经费。

学校还落实外出学习撰写心得体会制度和交流汇报制度，要求凡是外出学习的教师都要上交一份不少于1000字的有质量的学习心得，凡是参加大型教学研讨会的教师回来都要在教研活动上作专题学习汇报。培训学习为教师们的教学带来了新思维，更新了教师的教育教学观念，厚实了教师的知识储备，为校本教研带来了新活力。

（三）比赛展示平台

比赛是一个最能锻炼教师、快速提升教师的教学素养的舞台。通过这个平台，影响的不是一个人，而是整个备战团队；完善的不是一堂课，而是整个校本教研体系。我校努力为教师搭台，通过"智囊团"全力为教师备战，主动把教师推出去，让他们在各种比赛、展示的舞台上成长起来、成熟起来，形成"千帆竞发，百舸争流"的良好局面。

我校还搭建了展示平台，让学科名师走得更远。当前，我校拥有超过30

名市、区两级教学名师和学科带头人。学校充分发挥"牵线搭桥"作用，特别是通过名师工作室这个平台，让学科名师有用武之地，有展示舞台。其中，刘齐欢老师受邀在广东省青年教师教学论坛中执教研讨课，冯艺红老师应邀赴山东进行作文教学展示；区锦超老师受邀到河源开展名师送教活动，梁柏腾、何佩玲老师随新会讲学团赴广西宁明送教。我校还通过教育集团，启动"名师大讲堂"活动，以城乡交流来促进集团教师互动。

通过搭建比赛、展示平台，我校冯家传、胡务娟、周文斌、冯艺红、梁柏腾、区锦超、郭广龙、钟瑞贞、冯倩霞、刘齐欢、叶超良、胡晓立、杨海容等一批教师先后走上广东省乃至全国的教学比赛舞台或受邀到省内外教学研讨活动中执教研讨课、展示课。

（四）名师引领平台

除了主动"走出去"，我校还积极"引进来"，通过"搭大台，请大师"，承办高端的教学观摩研讨活动，把本市、本省乃至全国的专家名师、名师工作室主持人、教研员请进学校，开展授课、作报告、主题研讨，让教师们不用走出学校，在家门口就能领略到大师的教学风采，与名家零距离开展交流、教研。

近年来，我校先后承办了 2015 年广东省第十二届青年教师教学论坛、2017 年全国真语文五周年理论与实践成果展示活动、2018 年广东省小学数学教学设计优秀作品展示交流研讨活动、2018 年江门市新课程改革观摩研讨活动、2018 年江门市校长论坛、2020 年新会区会城街道新课程"面对面"研讨活动等多项高规格、高层次的大型课改研讨和学术交流会，把全国教委原副主任柳斌主任和王旭明、贾志敏、吴忠豪、汤贞敏、王土荣、张赛琴、黄爱华、鲍银霞、杨建国、陈德兵、王丽华、孙建锋等全国名师专家请进学校，让教师们不用走出学校也能领略到大师的教学风采，与名家开展零距离交流、教研。此外，我校还把教育部前发言人、语文出版社原社长王旭明倡导的"双线教学"理念引进学校，开展扎实有效的课改探索和校本试验。

在"一模式、二建设、三工程、四平台"校本研修体系的助推下，我校各学科骨干教师成长迅速，发展有力，2015 年以来有多位教师被评为省、市、区各级教学名师和被确定为名师培养对象，实现了教师个人专业发展的大跨越。其中，冯家传校长被评定为新一轮广东省名校长工作室主持人，胡务娟副校长被评定为广东省名教师工作室主持人；冯家传校长被确定为广东省中小学"百千万人才培养工程"名教师（结业被评为优秀学员），区锦超老师被确定为广东省中小学"百千万人才培养工程"名教师培养对象。

附录：

改革课堂教学模式，促进教师专业化发展
——圭峰小学开展构建"开放·活力·高效"课堂研修方案

为贯彻课程改革精神，更新教师教育理念，提升教师的理论素养、专业水平和教学实践应用能力，切实发挥骨干教师在校本研修和课堂教学等方面的专业引领作用，并通过骨干教师的课堂教学示范进一步增强学校的校本研修氛围，推动课堂教学实践与研究工作向纵深发展，总结和推广我校构建"开放·活力·高效"课堂的先进研修经验，辐射带动本地区教学质量的提高，特制定此研修活动方案。

一、指导思想

2022 年全国教育工作会议强调，要以习近平新时代中国特色社会主义思想为指导，深入学习贯彻党的十九大和十九届历次全会精神，认真贯彻落实习近平总书记关于教育的重要论述，建设高素质专业化教师队伍。我校根据新会区教师发展中心的指导，借助本校强大的师资力量，选取"教研组及研究型教师队伍的建设与研究"和"提高课堂教学质量的研究"两大研究内容，开展构建"开放·活力·高效"课堂的研修活动，旨在把师资队伍建设与课堂教学质量建设有机结合、一体研究，沟通师资队伍建设与课堂质量建设的互通点、共同点和联结点，以建设一支师德修养高、业务素质精良、教学技能全面、教学基本功过硬、具有一定教科研能力、适应新课程需求的教师队伍为目标，造就一支适应现代化教育要求的创新型、学习型、研究型、高素质的新型教师队伍。

二、研修主题

丌展课堂教学改革，落实"双减"日标，构建"开放·活力·高效"课堂。

三、概念界定

开放——开放课堂活动多元，全体参与体验，重视各学科间的相通相融，关注课内课外学习活动的整合，建立由单一的知识灌输到立体多向互动。

活力——活力课堂倡导尊重个性，课堂上，学生有充分的、有思维的碰撞，课堂有智慧的生成，让学生在原先的基础上得到提升并且感受到幸福。

高效——高效的课堂，强调教学效率，重视"教"与"学"的效益，达成教与学过程的最佳效果，实现学生的持续发展。

四、研修目标

（1）构建适合我校实际的"开放·活力·高效"的课堂，完善课堂评价体系，最大限度地发挥学生的主体作用，使学生积极参与，乐学、会学，从而培养和提高学生的合作能力、实践能力和创新能力，发展学生的核心素养。

（2）进一步提升教师的教科研能力与水平，扎实推进有效教学，全面提升教学质量，推动师资队伍专业化建设快速发展。

（3）加强骨干教师队伍建设。努力打造名师、学科带头人、骨干教师、教学能手、教坛新星等优秀教师群体，发挥骨干教师的辐射、引领作用。

（4）发挥广东省校本研修示范校的辐射带动作用，实现"高质均衡发展"。

五、研修策略

（1）以文献学习打开思路，突破理论瓶颈。通过相关文献的搜集、梳理，形成文献理论资料，立足学科常规教研，把"开放·活力·高效"的理论学习资料列入学习内容，邀请专家进行专题讲座，让全体教师对研究的概念和内容有比较清晰的认识，并达成共识。

（2）课堂实践探索。以课例探索为突破口，进行实证研究，通过每周的学科校本教研活动，开展行动研究。把"开放·活力·高效"三大要素融入备课、磨课、上课、评课的各个环节。开展好"年级探索课、学科能手课、全校展示课"3种课型，进行不同层次的课例呈现，在开展螺旋式的备课、磨课、议课中完善和形成"开放·活力·高效"课堂教学模式的精品课例。

（3）互动交流。采用请过来和走出去的方式，开展"开放·活力·高效"教学展示（校本展示）、专业引领（名师上课、专家讲座）和跨区域交流活动（城乡互动、集团联动、教育集团名师大讲堂）。

六、研修工作安排

（一）全员培训

1. 专题培训

（1）邀请专家进行构建"开放·活力·高效"课堂的理论学习培训。

（2）个人结合自己学科及专业的特点自主学习。

（3）深度学习培训：借助教研员进行指导培训学习。

2. 骨干培训

（1）外出学习。不定期组织领导、校骨干教师外出培训，参加培训的教师要完成学习总结，返校一周内上交教导处，学校会组织在一定范围内进行汇报交流活动。

（2）学校组织骨干教师与青年教师的师徒结对活动。骨干教师与青年教师每周对听一节课。期末，骨干教师要给青年教师写成长鉴定。在指导青年教师的过程中，骨干教师的业务也得到了提高。

3. 青年教师培训

青年教师实现"一周一培训"。学校围绕研修主题制定培训计划，选好导师，落实考勤，确保每一次培训出干货、有实效。培训要立足教学实际，聚焦教学现象，以教学实例、教学故事来引入和展开培训，并要求青年教师在培训过程中做到"五个一"，努力提升四项教学技能。

（1）五个一：每两周一次课后札记、每月一次教材研讨培训、每学期听一节名优教师录像观摩课、每学期上一堂"照镜子"录像课、每学期上一次汇报展示课。

（2）四项教学能力：一是教材梳理；二是进行期末试卷的题型分析；三是利用寒暑假时间精心备课，开学后进行模拟讲课；四是进行教学单项技能赛（板书设计、多媒体技能、情境评课等）。

（二）备课磨课

（1）建立学科备课组，实行在教师个人备课基础上的集体备课制度。个人备课做到"六备"：备大纲、备教具、备学生、备教材、备教法、备学法，实行超前备课，教师应有教案上课。

（2）以教研组为单位，有目的、有计划地开展教研活动。每次活动做到定时间、定主题，应有过程、人数、具体内容等记录和资料，教导处参与指导，起引领作用。

（3）进行问诊式、研究式课堂教学活动。教导处将对部分教师的课堂进行问诊；对骨干教师的课堂进行教、评有效性研究，并将取得的优秀做法在全校内进行推广。

（4）专家指导。邀请部分教研员到校进行主题指导培训活动。

（三）课堂教学展示

围绕构建"开放·活力·高效"课堂这一主题，分语文、数学、英语、科学、艺术五大科组面向全市开展两期的课堂教学展示活动，每一堂展示课包含课堂教学展示和教学反思微讲座两项内容。参与展示的学科分别成立智囊团，全程参与对展示课例的备课、磨课，确保课例质量的最优化。

1. 展示时间

见附表 1。

附表 1

	展示时间	科目	展示课数量	展示形式	地点	负责人
第一期	3 月 16 日上午 8：30—11：00	语文	2	课堂教学展示 + 教学反思微讲座	学术报告厅	冯艺红
		数学	2	课堂教学展示 + 教学反思微讲座	多媒体二室	周敬川
		英语	2	课堂教学展示 + 教学反思微讲座	多媒体一室	何佩玲
		科学	2	课堂教学展示 + 教学反思微讲座	科学实验室	吴丽红
		艺术	2	课堂教学展示 + 教学反思微讲座	艺术室	胡晓立
第二期	5 月 18 日上午 8：30—11：00	语文	2	课堂教学展示 + 教学反思微讲座	学术报告厅	冯艺红
		数学	2	课堂教学展示 + 教学反思微讲座	多媒体二室	周敬川
		英语	2	课堂教学展示 + 教学反思微讲座	多媒体一室	何佩玲
		科学	2	课堂教学展示 + 教学反思微讲座	科学实验室	吴丽红
		艺术	2	课堂教学展示 + 教学反思微讲座	艺术室	胡晓立

2. 授课要求

（1）授课教师根据自己所属学科类别确定上课内容，要对学校现有资源进行充分开发，科学、合理利用现代化教学手段，精心准备，提前准备好展示课教案，实现课堂教学的最优化。

（2）授课教师按展示时间上一节课，围绕研修主题确定教学内容。课后向教导处上交的相关资料如下：教案、课件各一份，围绕主题的教学小论文一篇。

3. 本校教师听课要求

（1）所有年级相关学科的教师都要参与听课。每位教师至少要听四节课，其中至少一节跨学科的听课。

（2）教师之间互相配合，在保证教学秩序正常的前提下，做好课务调整，及时参加活动。凡教研组人员开课，本教研组人员必须参加。听课者遵守听课纪律，手机调到关闭或静音状态，不得随意讲话或走动。

（3）积极参与课后的评课活动，选择其中一节感受最深的课堂教学写一份评课稿。

4. 专家点评

邀请市、区专家、教研员对展示的课例作现场点评，授课教师根据专家、教研员的指导意见对教学设计、教学环节再作调整，并形成构建"开放·活力·高效"课堂的实践经验，为下一阶段的教学课堂展示活动做好充分准备。

（四）开展跨地区交流活动

根据两期的课例展示活动的经验，深化对构建"开放·活力·高效"课堂的研究，在各学科继续开展备课、磨课、课例展示活动，并选派优秀教师开展跨区域的城乡互动、集团联动、教育集团名师大讲堂等交流活动，把我校构建"开放·活力·高效"课堂的研修经验辐射到全市区学校。

七、保障措施

（1）组织领导到位。为使我校主题研修活动扎实有序地开展，学校建立了以校长为组长，教导主任、教研组长为成员的主题研修工作小组。

（2）资金保障到位。学校为主题研修活动提供物质保障和资金支持。建立电子备课室，订购主题研修相关书籍及教育理论刊物。

（3）过程管理到位。学校对教研组和教师"主题研修工作"全程跟踪，确保各阶段工作落到实处。

初中篇

追求从教自为境，修到工作儒雅时

——南海实验中学校本研修实践回眸

南海实验中学　林景飞　方毅宁

南海实验中学创办于 2001 年，是一所一校五区的全寄宿九年一贯制学校，目前在校师生员工 8000 余人，其中校本部现有 60 个教学班，在校学生近 3000 人，专职老师 198 人。学校坚持立德树人，秉承"幸福 1＋N，为学生终身发展奠基"的教育理念，以创新的教育方式为学生营造自主多元的发展平台；办学二十年便实现了教育科研、德育建设、学科竞赛、校园文化等全方位腾飞，迅速跃升为佛山市发展最快、效益最好、口碑最佳的新型实验类学校。2018 年 12 月学校被认定为"广东省基础教育研究实验基地学校"，2021 年 3 月被评为"广东省中小学教师校本研修示范学校"。

著名教育家梅贻琦说过："所谓大学者，非谓有大楼之谓也，有大师之谓也。"教师是学校发展、学生成长的关键因素。学校应结合教师的专业成长需求开展校本研修，引领教师自我专业发展，努力造就一支有教育情怀、师德高尚、学识渊博、举止儒雅、业务精湛、教科研能力强的教师队伍。南海实验中学校本研修工作逐渐呈现整合化、规范化、分层化、示范化的特点，形成"团结互助、学习研讨、交流反思、实践创新"的校本研修文化。

一、整合：重组校本研修资源，注重研修顶层设计

南海实验中学立足于教师的专业发展需求和学校的教育品质发展需要，整合各种校本研修资源，确立学校年度校本研修主题，坚持"教、研、训"一体化，增强教师自觉发展意识，为南海实验中学成为教师专业化发展的领跑者和学校品质发展的排头兵提供支撑。

（一）完善研修组织机构和管理制度

学校是校本研修的"引领者""服务者""协调者"。学校高度重视教师专业发展和校本研修的顶层设计，结合学校发展目标和教师专业专长，确立教师专业发展目标。2016 年，学校成立教师发展中心，该中心隶属教学线分支部

门，设有正副主任、继续教育干事各 1 人，负责学校教科研、教师专业发展等工作。为了切实加强教师专业发展和校本研修的实施与管理，让每项工作都能落到实处，除了聘请校本研修专家指导团队到学校指导外，还成立了学校校本研修工作领导小组，由学校行政、各年级教学级长及学科科组长组成，在实践中逐渐形成一套行之有效的校本研修方法策略。

教师专业发展进入标准化时代，标准引领教师校本培训走向专业化。学校根据教育部颁发的《中学教师专业标准（试行）》等制定教师专业发展、校本研修、教科研管理制度和计划，如：《南海实验中学校本研修及校本研修制度》《南海实验中学教育科研工作条例》，制定《南海实验中学教师专业发展中心规划》、《南海实验中学教师专业成长与发展实施方案》、校本研修年度计划、教师专业发展规划等，让校本研修有章可依、有规可循。

（二）确定学校年度研修主题和内容

每一所学校都有各自的特点、发展特色与发展定位，在不同阶段有不同的发展需求，整齐划一的"行政驱动式"校本研修活动不利于师生的发展和学校的内涵发展。南海实验中学根据学校发展需要，基于学校问题，如：教学管理问题、年级管理问题、课程整合问题、教学问题、学习问题等，以学校、教师需求为导向，确定学校年度校本研修主题，促进学生发展、教师发展、学校发展。

确定学校年度研修主题后，学校精准建构校本研修内容，精巧设计校本研修形式。学科组围绕学校校本研修主题，将其细化到学科校本研修活动中。近年学校确定的校本研修主题有：①"核心素养视域下的特色校本课程开发与建设"主题以特色课程创新建设为导向，聚焦核心素养，结合学校、学科特色课程体系的建设、活动进行"幸福 1＋N"校本课程体系探索，研究核心素养视域下的学校、学科特色课程开发建设与育人价值的提升；②"智慧课堂的探索与成长"主题聚焦学科核心素养、教与学方式的转变、课程资源的整合等，结合智慧课堂案例、教学故事研究课堂教学促进学生可持续学习的策略与成效；③"级组管理、团队建设与师生成长的有效探索"主题聚焦学生管理、年级教师工作积极性的激发、年级教学策略等，探索级组管理与团队建设、班级文化建设的实施策略与师生的共同成长；④"'幸福 1＋N'教育体系下的课堂教学、班级管理、教师专业发展探索与实践"主题，探索"幸福 1＋N"教育的实施路径与策略。这些校本研修活动促进了学校的内涵品质发展，推动了教师的专业发展和学生的幸福成长。

（三）拓展研修资源和开发研修课程

学校有充足的资金支持校本研修，如每年均有购书经费，注册学科、科研资料网站，办公室及课室全部覆盖互联网等；具有良好的校本研修学习环境，如阅览室、会议室、幸福驿站等场室；还有良好的网络校本研修平台，如：科组微信群、科组 QQ 群、腾讯课堂、钉钉群等，技术赋能校本研修，做到线上和线下相结合。校本教研研修指导团队强大，除华南师范大学、广东第二师范学院、佛山市教科所、佛山市教研室、南海区教育发展中心等单位的教育专家给予学校大量的、有效的专业指导外，学校还拥有正高级教师、特级教师、佛山市基础教育领军人才、各级工作室主持人领衔的名师团队。这支强大的研修指导团队有助于学校校本教研的科学有序开展。

学校开发了多种形式的教师校本研修系列课程，以满足教师专业发展需求。校本研修课程分为：新教师研修系列课程、青年教师实践系列课程、名师引领系列课程、教育常识系列课程（含课堂教学类、教育科研类、班级管理类、理念师德类、礼仪语类、健康保健类、跨界融合类等）、心理健康教育系列课程等。通过这些校本研修课程，教师的专业意识不断增强，专业能力也能得以提升。

二、规范：规范学科研修活动，培育学科研修特色

教师专业发展是自为的、自觉的，校本研修最重要的是激发教师自我成长的持续热情与对教育信仰的虔诚，学校校本研修活动更多地从"专业驱动"着力，围绕"一科一策""一师一题"开展过程性校本研修，引导教师进行自我反思、专业发展。

（一）科学规范学科研修活动

学科教研组是学校教师专业发展重要的学习共同体，规范有序的校本研修活动有助于提升研修的实效性。学校尤其重视学科教研组的建设，积极组织教师参加各级各类学习研修活动，为学科教学交流与研讨搭建更高平台，不断提升教师的科研意识、科研能力和反思能力，让教师在校本研修学习中拓宽教育教学视野，形成专业成长意识，提升自身的专业素养。

各学科组聚焦课堂教学，研制学科校本研修计划，大胆进行教研管理创新，加强课程建设、创新教学方法、培育学科特色、凝练校本研修成果，通过开展主题学习交流、个别指导等有计划地培养骨干教师和青年教师，提升本学

科教师专业发展水平。科组教研活动、备课组教研活动定时、定人、定地点且高质量开展，活动做到教研有主题、有效果、有高度和有深度，组员互帮互助互促，发挥集体智慧，共同成长。其中政治学科组、历史学科组先后被评为"广东省中学示范教研课组"，语文、英语、物理、政治、历史、地理等学科组被评为"佛山市中小学示范教研科组"。

（二）精准确定学科研修主题

每一个学科都有自己的学科特点，"千人一面"的校本研修更多是流于形式、安于"行政驱动"，没有解决教育的真问题，不利于教师自觉的专业成长。学校在"一科一策""一师一题"上着力，引导学科组、教师个人针对教育实际问题确定学科校本研修主题，制订研修方案，真正做到通过校本研修有效地解决教育教学中的问题，加快自身的专业发展步伐。

例如，围绕学校校本研修主题，历史学科组开展"多技术融合视域下的历史作业创新设计与实践应用"主题研修，旨在依托"双减"背景，立足学生长周期历史思维的培养，通过各种创新历史作业设计，培养学生的历史思维能力，让历史作业"活起来"；生物学科组开展"多技术支持下的生物核心素养培养"主题研修，旨在运用多种信息技术手段培养学生的生命观念、科学思维能力、科学探究能力和社会责任；物理学科组开展"物理教学与多种信息技术手段融合的实践"主题研修，旨在采用小组项目学习的方式将多种信息技术手段融入课堂教学中，有效地提高物理课堂学习；英语学科组开展"技术融合环境下英语核心素养的培养"主题研修，利用技术信息平台达成英语听说课、阅读课、写作课的课堂提质，实现学生英语核心素养的培养；语文学科组开展"多技术融合环境下的中国传统文化建设"主题研修，旨在采用项目学习的方式，融合传统文化学习与语文学科教学，厚植学生的语文文化底蕴；地理学科组开展"多技术融合环境下的中学地理课堂教学探索"主题研修，旨在采用多技术融合的手段进行中学地理课堂教学，优化课堂教学效果，为学生参与知识理解和建构提供丰富的学习支持。这一系列的校本研修学习有助于提升教师的教育科研能力，从而促进学生的发展和学校的发展。

（三）培育学科校本研修特色

每一个学科教研组都有自己的校本研修策略与教研特色，培育学科校本教研特色有助于逐步形成优势学科。以数学学科组为例，数学学科组采用制度管理与人文管理相结合的管理方式，制定了《南海实验中学数学教研组五年发展规划》《个人专业发展规划》，保证教研组、备课组日常教研工作科学、规范，弘扬正能量，营造了互相尊重、团结合作、资源共享、友爱互助的工作氛围，形成了"合作共赢，勇于担当，敬业精业，追求卓越"的科组文化。

数学学科组开展校本研修的时间与内容：每周四上午进行教研组教研活动，每周四上午和周二下午进行备课组教研活动。内容主要有：课题研究汇报、专业讲座、论文阅读分享、命题分析交流、教学质量检测分析、校本课程研究、教研组公开课听评课、外出学习等。

数学学科组校本研修管理：①对常规教学的各环节：备课、上课、教学目标、教学内容、教学方法、教学手段、教学结构、课堂管理、作业及课外辅导、单元检测及模块测试等都有明确的规划；②对教师的教案、听课、评课、作业批改、科组教研的管理做到经常化、制度化。每学期科组教师人均听课约20节，无论是组内公开课，还是学校公开课，科组都尽量组织评课，由骨干教师组成的评课组给出专业的评价意见，并与上课的教师进行反馈和交流。使全组教师都能从中获益；③建立健全作业布置和批改制度，要求教师要全批全改作业，对问题较多的学生还要单独进行面批；④重视教学反思，不断提高教学效果。每个教师每学期的各种反思有课后反思、一周反思、阶段反思、学期反思等。科组鼓励教师把反思整理成教学论文。

数学学科组在校本研修时有三个重视：一是重视数学思想方法在教学中的渗透。利用广东省"十二五"规划课题"初中数学教学中渗透数学思想方法的实践研究"及子课题"基于强化数学思想方法教学的尖子生培养策略研究""初中各年级数学思想方法有效渗透的策略研究"的研究成果指导教学效果显著，学生的中考成绩、竞赛成绩遥遥领先。二是重视数学课型研究。利用南海区近年的课型研究成果，将数学课分为概念课、原理课、习题课、复习课、试卷评讲课5个课型，结合学生学习状况进行有针对性的课堂教学，效果显著。三是重视国家课程与校本课程的结合。运用广东省"十三五"规划课题"提升初中生数学核心素养的'一轴两轮'课程体系构建与实施研究"的研究成果，构建"一轴两轮"数学特色课程体系（图1），提升学生的数学核心素养。数学科组还研发了系列数学特色课程和教材，特色课程包括数学文化、趣味数学、数学探究、数学脑力场、数学奥运会等，自主研发的特色课程教材主要有《数学文化》《趣味数学》《画板探数》《小初衔接数学少年宫》等，彰显了学科组校本研修特色。

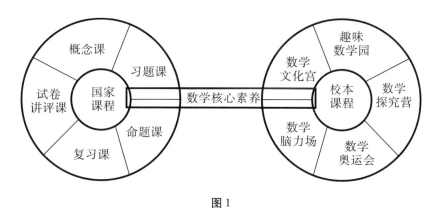

图1

三、分层：创新推进"三师计划"，分层分类开展研修

（一）打造名师团队航母，发挥名师示范作用

"名师示范辐射计划"主要针对学校现有各级名师进行管理、开展研修和发挥名师的辐射作用，扩大名师的影响和品牌效应，使学校名师团队不断扩大，并以名师工作室为龙头，开展校本研修活动（图2）。

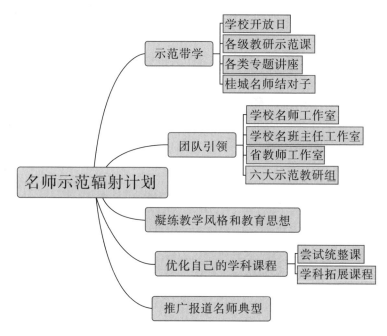

图2

名师和名校是互相成就，相得益彰的。为造就一支德高业精、充满活力的名教师、名班主任队伍和加强对名师的管理，学校不遗余力地搭建名师专业成长、成名的平台，充分发挥名师的示范引领作用，推动我校教师队伍整体快速成长，促进学校内涵发展、特色发展，提升教育品质、成就教育品牌。学校在南海区完善名师的评选（认定）、引进和培养机制的基础上，制定了《南海实验中学名师管理与考核方案》和《南海实验中学名师（班主任）工作室建设和管理办法》，不断规范我校名师工作的建设、管理和考核工作，让名师培养和管理工作有规可依、有章可循。

学校名师辈出，逐渐形成全国教育先进工作者林景飞校长领衔的涵盖各学科的优势学科领军人物及名师团队。以校本部为例，校本部拥有广东省特级教师 4 人，正高级教师 2 人，广东省名班主任或南粤优秀教师 4 人，百千万人才培养工程培养对象 3 人，省、市、区、街道、学校名师工作室主持人 8 人，佛山市"省级基础教育领军人才"或基础教育名教师 4 人，南海区级（街道）名师或教坛新秀 39 人，南海区高层次人才（三、四类）5 人；此外，12 位老师被聘为"华南师范大学本科师范生兼职导师"，1 位老师被聘为"华南师范大学教育硕士兼职导师"。名师们做到优质课常态化，随时提供推门听课，在学校或科组内上公开示范课或开设专题讲座。他们以深厚的教学功底、精湛的教学能力、高超的课堂技巧，充分展示了大家风范，发挥了名师的示范、引领和辐射作用，有效地助推青年教师的专业发展和营建学校浓郁的教研氛围。

为充分发挥名师的示范引领作用、加强名师工作室建设、为名师搭建发展平台、扩大名师影响力和学校名师团队品牌效应，2019 年学校成立了科技创新工作室和名班主任工作室。这样，南海实验中学逐渐形成涵盖各级各类工作室群：广东省名师工作室——佛山市基础教育领军人才工作室——南海区名校长工作室、南海区名师工作室——桂城街道名师工作室——南海实验中学名师工作室和班主任工作室，从而更好地发挥名师的示范辐射作用。其中，陈海锋科技创新工作室还创建了佛山市第一个校内家电博物馆，并被《珠江时报》等媒体多次报道。

（二）开展教师常态研修，提升中层教师专业能力

"中层教师专业提升计划"主要针对学校整体师资建设和校本研修，侧重关注中高级教师，开展中层教师校本研修，为中高级教师专业发展和成长提供各种平台，在课堂教学、教学科研指导、班级管理等方面，让学校不同层次、不同年龄和成长阶段的教师均能得到相应提升。学校以日常工作为主进行统筹和整合，以校级名师工作室和学科教研组为基本单位进行落实和贯彻（图 3）。

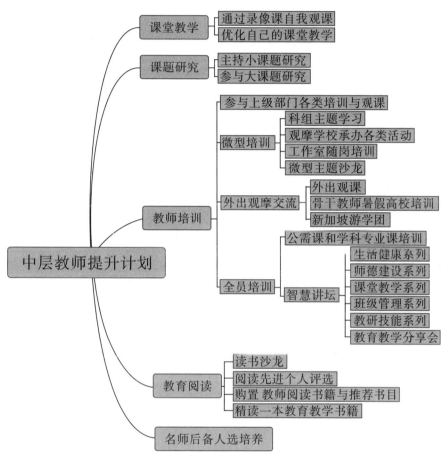

图3

中层教师是学校发展的中坚力量，他们的教学风格明显、教育经验丰富、专业积淀厚实、教学精力充沛，在学校的各项工作，尤其是青年教师的传帮带工作、教学问题微研究、教育教学质量的提升等发挥重要作用。他们在南海实验中学成为中层教师微讲坛的常客。"作为教师，你是否经常被已有的教学经验困扰？作为教师，你是否知道学生是如何学习的？作为教师，你是否了解学生学习的内在机理？×××老师将于11月23日16：15至17：00在行政楼四楼会议室为你释疑，欢迎大家参加。""你理想中的教育是什么样子？什么是教育教学中值得关注的问题？对教育教学方向的把握源自怎样的思考？如何从繁杂的教育教学任务中理清思路，找出主线将自己的所做所思所想更好地提炼出来？教师如何在教育教学的同时聚焦问题，成就自我？……×××老师将于

12月21日16：15至17：00在行政楼四楼会议室为你解开答案，我们等你来。"这样的微讲座短信吸引着广大教师，讲座现场往往座无虚席；这样的校本研修清风拂面、传递力量，让教师在平凡工作中发现教育的意义，感受教育的幸福。

（三）实施南实青蓝工程，助力青年教师专业发展

"青师成长种子计划"主要针对学校入职0～5年以内的青年教师。这部分教师是学校的新生力量，其成长具有迫切性、特殊性，抓住青年教师的最佳成长期并针对性地提供系列研修课程，能促进新教师快速成长。落实青蓝工程，包括制定新入职教师的一年研修计划，指导其比赛、撰写个人专业发展规划，召开读书沙龙，等等（图4）。

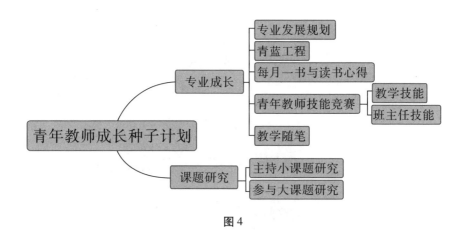

图4

南海实验中学深入推进"青蓝工程"，充分发挥"师带徒"的"传帮带"作用，除日常教学外，指导教师认真指导青年教师命制学科试题、日常备课、开展教研教改活动等，引领青年教师有更高的精神追求。为进一步促进青年教师专业成长，在南海实验中学教育教学开放日、教育招生咨询、特色学校创建、课题中期检查汇报、南海区课题结题活动等各项工作中注重青年教师的培养，鼓励他们扛重担、挑大梁。

每年8月学校对新入职教师进行系列新教师岗前研修。"我志愿做一名光荣的人民教师，我庄严宣誓：忠于党的教育事业，贯彻党的教育方针，履行教师的神圣职责，做有理想信念、有道德情操、有扎实知识、有仁爱之心的好教师。爱国守法，忠于职守；教书育人，关爱学生；严谨治学，勇于创新；弘扬正气，廉洁从教；为人师表，甘于奉献；以校为家，荣辱与共。为学生的全面

发展奉献智慧与力量，为党和人民的教育事业而努力奋斗！"他们在铿锵有力的宣誓中开始了自己的从教生涯。

每年9月学校举行"师徒结对总结表彰大会暨师徒结对仪式"，表彰"优秀师傅和优秀徒弟"。除日常教学外，指导教师认真指导青年教师上好过关课、学科试题命制、论文撰写和开展教研教改活动等，通过"师带徒"活动，师徒互促互学，帮助青年教师迅速站稳讲台。老教师在业务上精益求精，真正做到指导教师与青年教师共同成长。

每年10月学校举行青年教师优质课、说课比赛。"雪纷飞何处来？天穹深处藏乾坤。千里冰封何处去？春来自有水东流。海纳百川安不涨？雨来气往水循环。透明管里似无物，一遇热水生紫气。凉凉空中一遭走，方生紫气又没了。紫去紫来是为何？物态变化升凝华。自然界中奇妙多，物理老师同你讲，第7节课207，×××老师邀君赏。明天207，物理×××，与您共论升华凝华，不见不散！"妙趣横生、极具个性的邀请短信记录着青年教师们专业成长的岁月。各级各类的技能比赛不断提升青年教师的专业核心竞争力，促进青年教师迅速成长。在佛山市第一、二届优秀青年教师评选中，校本部共有16位教师获"佛山市优秀青年教师"称号。

（四）分层开展校本研修，增强校本研修实效

学校聚焦教师职业道德、课堂教学能力、育人沟通能力和教科研能力等，打破学科、行业的界限，分层有序开展校本研修，增强研修的针对性和实效性，确保教育教学有新视野、新思路。主要分为：①新教师研修，主要针对新入职教师进行校本研修，包括师德师风、课堂教学、班级管理、教育科研、团队建设等方面；②全员研修，包括南海区中小学教师信息技术应用能力提升工程研修、心理健康教育C、B、A证研修、智慧讲坛之"我的专业成长之路"系列、班级管理与班主任专业化成长系列、名家大咖莅校讲学等，其中校本部107人获得心理健康教育A证，143人获得心理健康教育B证，183人获得心理健康教育C证；③微型研修，主要针对有需求的教师人群，包括课堂教学类、班级管理类、课题研究类、专业成长类等，如每学年举行的南海实验中学教育教学年会展示教育教学取得的丰硕成果、名师微讲座引领教师有更高的精神追求；④教育考察，组织教师到省内、外优秀学校进行教育考察，观摩学习优秀学校的课堂教学、管理等方面的成功经验，如2017年1月—2019年12月学校组织派出省外（如：北京、南京、上海、杭州等）教育考察为247人次（不含省区市教育部门派出）、省内教育考察学习人次不计其数。

学校校本研修取得卓越的成效。据不完全统计，近3年，学校教师在教育

教学专业技能比赛中获奖人数达 1500 多人次，获省级、市级、区级教育科研项目立项有 16 项，3 项课题成果获得广东省二、三等奖，在近年广东省青年教师综合能力大赛中 5 人获一、三等奖，教师发表的论文 60 多篇，《跟着生活学写作》《看得懂、用得上、记得住的满分作文秘笈》等教师专著陆续出版……

四、示范：推动研修资源共享，发挥示范引领作用

（一）资源共享，发挥工作室群示范作用

从某种意义上说，工作室团队的基本使命之一是示范辐射，引领更多的教师自觉地专业成长。南海实验中学工作室团队坚持"专业引领、同伴互助、交流研讨、共同发展"的宗旨，以教育科研为先导，以课堂教学为主阵地，示范引领、辐射带动，引领更多教师不断成长，使工作室成为教师专业成长的"加速器"、名师和骨干教师的"孵化器"和地区、学校教育教学改革的"推进器"、校本研修资源共享的"传播器"。工作室团队开展教学研磨、同课异构、观课解课、教学案例分析、教育书籍阅读、专题讲座、课题研究、参加学术研讨会和外出学习等研修活动，唤醒教师的专业成长自觉，不断改进课堂教学行为，凝练教学风格和教育思想，提高和带动更多的教师提升教育教学实践和课题研究能力，促进教师的专业成长。

南海实验中学名师工作室团队除立足本校开展各种学习研修活动外，还通过示范带学、送研送教、走进乡村教育活动、专题讲座、项目跟岗研修、线上线下教研联动等途径发挥工作室团队的区域示范作用，如：参与广东省农村中小学教师置换培训项目、广东省义务教育统编教材三科骨干教师提升高端研修项目、广东省教育厅"粤课堂"活动、江门市中学名教师培养项目、佛山市青年教师综合能力大赛活动、佛山市青年教师同课异构活动、学科新课标培训、课题研究培训、各类研讨课展示等。做到校本研修资源共享，充分发挥工作室团队的示范辐射作用，不断引领更多教师提升教育教学能力和职业幸福感。

（二）共享共进，发挥示范学校引领作用

作为广东省中小学教师校本研修示范学校，按照《广东省中小学教师校本研修示范学校和示范培育学校工作指南》的要求开展工作，成立广东省中小学教师校本研修示范学校领导小组，聘请校本研修专家指导团队进行指导，阅读相关书籍，研究国内外优秀校本研修模式案例与经验，明确校本教研示范

校职责，组织管理团队、学科优秀团队对帮扶学校开展持续帮扶活动，资源共享，指导、开展高质量、贴近学校实际的校本研修活动，探索丰富多彩、形式多样的校本研修形式，推动本校和受援学校教师专业发展，提升凝练校本研修成果能力，促进研修成果转化，发挥校本研修示范学校的示范、辐射、引领作用。

近年学校先后组织名师团队前往云浮、河源、梅州等地送研送课，如：2019 年 12 月组织名师团队到云浮市云安区高村镇中学送课，开展学科校本研修交流，通过名师传、帮、带，共同提高处理教材、备课教研、设计教学、驾驭课堂等能力，送研送课活动得到教师们的好评；2020 年 10 月名师团队到云浮市云安区镇安镇中学进行教研交流，开展"同课异构"现场授课及名师讲座，进行学科研修交流线下面对面的交流与线上联动结合，活动全程通过"云直播"方式向当地教师开放，截至活动结束网络点击量达 5600 多次。通过教研交流，加强了示范学校与云浮当地教师的联系，在相互沟通的过程中，共同促进教师专业成长，为促进广东省乡村基础教育的均衡发展尽绵薄之力。

南海实验中学坚持以开放、包容、开拓、创新的姿态与兄弟学校进行校本研修经验交流，学习兄弟学校的优秀经验，集思广益、博采众长。2021 年 4月，广州市荔湾区校本研修骨干教师团队莅校进行特色校本研修活动观摩交流，骨干教师们观摩了数学学科组和初三数学备课组的校本研修活动，聆听了林景飞校长以"追求从教自为境，修到工作儒雅时"为题的学校校本研修活动介绍。交流活动让大家明晰了校本研修的思路，坚定了推进校本研修工作的信心。

教师队伍是学校持续发展的基石，校本研修是教师专业发展的重要途径。"追求从教自为境，修到工作儒雅时"，南海实验中学将继续聚集教师专业素养，创新开展高质量的校本研修活动，为教师发展提供更高平台，逐渐形成具有南实特色的校本研修模式和研修文化，推动教师成为教育中的思考者、研究者和践行者，促进教师、学生、学校进一步发展，让每一位教师都能施展才华、提升自我、幸福工作，让每一位学生都能全面发展、张扬个性、感受成长拔节的幸福。

附录：

广东省乡村中小学校长访名校专题培训班跟岗研修安排

为落实上级教育行政部门关于 2021 年广东省乡村中小学校长访名校专题培训班跟岗研修工作的相关安排和要求，进一步提升"美育桂城，学载未来"

桂城教育品牌，同时促进我校林景飞名校长工作室的建设，扩大"幸福1+N"教育影响力，对本次研修活动作如下安排：

一、跟岗时间

2021年10月18日至10月22日（周一至周五共5天）。

二、跟岗学校

南海实验中学（佛山市南海区桂城街道东平路5号）。

三、跟岗人数

10人（具体名单另附）。

四、学校联系人

秦芳（副校长）　联系电话：×××××××

陆慧敏（办公室副主任）　联系电话：×××××××

五、跟岗研修地点

办公地点为行政楼四楼党员活动室，用餐地点位于饭堂四楼教师餐厅。

六、跟岗校长研修工作安排表

附表1

	时间安排	主题内容	研修形式	地点	主讲	负责
18日周一	9：00—9：20	欢迎跟岗校长见面会	介绍交流	四楼会议室	雷波	秦芳
	9：30—10：30	校长讲座《"幸福1+N"教育的理论和实践》	专题讲座	四楼会议室	林景飞	
	10：30—11：30	参观校园、校史报告	参观交流	校荣誉室等	钟敏萍	
	11：30—14：25	午餐、午休				
	14：30—15：30	教师培养与校本研修	专题讲座	四楼会议室	秦芳	
	15：30—16：30	集团化办学背景下青年教师专业成长	专题讲座		方毅宁	
	16：30—17：00	青年教师专业成长之路	专题讲座		陆慧敏	

（续上表）

时间安排		主题内容	研修形式	地点	主讲	负责
19日周二	9：00—11：30	中考备课经验分享	专题讲座	四楼会议室	陈 广	陈 广
		初三数学备课组活动	研修活动		郭红梅	
		科组建设报告	微型讲座			
	11：30—14：25	午餐、午休				
	14：25—15：05	听课	课堂观摩	待定	吴 婕	
	15：05—15：55	评课	评课交流	幸福驿站		
	16：10—17：00	观摩初一选修课	课堂观摩	六艺楼等	黄土强	
20日周三	9：00—11：30	科技创新名师工作室	参观交流	六艺楼科创室	陈海锋	李 彦
		科创讲座	专题讲座			
		特色课堂观摩	课堂观摩	待定		
	11：30—14：25	午餐、午休				
	14：25—15：05	自主研修	研修交流			
	15：05—15：45	学校党建工作报告	专题讲座	四楼会议室	李 彦	
	16：00—16：30	思政课建设与党史学习	微讲座		林瑞容	
	16：30—17：00	教师党员的自我修炼	微讲座		金惠芬	
21日周四	9：00—10：10	德育常规与班主任管理	专题讲座	四楼会议室	李校华	陈 莉
	10：20—11：30	心育指导与家校沟通	专题讲座		邬新华	
	11：30—14：25	午餐、午休				
	14：30—15：30	学校心育工作报告	专题讲座	心育活动室或会议室	陈怡华	
	15：50—17：00	学校德育工作交流	座谈交流		吴永红	
22日周五	9：30—10：30	跟岗校长分享报告	微讲座	四楼会议室	研修组	陆慧敏
	10：30—11：30	跟岗活动总结	分享总结		秦 芳	
	11：30—14：25	午餐、午休				
	14：30—17：00	自主研修	自主研修	党员活动室	研修组	
	合影留念、研修活动结束					

构建"四层五级"校本研修机制，助推教师专业发展

东莞市松山湖实验中学　万　飞　姚杨海

一、整体设计

　　校本研修是教师身边的研修，是教师专业发展的重要路径，是实现"科研兴教""科研强校""科研强师"的重要基石。校本研修既是一种学习研究活动和教师学习方式，又是学校管理与教师培训制度，更是一种能促进学校健康持续发展的文化体系。

　　东莞市松山湖实验中学是一所全日制公办初级中学，创办于2015年，学校以"对每一位学生终身发展负责"为办学宗旨，构建符合现代教育观念的智慧教育模式。建校的前五年，随着班额和学生人数增加，每年新招聘入职的教职工均以40人左右的数量递增，且大多数为新毕业生。目前统计全校教职工总数为216人，平均年龄为32.3岁。由于师资队伍的总体年轻，学校非常重视教师队伍的建设与成长，成立了由校长亲自领导的"四"位一体的校本研修机构。"四"位指二室二中心，即教师发展中心、课程发展中心、名师工作室和信息技术研究室（图1）。组建了教师队伍建设领导小组和管理团队，健全了教师培训规章制度，建立了四层五级的校本研修制度，规范管理流程，加强学校对校本研修的方向引领，为校本研修提供了新的土壤和途径。

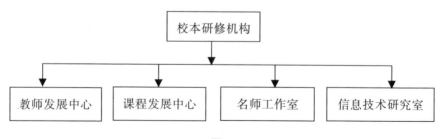

图1

"四层"既指"二室二中心"的校本研修机构，又指校本研修制度的 4 个框架，分别是过程管理制度、教研活动制度、学习研究制度和教师评价制度（表 1）。

表 1　松山湖实验中心校本研修制度框架

制度	重点关注	工作载体	制度建设的目标
过程管理制度	教育教学常规的落实	教育教学过程管理	加强教育教学过程中、管理中的指导，让教师在改进教育教学过程中，逐步达到教育基本要求
教研活动制度	教育教学能力的提高	教研活动	提高教研活动的质量，帮助教师解决教育教学问题，在反思研讨中提高教育教学能力
学习研究制度	教育素养的进步	学习培训与教改实践	改进教师学习机制，导向教师务实开展教育科研，在教育教学改革中学习与运用教育理论
教师评价制度	进取精神与自主研修	教师评价	培养有利于教师研修的环境，激励教师更好地完成教育教学任务，积极提高自身素质

四层五级的校本研修制度建立是基于"将校本研修真正扎根于教育现场"的根本理念。只有在教育现场，教师才能真切地体验到教育的复杂性与灵动性，真实地发现和解决教育现场中的问题。

二、主要做法

校本研修的载体是活动，核心是研究。学校根据教师的实际情况，以"浸润式培训"为原则，注重培训内容的适宜性，倡导培训方式的多样性，追求培训成果的时效性，从而将校本研修落到实处。不同的培训需要解决的是教师专业发展方面的各种问题，我校从学校办学特色的角度出发，探索"四层五级"新型校本研修模式，力求凸显教师研修的针对性，打造适应学校办学要求的优质师资队伍。五级校本研修模式见图 2。

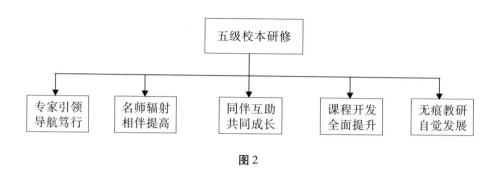

图2

第一级为"专家引领，导航笃行"，旨在引领教师明晰专业发展的方向，系统积淀学科专业素养。

专家"导航"，旨在让教师在研学中厚实根基。依托专家资源拓宽视野，使理论走向教学实践，这是校本研修的一项重要举措。如果缺少专家名师的引领，年轻教师则很难在短期内更新教育理念、提升专业素养。

我校每学期都会把全国、省区市的名师和教学专家请进学校进行现场指导和专题培训，如顾明远、李克东等教授多次莅临学校讲学。通过专家报告、评课、互动交流、沙龙研讨等形式，专家与教师零距离互动，不仅向教师传达前沿信息，带来有价值的思路引领，还能帮助教师了解课程与教学现状，引导教师在观摩教学实践后积极发表自己的见解。

学校还组织各学科青年骨干教师积极参加全国名师教学观摩研讨与名师讲堂等活动。从全国名师课堂到省级专家讲座、市级骨干培训，教师们广泛涉猎不同层面的"精神大餐"，深度汲取教育理念、领悟教学智慧。名师专家独特的教育教学观点、思想魅力，悄然植入每位教师的内心，同时也促使他们深入思考如何在转变理念的同时真正提高授课能力，尝试让专家的理念与风格在实际教学中落地生根。

第二级为"名师辐射，相伴提高"，主要通过成立"名师工作室"团队、实施"青蓝有约"工程，建立层级导师"带教"网络，为教师成长提供支持系统。

我校建校以来先后获评广东省名校长、名教师2人，东莞市名师3人，松山湖园区名师、名班主任10人。学校90%的青年教师均为省、市、区等各级名师工作室成员或学员，在工作室的名师引领下，他们坚持学习和实践，在教学中不断改革与创新。

学校还充分发挥校内名优教师的作用，建立层级带教网络，形成教师培养梯队。比如：我校在"青蓝与你有约——师徒结对"活动中，建立了3种运行机制，为青年教师成长提供了强大的支持系统。

其一，"名师带教制"，定向培养。师徒结对采取"一师一徒""一师多徒""一徒多师"等多种方式，特别是对一些发展潜力大的青年教师，在常规带教的基础上，由名师工作室的骨干教师、学科带头人担任导师，负责对其进行"精雕细刻"式的定向培养和指导。

其二，"链式导师制"，网状辐射。通过名师引领的模式，学校打磨了一批骨干教师和教坛新秀，这些"高徒"成为名师后，还会继续做引领工作，由此形成"名师链"。一名优秀教师既是上层导师的徒弟，又是下一层徒弟的导师，使导师制的辐射连成网络。

其三，"师徒共营制"，共同进步。为了让师徒共同经营好发展之路，我们制定了《师徒结对跟踪记录手册》，由师徒一起制订"我们共同的计划"，记录"我们共同的足迹"，总结"我们共同的回顾"；期末评选出在"共营"中获得"共赢"的好师徒，予以表彰。

第三级为"同伴互助，共同成长"，形成制度化、常规化的同伴互助运行机制。实现同伴"共赢"，让教师走向"自觉""自育"。

同伴互助是教师自我发展中必不可少的外部力量之一，也是学校校本教研的基本形式。因此我们将"同伴互助，共同成长"作为第三级。学校以科组或备课组为单位形成相互交流、切磋心得的研修团队，彼此支持、共同成长，做到经验与智慧共享，逐步形成了制度化、常规化的同伴互助运行机制。

1. 课例研修

学校的课例研修围绕智慧课堂实践展开，研修坚持以课例为载体，贯穿备课、设计、上课、评课等教学环节。研修中重视以学习者为中心设计"学历案"，以情境化和问题化来进行导学，积极探索信息技术与学科教学的深度融合。研修的形式有：同人·同课·多轮、同课异构、多人同课循环等。通过课例的循环改进，解决课堂教学存在的问题，提升课堂教学的质量和水平，促进青年教师的专业发展。这种研修模式主要运用在青年教师的公开课、展示课、各级各类课堂教学比赛，以及技能提升的培训实践当中。学校每学年均会组织不同主题的青年教师课堂教学大赛。通过课例研修活动快速促进了我校青年教师的成长。

2. 课堂观察

为了推进教师校本研修从"经验型"向"科学实证型"转变，我校构建了以教学课例研讨为中心，课堂观察为手段，教师专业成长和学校整体发展为目的的"基于课堂观察的校本研修模式"。初步构建了课堂观察的研修流程：①课前交流，包括确定主题、研制观察工具、确立教学方案；②课中观察；③课后总结，包括分析、总结反思、改进建议及对策。

学校与南京师范大学数字化教育评价研究中心合作，引进"多元交互式"课堂观察平台，利用"互联网＋教育评价"核心技术，借助网络平台中可预设、可调节的各类观察量表，通过移动终端在听课过程中采集"教"与"学"的表现性数据信息，经过后台计算与图形化处理后，为评估结论提供客观的量化证据，实现科学的课堂诊断，以评价促进教师专业发展。通过"课堂观察"的科学实证，可以为教师合理诠释课堂事件提供依据，帮助新任教师尽快掌握教学技能，促进教师群体在学习、反省、观察和科研等方面实现自身的专业化发展，从而推动学校实现整体发展。

3. 工作坊

学校每学期均组织各学科教师积极参加本校或园区的教师工作坊研修活动，"教师工作坊"是基于团体互动和深度体验的原理，为一线教师提供的是教学的"活动场"和"操作间"。通过设计科学有效的研修主题，把本校的教学实践问题带入讨论间，并通过合作解决问题。工作坊研修活动可以构建积极向上的对话与合作氛围，促进理论与实践的对话，促进教师的深度学习，实现工作坊引领校本研修、校本研修提升工作坊能力的双向连环效应。工作坊研究的主要形式有：主题沙龙式、课程评析式、案例会诊式、模拟研习式、智慧分享式、经验反思式等。

4. 课题研究

学校树立"问题即课题""教学即研究""教师即研究者"的思想，鼓励教师挖掘身边问题，以课题研究为载体，充分发挥课题的引领作用。在课题研究过程中，教师带着问题学习，把立足点放在解决教学改革实践中所遇到的实际问题上，着眼点放在新课程理念与教学实践的结合上，从而促进自身理论水平的提高。通过加强学校的教育实践与科学研究校本研修机制的运行，营造"在工作中研究，在研究中工作"的学术氛围，不断提炼培训成果，从而丰富校本研修内涵。近五年来，我校《基于创客教育的智慧学习环境构建的实践研究》课题获 2016 广东省中小学教育创新成果一等奖，《智慧环境下中学阶段"三创"课程体系构建与实践》课题获 2019 广东省教育教学（基础教育）成果奖一等奖。

5. 网络研修

不少科组充分利用网络研修，拓宽教师的交流渠道，促进校本研修活动的开展，让网络平台成为教师专业发展的好帮手。科组在研修活动中利用网络研修平台定期组织科组教师观看名师的视频精品课，记录课中值得自己学习的地方，并撰写听课反思，然后集中研讨，梳理本节课的亮点。网络研修平台的搭建，既激发了教师深度参与学科教研活动的主动性，又为教师提供了一个学科交流的平台。

第四级为"课程开发，全面提升"，积极开发"三创"教育体系校本课程，发展教师综合素质。

开发和实施校本课程是课程改革不可或缺的重要组成部分。学校建校伊始就构建了"创新""创作""创业"的三创教育课程体系，创新系列课程是国家课程的校本化学习，着力发展学生的创新思维；创作系列课程通过多学科融合的主题学习，培养学生创造性实践能力；创业系列课程是基于项目的合作学习来助力学生创造性人格的形成。学校课程管理中心制定了《松山湖实验中学校本课程方案》《校本课程开发指导》等文件，将校本课程的开发作为校本研修的一项主体内容。

学校全面实施"选修走班制"，学生上午按行政班上课，下午根据自主选择走班上课。每位学生可根据兴趣、特长和能力层次拥有一张"私人订制"课表，满足个性化发展的需求。学校构建了涵盖健康、人文、科学、交往、多素养融合的校本课程群，190多门校本课程逐步系列化、精品化、特色化。以生物科组为例，先后开设了科技创新、小课题研究、科普绘画、实验技能等创新课程；开设创作压花扇、创作叶脉书签、创作显微植物卡贴等创作课程；开设养生花茶调制、艺术压花贴画、中草药保健香囊、植物滴胶作品、中草药成分提取等创业课程。通过课程的开发与建设，加速了科组教师的专业发展。建校第四年，我校的生物科组和地理科组均被评为广东省十佳优秀科组。

第五级为"无痕教研，自觉发展"，通过读书交流，话题分享等活动孕育教师自觉自育的成长氛围，促使学校教研文化深刻转型。

一名具有创新性的专业型教师，必须有广阔的知识视野，而最有效的途径之一便是通过读书与大师"对话"，向智者求教。阅读是提升教师专业素养、更新教育理念、转变生活方式的最佳途径。学校结合教育教学实际，开展读书沙龙、读书报告会、快乐读书吧等丰富多彩的读书实践活动，切实调动教师参与读书活动的积极性。倡导教师阅读既要广博又要深远，即带着问题和自己的思考去进行深度阅读，由此积淀教育教学理论和人文素养，进而影响教学行为的深度与高度。

作为育人之人，教师理应成为有思想的人。校本研修的一个重要功能就是通过话题分享，让教师能感受思想、领悟思想、生发思想。学校每学期均开展松知院教师教育演讲、松实谈教师发展沙龙等活动，以一个话题为引领，或说哲学，或谈美学，或论教育，或言文化，或探心理。教师分享的话题越广博，他们的思想触角就越能够延伸到远方。话题分享式校本研修的目的就是要唤醒教师的教育尊严与精神自由，让教师进入充满创造的专业自由境界。

学校每学期初还举办松知教育论坛，请本校具有一定研究专长的教师来分享话题，从合作学习的智慧课堂到点亮心智的育人智慧，从学科融合的课程构建到项目式学习的探索实践，每一次的话题分享都成为全体教师的思想盛宴。

在"四层五级"校本研修机制的助推下，六年来，学校和教师发展成效显著。教师团队获评正高级教师 2 人，特级教师 1 人，广东省名校长、名教师 2 人，东莞市名师 4 人，市学科带头人 16 人，市教学能手 39 人，园区名师 10 人，园区学科带头人 14 人，园区骨干教师 16 人，骨干教师占比超过 60%。学校被评为"东莞市首批品牌学校""广东省基础教育校本教研基地""广东省中小学教师校本研修示范学校""东莞市首批'品质课堂'实验学校""首批中国 STEM 教育领航学校""国家教育信息化产业技术创新实验学校""教育部全国基础教育信息化应用典型案例学校""中国创客教育实验学校""全国青少年校园足球特色学校""广东省五一劳动奖状""广东省平安校园""广东省书香校园""广东省航空航天特色学校""东莞市百校创新人才培育基地""东莞市慕课试点学校"等多项荣誉称号，学校 10 个教研组被评为"东莞市首批'品质课堂'实验教研组"。

附录：

东莞市松山湖实验中学校本研修示范学校学科建设计划（节选）

一、生物品质课堂教研组建设规划

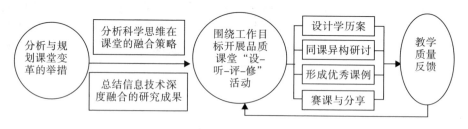

附图 1　松实生物组品质课堂改革思路

（一）分析规划阶段

1. 分析科学思维在课堂的融合策略

依次以教研组的形式解读初高中课程标准中有关"科学思维"的要求、

分析科学思维如何融合教材内容、研讨 3 方面的教学行为策略，以寻找科学思维在课堂的融合方向，具体内容如附图 2 所示。

附图2　分析科学思维在课堂的融合策略

2. 总结信息技术深度融合的研究成果

总结课题《基于"互联网＋"的初中生物教学个性化学习指导策略研究》的结题成果——信息技术深度融合的课堂模式（附图 3），结合附图 2 的分析结果探索科学思维素养在该模式上的切入点，并修正探讨新的课堂模式。

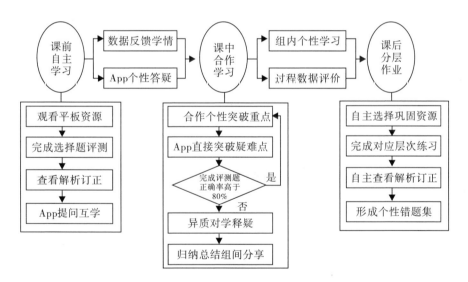

附图3　信息技术深度融合的课堂模式

（二）实验研究阶段

根据前期重难点的分析、策略的制定以及初定的课堂模式，依次开展以下实验研究：设计学历案、进行校内与校间的同课异构研讨、形成优秀课例资源。具体内容如附图 4。

附图4　立足科学思维素养的信息技术融合的初中生物课堂实验研究计划

（三）验证推广阶段

验证阶段贯穿于实验研究的过程中，通过中期教学质量检测的反馈，根据反馈结果调整教学设计，再经研讨课打造更优的课程资源。在推广阶段，通过赛课活动、讲座与公开课展示等形式分享成果。具体内容如附图5。

附图5　立足科学思维素养的信息技术融合的初中生物课堂验证推广计划

（四）预期成果

通过本次课堂改革，一起达成附表1中的隐性成果与显性成果，切实提升学生的科学思维、教师的教学教研能力，形成可推广有价值的成果。

附表1　东莞市生物科"品质课堂"改革预期成果

成果	隐性成果		显性成果
	提升学生的英语核心素养	提升教师的教学教研能力	
具体内容	1. 提升语言能力 2. 发展思维品质 3. 增强文化意识 4. 提高学习能力	1. 创新探究能力 2. 教材整合能力 3. 信息技术融合能力 4. 合作学习课堂把控能力	1. 微课资源集 2. 教学论文集 3. 优质讲座 4. 优质公开课

二、英语品质课堂教研组建设规划

（一）实践阶段

1. 构建基于学情的初中英语阅读教学模式

根据不同年级学情的需求，英语组拟在3个年级开展不同形式的主题阅读课：

（1）初一整本书阅读教学模式探究。

借助英语绘本和翼课网平台开展线上线下相结合的主题阅读，将小说和非小说相结合，精读与泛读相结合，探索激趣导读课、交流赏析课、创新展示课等不同阅读课型（附图6）。

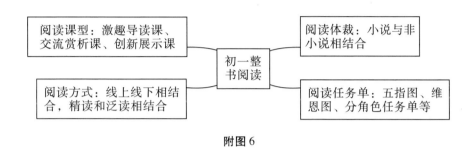

附图6

（2）初二报刊阅读探究。

初二年级开展《21世纪学生英文报》报刊阅读，借助 reading log 进行泛读，提高学生阅读量；选用报刊的经典文章开展精读，提升学生阅读技巧（附图7）。

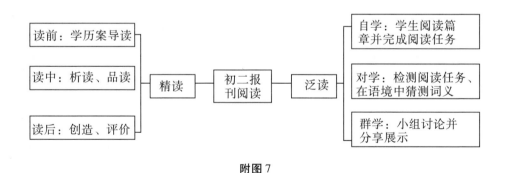

附图7

（3）初三群义阅读探究。

初三年级依托报刊、教材、网络资源等开展基于教材的群文阅读，在提升学生的英语阅读能力以及词汇量的同时培养学生的高阶思维能力（附图8）。

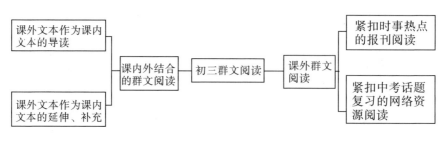

附图 8

2. 构建基于学习性评价理论和数字化课堂观察的多元评价模式（附图9）

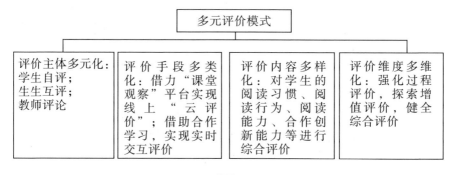

附图 9

（二）推广阶段

在课程推广前期，英语组将对实验阶段的教学成果进行反思、总结，将阅读课堂模式逐步在英语组进行推广，并组织科组教师开展指定内容的阅读课设计比赛。比赛按照初一整本书阅读、初二报刊阅读、初三群文阅读开展，比赛的成品包括微课、课件、以及配套学历案。在此基础上，借助东莞市学科带头人钟静老师及其主持的松山湖园区名师工作室以及东莞市英语骨干教师送课到校活动，通过公开课、讲座等方式逐步在"一园九镇"和全市范围进行推广。

（三）总结阶段

通过实践、总结、反思、推广，提炼和固化研究成果，形成优质阅读课程资源和阅读课堂模式并进行分享。

（四）预期成果

附表2

成果	隐性成果		显性成果
具体内容	提升学生的英语核心素养	提升教师的教学教研能力	
	1. 提升语言能力 2. 发展思维品质 3. 增强文化意识 4. 提高学习能力	1. 创新探究能力 2. 教材整合能力 3. 信息技术融合能力 4. 合作学习课堂把控能力	1. 微课资源集 2. 教学论文集 3. 优质讲座 4. 优质公开课

构建"四七型"校本研修模式，
促进教师专业发展

珠海市九洲中学 姜 楠 李 枝

一、学校概况

（一）学校简介

珠海市九洲中学是广东省一级学校，学校教学质量优异，中考及师生各类比赛成绩均居全市前列。师资力量雄厚，名师荟萃，特级教师、名教师、名班主任、骨干教师数量均居全市前列。学校以"求真文化"为核心，坚持"办真教育，培育真人"的办学理念，着力培养"健康友善，思维活跃，创新发展"的人才，打造师生"仁爱·和美"的家园。

（二）学校师资

我校有全国优秀教师 1 人；省特级教师 3 人，省骨干教师培养对象 2 人，省百千万人才培养对象 1 人；省名校长工作室主持人 1 人，省名师工作室主持人 1 人；市名教师 3 人，市名教师培养对象 2 人，市名班主任工作室主持人 1 人；市名班主任 1 人，市青年骨干教师 1 人，市名师工作室主持人 2 人；区学科带头人 5 人，区名师工作室主持人 2 人，区名班主任工作室主持人 1 人；正高级教师 2 人，高级教师 63 人。

二、校本研修特色模式

（一）校本研修理念

校本研修是基于学校，为了学校和教师发展的研修活动，以校本教研为核心，以促进教师发展为重点，以提升教育质量为目标，强化研修一体，精准施训。我校以教师发展为本，围绕教学研究，营造良好的教师文化，开发特色课程，开展一系列校本研修活动，促进教师的专业发展，保障学生的全面发展和学校的高质量发展。

（二）"四七型"校本研修模式

建校二十年来，我校校本研修成果丰硕，成绩显著。近年来由于片区居民对优质教学水平的需求增加，从 2020 年秋季招生开始，我校每年扩招 4 个班级，截至 2022 年达到 48 个教学班的办学规模。随着办学规模的逐渐扩大，我校教师结构呈现出：老教师和青年教师占比较多，作为中坚力量的骨干教师较为薄弱的现象。为了满足不同层次教师的专业发展，我校特制定了"四段七动型"（简称为"四七型"）校本研修模式，旨在通过目标启动、任务驱动、同伴互动、骨干带动、青蓝行动、课题推动和盟校联动等"七动"来推动教师专业发展，促进教师从新手阶段到达胜任阶段、成熟阶段和专家阶段。

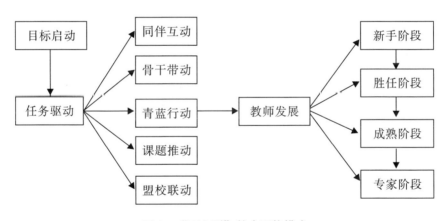

图 1 "四七型"校本研修模式

1. **目标启动**

立足校情，根据我校教师队伍的年龄结构及教学特点，我校期望通过校本研修活动的实施，实现教师专业的长足发展和师资力量的整体提升，具体目标如下。

（1）强化师德建设。加强师德师风建设是全面贯彻党的教育方针的根本保证，是进一步提高育人质量、办好人民满意教育的迫切要求。我校期望通过校本研修提高教师的思想政治素质和职业道德水平，提升教师的文化修养。

（2）丰富学科知识。具备良好的专业知识是衡量教师专业水平的最重要标志。教师应具备丰富的学科内容知识，并逐步具备三方面的意识。首先是教材意识，要非常熟悉教材上的内容，把教材上的内容教好；其次是学科意识，要逐渐掌握学科的基本知识、基本结构、基本思想；然后是生长意识，作为一名教师在职业生涯中要达到哪个阶段，还需要补充哪方面的知识，要有意识地去培养。

（3）掌握信息技术。当今社会，一名优秀的教师应具有现代化的教育思想、教学观念，掌握现代化的教学方法和教学手段，熟练运用信息工具对信息资源进行有效的收集、组织、运用，通过网络与学生家长或监护人进行交流，在潜移默化的教育环境中培养学生的信息意识。因此良好的信息素养是教师终生学习、不断完善自身的需要。这些素质的养成要求教师不断地学习，才能满足现代化教学的需要。通过校本研修，大力推进信息技术在教学和过程中的普遍应用，促进信息技术和学科教学的深度融合，加强现代教育技术运用能力的培养。

（4）增强教学能力。教学能力的高低是衡量一位教师的重要指标，而课堂是教师教学的主阵地，"有效的课堂"是我校所有教师的不懈追求。因此，我校期望通过校本研修，增强每位教师教学的责任感和使命感，使每位老师立足课堂实际，深入教材研究，提高课堂教学水平和质量。

（5）提升教研水平。学生学习要转变学习方式，从以往的接受性学习逐步转化为探究性学习和研究性学习。教师从经验教学逐渐转型到研究性教学，这个转变的过程需要教师参与研究。教师只有真正地研究自己的教育教学，才能改变原来感觉比较烦琐的、重复的、枯燥的现象，教师工作的幸福感也就自然提升了。我校期望通过一系列的校本研修活动使教师具备较强的科研意识，善于总结和提炼，并通过不断地反思，将自己的实践性知识转化为理论知识，从而提升教研水平。

2. 任务驱动

从学校、科组、个人3个层面制定目标和计划，教师通过完成学校、科组下达的任务和实现自我完善两方面，来驱动自己积极主动参与校本研修。每学年，学校教务处制订《珠海市九洲中学校本研修实施方案》；在学校方案的基础上，每个科组再结合学科特色，制订科组的校本研修计划；教师再根据自身的专业发展，撰写教师个人专业成长规划。通过3方面的努力，形成"一校一案""一科一策""一师一题"的校本研修新模式，实现"学校创平台，科组促实施，教师勤奋斗"的新格局。

3. 同伴互动

听课评课是教师专业成长的有效途径，是校本研修的重要内容。有效的听课、评课对于提高教学质量具有重要意义。"同伴互动"是指通过科组内、备课组内的教师进行听课、评课等互动活动来进行校本研修。通过听课评课，可以有效地促进教师之间的交流、互动，从而促进教师的专业发展，带动整个教师队伍的成长。

我校听课活动大致分为 3 种类型。第一类，听课对象为青年教师。为了培养我校青年教师，学校会有组织有计划地对青年教师展开听课活动。一般而言，听课类型包括：新教师亮相课、青年教师汇报课、青年教师验收课、青年教师赛课等。第二类，听课对象为骨干教师。为了发挥骨干教师的传帮带作用，同时给青年教师起到示范作用，学校要求每个科组至少要安排一名骨干教师上一节示范课。第三类，为了充分体现教师的个性化发展，学校每学年将会开展一系列的特色课程，本学年开展的特色课程为以"劳动教育进课堂，学科融合提素养"为主题的学科教学和劳动教育融合课。

我校坚持"凡听课必有评课、谁听课谁评课"的原则，在听课之后，备课组长、科组长或者行政领导要组织评课，并安排相关人员做好评课记录。听课人员要根据听课情况客观如实地对授课人的教学情况做出公正合理的评价，做到知无不言、言无不尽。

4. 骨干带动

我校现有高级教师 63 人，为积极调动这部分教师的教研热情，我校每学年都开展"青蓝工程"师徒结对仪式。学校结合青年教师和骨干教师的教学特点，为青年教师聘请师德高尚、业务能力过硬、知识渊博、经验丰富的学科专业导师和班主任导师，与青年教师进行师徒结对。骨干教师将从师德、教学、教研、课堂和班级管理等方面对新教师进行全面指导，充分发挥老教师的传、帮、带作用。

为了进一步发挥骨干教师的示范引领作用，促进青年教师的不断成长，我校每学期都举行骨干教师示范课活动。活动中，各位骨干教师纷纷走上讲台，以有效的教学设计、娴熟的教学技艺、丰富的教学经验、扎实的课堂训练，为全校教师奉献出一堂堂高水平的示范课。这些示范课取得了良好的教学效果，起到了很好的学科示范作用，促进了青年教师的快速成长（表1）。

表1　2021 年 9 月份骨干教师示范课统计表

序号	日期	星期	节次	学科	课程类型	执教老师	授课课题	上课地点	备注
1	9 月 14 日	二	第二节	英语	示范课	彭振	《Unit 2 How often do you exercise?》	四楼云教室	完成

（续上表）

序号	日期	星期	节次	学科	课程类型	执教老师	授课课题	上课地点	备注
2	9月16日	四	第四节	语文	示范课	王鹏飞	《我爱这土地》	四楼云教室	完成
3	9月17日	五	第四节	物理	示范课	饶谦	《两种电荷》	四楼云教室	完成
4	9月17日	五	第七节	语文	示范课	龙丽菊	《答谢中书书》	初二（15）	完成
5	9月22日	三	第三节	信息技术	示范课	周保泉	《图层及其运用》	网络教室（2）	完成
6	9月22日	三	第四节	数学	示范课	韩彬	《有理数乘法》	初一（13）	完成
7	9月24日	五	第四节	数学	示范课	吴少丽	《二次函数顶点式》	初三（10）	完成
8	9月28日	二	第三节	英语	示范课	谭倩怡	《Lets enjoy reading and writing》	初一（11）	完成
9	9月28日	二	第四节	历史	示范课	旷瑜	《战国时期的社会变化》	初一（6）	完成

5. 青蓝行动

随着我校办学规模的不断扩大，每年都有很多毕业生加入我校教师队伍，目前我校走上工作岗位不满3年的教师有30多位。青年教师的成长关系到我校的发展和未来，为了加强青年教师的培养，我校开展"青蓝工程"行动，通过举行各种活动，关心青年教师的成长和发展，唤醒青年教师成长的内驱力，提高校本研修的效率。

我校"青蓝工程"对青年教师的培养途径主要通过3方面：团建活动、专家讲座、以赛促研（图2）。刚入职我校的教师多数为外地人，通过团建活动，能让新教师快速地了解珠海，加强新教师之间的沟通和了解，使他们更好地融入九洲大家庭；青年教师刚走上工作岗位，聆听教育教学方面的各种讲座，能够让他们快速地适应教师职业，并且规划自己的职业生涯；青年教师通过准备各种比赛，综合运用学科知识，更加熟悉课标要求和各学科的核心素养，从而提高教学水平和质量。这些活动都调动了青年教师钻研业务的积极性，促进了青年教师的专业发展，为我校教育教学质量的稳步提升奠定了坚实的人才基础。

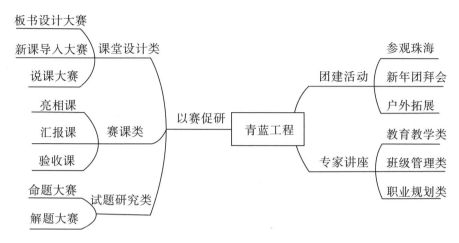

图2 "青蓝工程"培养青年教师的主要途径

6. 课题推动

备课组内常规的教研活动往往都是备课，也就是围绕着如何上好一节课来开展，缺少新意和深度，流于形式，无效劳动多，积极成果少，吸引力不强，大家感到参加的价值不大。改变这种局面最好的方法，就是引导广大教师从事研究，从解决自己在教学中存在的实际问题入手，选择自己感兴趣的问题，采取个人钻研、同伴互助的形式尝试如何把教学中遇到的问题转化为一个个有研究价值的课题。课题研究是教师在明确的研究目的下，运用实验法、行动研究法等相应的研究方法，有计划地进行研究活动。

我校在教师团队中树立"向科研要质量，以科研求发展"的观念，鼓励教师积极参与教育科研工作，提高教育科研能力，形成"组组有课题，人人都参与"的教育科研氛围，将"一师一题"落到实处。目前，我校有广东省劳动教育专项课题、珠海市"十四五"规划课题、珠海市教育科研2021年度专项微课题和香洲区"十四五"规划课题等十多个课题。课题研究内容涵盖劳动教育、德育研究、作业设计、课堂教学等多个方面。有课题研究的科组依托课题研究，适当地、有目的地、有计划地进行一系列课题研究活动，在研讨中提高了教师的专业能力、专业素质。

7. 盟校联动

为了发挥优质学校的示范引领和辐射带动作用，近几年我校先后和区内、市内、省内、国内、澳门等学校结为联盟校，具体结对情况见表2。

表2

结对范围	结对项目	结对学校
区内	珠海市香洲区南湾教育振兴计划	湾仔中学
市内	珠海市西部地区教育振兴攻坚行动	平沙一中、平沙二中、平沙三中、南水中学
省内	珠三角地区与粤东西北地区全面对口帮扶计划	阳江市阳春第三中学、阳江市阳春八甲中学
国内	广东省教育人才"组团式"援藏暨广东"名校+"精准帮扶工程	西藏林芝市米林中学
	珠海市对口帮扶云南怒江州扶贫协作工程	云南怒江州泸水市六库镇中学
澳门	粤港澳三地"姊妹学校"	澳门濠江中学

我校通过联盟校举办了一系列的研修活动。为了积极响应《粤港澳大湾区发展规划纲要》，我校于 2019 年 3 月与澳门濠江中学结为姊妹校。迄今为止，两校已经互访十余次，交流人员达到 600 人次。为了积极响应香洲区南湾教育振兴计划，我校于 2020 年 9 月和湾仔中学结为"1+1 联盟校"，我校作为盟主学校，近一年牵头和湾仔中学举办了青年教师板书设计大赛、青年教师说课大赛、"同课同构"研讨课等 16 项教研活动，两校有近 1800 名学生和老师参与其中。通过举办多项联合教研活动，促进了联盟校间教学教研的共同提升。

（三）校本研修评价方式

任何形式的校本研修活动，必须要有科学合理的评价机制，才能调动老师的教研积极性，确保校本教研的有效开展。为了鼓励教师积极参加校本研修，提升自身专业素养，促进学校长足发展，我校建立了个人研修积分档案。教师每参加一项学校组织的教研活动，均会获得相应的学时奖励。教务处会做好教师个人学时的登记工作，每学期在工作群中进行公示（表3）。每位教师在《教师专业发展手册》上的指定位置定期填写自己参加的教研活动（图3）。在每年的教师节表彰大会上，学校对积分较高的教师颁发"教研先进个人"奖。每位教师的个人研修积分也将作为评优评先、升档提拔、外出学习的重要参考依据。

表3　珠海市九洲中学教研活动记录表

时间	活动	参加人员	选修学时
2021.8.16－17	青年教师培训周参加培训	孙野、姚文杰、范蕾、余诗垚、冯绮雯、关源、徐斯琳、陈念、张青、邱似岳、范文治、崔人双、周志峰、谭琴芳、张海洋、宋晓玉、高尚、王虹璎、方良雅、李义京、侯汉诚、张晓月、姚婷婷、欧名越、蓝倩、魏淼淼、陈铭、郑余乐、李映仪	2
2021.8.17	青年教师培训周开讲座	姜楠、王真真、梁云	2
2021.8.19	青年教师培训周参加"备好开学第一课"	周志峰、谭琴芳、陈铭、张媛媛、郑余乐、高尚、姚婷婷、欧名越、蓝倩、张海洋、宋晓玉、王虹璎、魏淼淼、李映仪、李义京、方良雅、匡兰若、侯汉诚、张晓月	2
2021.8.19	青年教师培训周"备好开学第一课"评委	高明洁、金钰、王鹏飞、高丽娟、谭倩怡、王春力、邝凤玲、胡洁慧、裴红梅、刘凯、那文彦、彭思维、吴晶晶、李枝、徐磊、杨敏旭、张庆勇、陈玉峰、陆璐、汤海珊、肖宁东、夏爱武	1

珠海市九洲中学校本培训学时证明

_____老师于_____年_____月_____日参加校本培训，内容为_____，计_____学时。

特此证明。

申报人签名：

审核人签名：

　　年　　　月　　　日

备注：该学时条加盖教务处章方为有效

图3　《教师专业发展手册》上的学时登记表

（四）我校校本研修成果

1. 教师科研水平稳步上升

在"四七型"校本研修模式的带动之下，我校教师的科研水平稳步上升。

近几年来，我校教师在国家、省、市、区等各级比赛中频频获奖，例如我校教师陈姗和冼秋玲老师的课例《中国的地形和地势》，在基于国家课程数字教材新媒体新技术教学应用课例评选中，获得一等奖。我校教师主持或参加省、区、市级课题二十余项，近期我校《大湾区背景下珠澳姊妹学校、社区、家庭劳动教育路径与实施策略》获得省级劳动专项课题立项。我校教师的多部教育教学专著获得出版，例如我校姜楠校长的专著《优化阅读教学的评价与案例分析》由广东教育出版社出版。

2. 学校办学质量蒸蒸日上

春华秋实二十载，求真创新育英才！创校二十年来，在我校师生的共同努力下，我校的教学规模和办学质量都在不断提升。学校教学质量多年稳居全市前茅，广受社会赞誉。

我校于2000年创校，办学以来，先后获得的荣誉主要有：全国青少年足球特色学校、广东省中小学教师校本研修示范学校、广东省艺术教育特色学校、广东省国防教育先进学校、广东省安全文明校园、香洲区办学规范与教育质量优秀学校、珠海市劳动教育实验学校、珠海市劳动教育资源共建共享珠海共同体种子学校、珠海市首家中学生创客实验基地、珠海市精神文明建设义工协会优秀义工集体等。

附录：

珠海市九洲中学与湾仔中学"1+1联盟校"板书设计大赛评比方案

一、指导思想

为切实落实联盟校互动，更好地振兴南湾教育。进一步落实新课程标准理念，扎实地把先进的教学理念转化为教学行为，全面提高两校教师的教育教学素质和能力，确保两校教育教学质量的可持续发展，使教学板书更好地为教学服务，特举行九洲中学与湾仔中学"1+1联盟校"板书设计评比活动。

二、活动宗旨

板书是教师对教材科学研究的结果，又是教师审美旨趣、艺术个性的体现。作为教学技能之一，在课堂教学中起到了重要的作用。一个好的板书，就是一篇"微型教案"，能够将一位教师的教学思想以及学生的学习过程清晰地展示出来。因此，板书是教学设计中不可缺少的部分，它不仅是一种教学技能，更是一门教学艺术。即便是在信息化教学的今天，板书设计在课堂教学中仍有着不可替代的作用。希望通过这一活动，使两校教师能够重视板书，在板书设计上有所提高。

三、比赛要求

（一）板书书写内容

不同年级的同学科都采用相同的课题。

（二）板书书写要求

1. 书写规范

书写规范、准确，无错别字，无不规范的字。

2. 用词准确

用词要简洁、恰当，能够起到提纲挈领的作用。

3. 层次分明

板书要条理分明、枝蔓有序、主次清晰。

4. 重点突出

有鲜明性，突出重点，详略得当，并能结合内容恰当运用彩色粉笔。

5. 布局合理

根据各学科教学内容的不同，选择合适的布局；充分有效地利用黑板面积，空间适当、分片书写、字距合理，注意整体效果，如板书的主板位、副板位层次分明，互不相混。

6. 富有创新

参赛教师可以把自己对这节课独特的见解融入板书设计中，体现出自己特有的教学风格。

（三）参赛内容要求

（1）参赛教师需提前自行找黑板，写下板书设计，并拍照保存。

（2）参赛当天以 PPT 的形式展示自己的板书。

（3）每位参赛教师有 5 分钟的时间来展示自己的板书，展示内容包括：对这节课的理解、板书设计的思路、如何突出重难点、体现的学科素养等方面。

四、活动人员安排

（一）组织机构

组长：姜楠

副组长：郭成城、王金武

组员：王鹏飞、金钰、肖宁东、王春力、李枝

工作人员：张颖卓（抽签员）、张馨月（文科组计时员）、崔人双（理科组计时员）

评委：

文科组：王欢、李曼、陆璐、夏爱武、王春力、李枝、刘荣（湾仔中学）

理科组：邝凤玲、李玉萍、吴晶晶、杨敏旭、王春力、李枝、刘荣（湾仔中学）

（二）参赛人员（附表1）

附表1

组别	科目	参赛人员
文科组	语文	姚文杰、王攀红、李绿娴、王丽、龚楠
	英语	余诗垚、范蕾、卢舒婷、梁芷霖、吴雅文
	政治	冯绮雯、李乂京、孙铭
	历史	张弛、徐斯琳
理科组	数学	关源、陈念、梁云
	物理	邱似岳、张青、李承超、孙野、周晓玲
	化学	罗苏萍、王真真、范文治、方洁芳
	生物	周冰雪、邢馨元、张昙

五、活动时间与地点

（一）比赛时间

（二）地点

（三）抽签方法

比赛按学科的顺序进行，同一学科的教师按抽签顺序进行比赛。15：30统一在四楼云教室的听课室进行抽签。

六、评分评奖方式

（1）打分机制：去掉最高分和最低分，再取平均分。

（2）奖项设置：分文、理科设置奖项若干。

"1+1+1>3" 校本研修模式的构建与实践

湛江市寸金培才学校　郑建忠

校本研修是针对学校存在的问题进行有针对性的行动研究，并且基于研究的成果进行改造、整治、完善、学习的行动。校本研修的本质是行动研究，就是把人们在行动中遇到的问题拿出来研究，再把研究的成果付诸行动。我校针对校本培训中的问题和教师年轻化的特点，着力建构 "1+1+1>3" 校本研修模式。

"1+1+1>3" 校本研修模式中的 "1+1+1" 强调3个主体：学校、团队、个人，即以校为本，扎根土壤（1个中心），以团队为依托，赋能成长（1个团队），以个人为支点，出类拔萃（1个支点）。3个 "1" 是一个整体，缺 "1" 不可，三者相融相生、相依相存、相辅相成。

以校为本，扎根土壤：学校统筹校本，基于学校，为了学校。学校是教育真正发生的地方，应探索出一条有目标、有计划、有培训、有要求、有平台、有资源、有梯子、有评价的校本研修之路。通过优秀的、先进的经验引领，引导教师进行实践反思，即反思教与学的行为，思维培养的能力，跨学科教学的能力，以此激发教师的内驱力。

以团队为依托，赋能成长：同伴互助，即面对面与线上面对面混合的多模态的方式同伴互助，进行课程开发，寻求突破。

以个人为支点，出类拔萃：教师深入课堂研究，走向专业自主研修，自觉成长。

"1+1+1>3" 校本研修模式中的 " >3" 是在强调校本研修的增值效应。通过三个 "1" 合力，在教学研究、教师文化、特色课程、教师发展等方面聚力突破，最终实现学校发展。

一、"1+1+1>3"校本研修构建模式

（一）构建体系

（1）校本研修的6个维度：研究重心、研究方式、研究目标、研究取向、研究内容、研究模式。

（2）校本研修推进思路：精细化、品牌化、规范化、精品化、特色化。

（3）校本研修组织策略：程序化、规范化、高效化。

（4）校本研修评价体系：定期开展督查，将考核结果作为年度考核、评优的重要依据。

（5）建立校本研修理论的实践基地，鼓励课题研究。

（6）提供校本教研舞台，重视赛事锻造。

（二）构建原则

校本研修遵循以下原则：项目定位精准有针对性，注重发挥教师自主性，研修形式灵活性，师资选择多样性，研修过程可视性，研修成果明显性。

（三）评价制度

关注4个方面的创新，即从熟练技术操作到实践反思取向；从研究教材教法到全面研究学生和教师的行为；培育老师的研究状态，让教师成为主动研究者；关注理念更新和专业提升。采取学时学分认定，表现优异、积分较高的教师可以获得：评优评先、外出培训、个人荣誉、职称评定、晋档升级资格。

二、形成团队赋能效应

深度融合促成从"输血"到"造血"的发生发展：实现"管理互通、研训联动、质量同进、文化同建、课程同创"的多元融合。遵循"基于问题—聚焦课堂—思维碰撞—理念与实践提升"的教研思路，通过同题异构、听评课或主题沙龙活动等形式，解决教学中的真问题。

打造名师工作室，共建青年教师、骨干教师、干部队伍3类发展群，形成高位引领有新得、学科发展有对照、质量评价有参照、教师发展有比照的学习共同体。开发本土化课程，探索以项目化学习解决实际问题的方法。以研促教生活力，以赛促研求卓越。

三、教师个人成长路径

"修"，就是教师的修为的提升。校本研修不仅发展教师的专业素养，事实上还发展教师作为一个教师行业的从业者所应有的所有。学校有3类校本研究需要教师去做。

第一类是课程研究。教师常常会发现影响课堂教学效率，影响学科教学质量的原因是课程不行。课程是什么？打比方说，就是孩子要吃什么餐。那你的原材料不行，他怎么可能吃好呢？他怎么可能健康呢？所以我们得先从原材料下手，这就是课程。

第二类是课堂教学研究。课堂教学是什么？打比方说，就是你的原材料很好了，那你怎么制作加工呢？你怎么去考虑食物的色香味俱全呢？油少，要不要放味精，然后给他熬汤、爆炒还是凉拌，这就是课堂教学的过程，所以说这个过程我们必须研究。这两个点决定了我们整个课堂效率的高低。

第三类校本研究就是教师自身。这是教师经常忽略的，因为每个教师在不同的成长阶段，他的成长的着力点是不一样的。如果教师不从自身研究开始，比如说一个入职教师去参照老教师的成长路径，那显然是不行的。所以对自身的研究也是校本研究的重要部分，这3个方面缺一不可。

在这3个方面的研究当中，不得不提1个出发点，即学生的落脚点。学生起始点是学生，终结点也是学生，换句话来说，倾听学生的声音，发现学生的抱怨，才能知道学生在哪里出现问题。研究的目的就是帮助学生解决问题。只要把准了这3点，校本研究就会非常有效。

四、"1 + 1 + 1 > 3"校本研修模式实施方案

第一，倾听学生的抱怨。倾听学生的抱怨，能让教师发现问题。什么叫抱怨？学生学不会的、解决不了的事情就是学生的抱怨。对于校长而言，也可以倾听教师的声音，因为教师是学校的重要组成部分。校长也能发现问题，那是校长的校本研修。

第二，提取问题。例如，学生在学习物理的时候，滑轮是学生的第一个难点。这就是问题。怎么样突破学生对滑轮的学习难点呢？教师开始行动研究，教师的行动研究的方案是：追问学生为什么对学习滑轮感到困难。当然，教师在这个追问的过程当中，同样使用了大量的数据分析和教师的头脑风暴。如何提取问题的过程就是教育教学艺术及生命品质不断提升的过程。如何提取问

题，须学会用数据表达信息。数据是反映客观事物属性的记录。

第三，研究问题。研究问题就是追问问题背后的问题。换一句话来说，教师看到学生学不会的知识，这只是一个现象。这个现象背后的那个学生，那才叫问题的实质。教师只有学会追问，才能研究问题。例如，在丰田汽车公司有一个"五个为什么"的追问，员工遇到任何问题都会问 5 个为什么。第一个为什么是为什么出现了问题？持续追问丰田的研究发现，当追问到第五个层级，问题就会解决了，因为当追问到第五个层级的时候，常常能触及问题的本质。

第四，解决问题。解决问题找见效的点，找痛点。找最痛的点，找小点，就是教师能通过解决这个问题立即能够看到成效，那么教师的信心也会随之被激发。

第五，要持续改善。所谓持续改善，就是当问题解决以后会发现，解决问题有一套逻辑和流程，把逻辑和流程固化下来变成成果，变成学校的制度，进而再进入到学校系统，这就是校本研修当中的关键。

附录：

塑造成长平台，力求知行合一
——湛江市寸金培才学校生物科组

湛江市寸金培才学校生物科组是学校教育教学战线上的一支有代表性的青年队伍。科组有学科教师 16 名，教师平均年龄 31 岁，是一支年轻化、专业强、素质高的教师队伍。

初中生物科组在刚结束的第三届广东省青年教师能力大赛中分别取得初中生物和初中综合实践活动省一等奖的好成绩。在过去的三届青年教师能力大赛中，初中生物科组表现超群，在参加的两个学科比赛中，斩获了 4 个省一等奖，是广东省唯一取得该成绩的学科团队。

一、生物学科教研工作

（一）转变教学方式，日常教学渗透新课标理念

结合我校教师的实际，遵循在职教师培训的规律和特点，采取"统一性"与"灵活性"相结合、集中培训与个人自学相结合、理论提高与实践锻炼相结合，多途径、多形式地组织教师学习现代教育教学理论，学习和掌握有效的教学策略。让教师们经历从"理论指导"到"示范引路"、从"课堂实践"到

"反思总结"、从"研讨交流"到"总结提高"的学习过程，从而有效地提高教研组教师的专业水平。

1. 集中培训

随着生物新课程改革的全面实施，如何按照新课程的要求，开展校本教研，促进教师的专业成长，是摆在生物科组面前的一个重要课题。在过去的两年里，生物科教研组主要组织全体生物教师学习了《2011年初中生物学新课标解读》《2017年高中生物学新课标解读》《生物学教学》《生物学通报》《中学生物学》等有关新课程理念下的初中生物课堂教学理论；学习形式有由教研组长或学校领导主讲的主题报告、理论学习、沙龙汇报会、读讲会等。同时，生物科组还定期举行交流研讨会，促进教师之间互相交流互相吸取的新理念、新观念，取长补短，共同提高。

2019年至今组织的研讨会和开展的讲座共有20多次，这些教研活动不仅大大提高了生物科组教师的命题技巧，更增强了教师的科学命题意识和责任感、使命感，拓展了思维，激发了科组教师们教学的积极性和主动性。

2. 自主学习

自主学习强调教师的个人反思。通过自我反思，能有效解决教师个人成长中的问题。生物组要求全体教师坚持写教学后记。教学后记的撰写使教师养成反思的习惯，及时总结和改进教育教学工作。通过反思表达自己对教育的理解，增长教师的思考能力和感悟能力。在这个特殊的后疫情时期，大规模的线上教育依然热度不减，继续成为业界关注和探讨的焦点。因此，科组教师自主开展了"科学备考，静待花开"及"Focusky入门学习"等培训讲座。

3. 外出学习

每学期生物科教研组都组织教师外出听课，参加各种学习与培训，学习先进的经验。对外出学习或参加教研活动的教师，教研组要求教师们除认真做好记录外，还要完成"三个一"，即一节学习应用模拟课、一份学习情况介绍在教研组上汇报、一篇学习心得体会。通过培训、学习、体验、反思、交流、总结等一系列过程，促进了全体生物教师逐步树立新的教育理念，大胆投身课改实验，不断提高业务素质。外出学习还包括学校名师外出授课交流，如2020年科组名师工作室成员董超元和奎玉飞老师应邀对廉江市中学生物教师进行培训，培训内容包括"班班通"教学平台优化教育教学实践指导、探究式教学的设计原则和方法、"班班通"教学平台转变教与学实践指导三大部分。

（二）强化校本教研，落实课改精神

在这一学年里，科组教师十分注重开展校本研究。经过实践研究，有力地推动了我校生物课程改革的深入发展。主要体现在下面几点：

1. 做好常规工作，抓好备、教、改、辅、考、评等工作

（1）推门听课。在全教研组内，在任意时间欢迎同事进入课堂听课，听后相互交流意见，通过互相学习，取长补短，达到促使课堂教学质量提高的目标。

（2）资源共享。根据学校要求，生物科教研组平时注意不断开发、整合和利用课程资源，促成学、教、研"三位一体"。对每个人的课改总结、活动记录以及教学教研活动的照片、录像、奖状、优秀教案、论文、个案等及时积累整理、归档，供教师之间相互交流、学习。同时，教研组内采用集体备课，制定统一的复习计划，确定统一的复习方式，分工命制统一的复习资料和制作基本统一的复习课件，提高复习效果。

（3）集体备课。以年级为单位组成集体备课小组，让教师们明确自己所教年级的教学要求，同时备课小组把各单元每章节的备课任务分配到每个教师——中心发言人，每周组织一次集体备课，要求做到"五落实"，落实时间、落实地点、落实中心发言人、落实每次教研活动的内容、落实备课的记录。在备课过程中要求做到：预案与反思相结合，备教材与备学生相结合，中心发言与教师交流相结合，教案的统一与老师的个性相结合。使集体备课避免形式和片面，充分挖掘集体备课的效益。

（4）教研活动。积极参加每周一次的生物教研活动（周四上午，每次时间不少于两小时），每次活动做到"三定"：定时、定主题、定发言人，切实做到活动前有研究主题，活动时有指定教师发言、其他教师补充，活动中有记录，活动后有分析。在教研活动中，生物科组提出"五个一"要求，即每个老师每学期上一节公开课，课后认真议课、评课，并上交一份纸质资料和电子资料，每学期撰写一篇较高质量的反思，每学年撰写一篇论文，每学年制作一个课件。

（4）考试评价。教学常规中非常重要的一环，对教学有非常重要的调控作用。因此，每次考试过后，教研组各年级组都应认真做好考试的总结分析工作，不仅仅是分析成绩、比较学生成绩的进退，更重要的是让每位教师从考试中找出教师教学和学生学习中存在的问题以及解决这些问题的措施。分析总结时，要求每位教师必须按照书面材料，逐班陈述。

（5）狠抓教学常规工作，促进提高。为了有效促使课改工作的落实，教研组期中、期末协助教导处进行教学检查。一查作业是否认真批改，作业量布置是否合理；二查教案是否按时完成，教学环节是否完整，是否写教学心得、反思；三查教师教学质量。校长、教学主任和教研组长经常到班级听课、评课，和教师们交流教法、学法的体会。通过互相学习，教师们提高了处理教

材、教学设计、驾驭课堂教学、听课评课、课题研究等教学业务能力和水平。

2. 搭建平台，促进青年教师的迅速成长

青年教师是课改的中坚力量及主力军，生物科组也以青年教师居多。因此，教研组一直重视"青蓝工程"，重视抓好新教师、年轻教师的培训工作，促进青年教师尽快地成长。生物科组对青年教师的培养途径如下：

（1）新教师培训：对即将走上讲台的年轻教师进行岗前培训，帮助他们能快速地适应教师岗位。

（2）拜师学艺：号召新教师主动向老教师学艺，多听课，多取经，多学习。

（3）师徒结对：安排有经验、有特长的教师帮助他们，采用师徒结对的形式。

（4）施加压力：把各级教研活动的大部分交给青年教师，让青年教师在锻炼中得到提高。

（5）安排他们出外取经：近几年，所形成的师徒结对子前后共有数十对之多，外出取经可以取长补短，从而使青年教师迅速成长。

二、跨学科及自然教育工作

（一）以科创比赛为平台，尽显科技教育魅力

初中阶段的孩子是最富有创新力的群体。湛江市寸金培才学校作为粤西名校，历来重视学生创新能力的培养。在学校领导的支持和鼓励下，初中生物科组以青少年科技创新大赛为平台，以科技兴趣小组为日常组织形式，在科组老师的共同努力下，以学校教育为主渠道，以各类科技教育活动为载体，以培养学生科学兴趣、创新意识和实践能力为目标，全面提升我校学生的科学素养。如今湛江市寸金培才学校的科技教育已打下比较深厚的基础，在社会上形成了良好的品牌效应。

生物科组负责的青少年科技实践中心设有航模工作室、创造发明工作室、STEAM实践工作室、开心农耕园等，能承办各级各类科技创新比赛。生物科组还邀请中国科学院老科学家位梦华、张德良等到校作科普讲座。2019年在由广东省科协、省教育厅、省科技厅举办的"第二批广东省青少年科技教育创新团队"评选中，我校科技教育团队在团队建设、竞赛辅导、科教实践、科研引领等方面成绩卓著，顺利通过考核，获得"第二批广东省青少年科技教育创新团队"称号。

（二）体验自然美好，寻找教育初心

湛江本地有多种自然资源，在生物多样性上具有优势，如何帮助科组成员充分利用本地资源开展自然教育是科组未来的教研方向。2020年8月22日~

23 日，科组名师工作室联合湛江市爱鸟协会举办了自然教育导师培训营，旨在带领工作室成员融入自然、体验自然，感受自然力量，寻找教育初心。科组这次培训活动很好地发挥了工作室的辐射引领作用，有效促进了教师的专业发展，助推区域教学均衡发展。湛江市寸金培才学校自 2012 年成立观鸟社以来，生物科组教师们积极参加及举办各种自然教育活动推进校园爱鸟、护鸟的文化传播，同时促进学校与民间环保团体及政府环保组织机构在爱鸟、护鸟方面的合作，为我市开展创建全国环境保护模范城市出一分力。

（三）齐心抗疫保教学，化危为机促教研

为了做好线上教学工作，在湛江市教育局的统筹下，在广东省李遂梅名师工作室的协作下，科组所有教师主动学习线上教学新技能，熟练微课的制作方法，在 3 个月内共制作了 36 节质量较高的线上教学微课，并将其提供给湛江市初、高中学校选择使用，让学生们在家也能听到名校名师课。

高中篇

三基四联 技术赋能：帮扶薄弱学校教师专业发展

广东实验中学 朱伯东

广东实验中学（以下简称"省实"）是直属广东省教育厅领导的省级重点中学，广东省首批国家级示范性高中。历代省实人秉承"以人为本，以德树人，以质立校"的办学理念，形成了"实验性、创新性、示范性"的办学特色。经过多年发展，学校形成了科技、体育和艺术三大蜚声中外的特色教育品牌。从 2002 年开设"广东省创新人才培养实验班"，到 2012 年开设"南山班"，再到 2015 年启动"格致课程特色班"，省实在培养创新拔尖人才的路上不断开拓、越走越宽。我校被确定为"普通高中新课程新教材实施国家级示范校"（以下简称"示范校"）以来，认真贯彻落实国家普通高中育人方式改革和示范校建设的有关文件精神。

多年来，我校坚持将示范校建设与对口帮扶工作同步推进，充分认识示范帮扶的重要性和紧迫性，科学制订对口帮扶整体规划，制订 2020—2023 学年对口帮扶计划并建立常态化对口帮扶机制。但对口帮扶涉及的学校分布广、人员多，既要确保各学校正常的教育教学秩序，也要确保对口帮扶工作有效开展。因此，我校探索了信息技术与教育深度融合的"三基四联 技术赋能"的有效手段，确保了各项示范帮扶工作的切实落实，富有成效。

一、解决的主要问题

由于不同地域经济、教育发展存在差异，教育薄弱地区教师的专业发展也受到较多制约。按照传统帮扶方式，校际间互动交流的成本高、效能低，优质教育资源难以辐射共享，教师专业发展成效有限。信息技术与教育的深度融合给教师发展帮扶工作带来了新思路和新方法。本成果着力解决以下问题：①如何实现省实优质教育资源高效共享，帮扶薄弱学校教师专业发展；②如何利用信息技术，实现校际间教师的常态化互动交流；③如何利用信息技术，实现教师的精细化专业发展。

二、问题解决过程

我校从 2005 年起，经过多年的行动研究，构建出以"基础硬件""基础软件""基础数据"为技术支撑，以"联动教研""联动教学""联动课程开发""联动评价"为主要内容的"三基四联"模式，助力帮扶学校实现教师专业能力提升。具体过程经历了 4 个阶段：

（一）探索期（2005—2011 年）

2005 年 4 月，我校与阳江市同心学校开展"结对子帮扶"。此阶段以共享录播课和多媒体教学资源为主，以此为开端，积累校际间联动经验。

（二）发展期（2011—2013 年）

我校建设了支持远程教研、教学的基础硬件和软件设施，用于帮扶基础教育薄弱地区的教师专业发展，实现了与帮扶学校常态化互动交流，并逐渐形成"二基二联"模式，即通过"基础硬件"和"基础软件"，实现远程"联动教研"和"联动教学"；还开展了校际间联动校本课程开发的探索实践，形成"联动课程开发"模式。

（三）成熟期（2013—2016 年）

"十三五"以来，我校在广东省教育厅的指导下，制订了《广东实验中学智慧校园建设总体方案》，成立了信息化发展中心，升级了基础硬件设施，建设了大数据管理平台，打通了各应用系统间的数据壁垒，实现了教师的教学教研过程以及学生的学习过程伴随式基础数据的采集和分析。"基础数据"作为"基础硬件"和"基础软件"的重要补充，使校际间"联动评价"得以实现，形成"三基四联"模式。该模式在我校集团内 7 所学校的实践中迭代成熟，有效地满足了集团校内教师专业发展的常态化、精细化需求。同时，我校将此模式初步向各帮扶合作学校辐射。

（四）检验期（2016—2021 年）

我校积极将"三基四联"模式辐射推广至各帮扶合作学校。自 2016 年以来，我校基于"三基四联"模式帮扶了 20 余所长期合作学校、7 所集团分校，且成效显著。

三、经验成果的主要内容

（一）建立了技术赋能帮扶薄弱学校教师专业发展的新路径

随着大数据技术的发展，我校建设大数据管理平台，打通不同系统间的数据壁垒，基于"基础数据"实现校际间教师的"联动评价"，通过反馈数据对教师专业发展方案进行迭代优化，最终孵化出可复制、可推广的"三基四联"教师专业发展模式，建立了一条技术赋能下校际间教师专业发展的新路径。

（二）构建了技术赋能"三基四联"教师专业发展的新方法

信息技术赋能下的"三基四联"模式的核心目标是帮扶学校的教师专业发展，其中教师专业发展主要指 TPACK 模型中教师的技术知识、教学知识、技术内容知识、技术教学知识和技术教学内容全面融入知识等多维度实践方法和能力的发展，即"一核多维"。由此形成"三基四联"助力校际间"一核多维"教师专业发展的新方法（图1）。

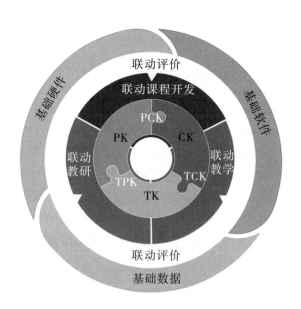

图 1

上述方法满足帮扶过程中不同学校、不同背景教师专业发展常态化和精细化的要求，其中"三基四联"模式的具体实施方法如图 2 所示。

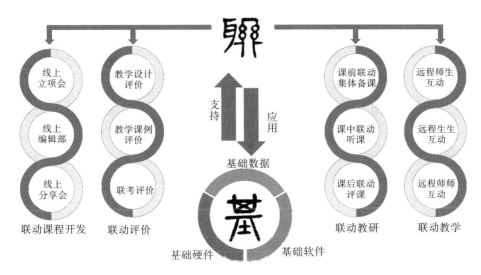

图2

（三）以"三基"优化学校信息化应用水平

我校在广东省教育厅的指导下，制定了智慧校园建设"12345"总体框架，即：1个支撑、2个平台、3项应用、4个新机制和5项成果（图3）。

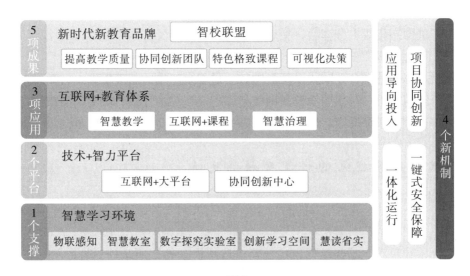

图3

我校成立信息化发展中心，按照"12345"总体框架的顶层规划，从基础硬件、基础软件和基础数据三大方面进行建设，强化学校资源整合能力，为校际间教师联动发展提供技术支撑。

（四）以"四联"促进校际间教师专业发展

我校以"三基"促"四联"，通过专家引领机制，为"四联"提供理论引领和方向指导。"四联"以"联动教研"为抓手，推动"联动教学"和"联动课程开发"高效开展，通过"联动评价"的反馈机制促进反思型教研，增进教学和课程开发的效果，提升校际间教师专业发展的成效。

1. 联动教研

我校和各帮扶学校教学处、信息中心充分建立协同创新机制，借助远程双协同课堂实现常态化教研活动，通过常态化教研活动，对比寻找各校教学中的薄弱点，复制推广各校教学中的特长点，带动全体教师共生发展。

2. 联动教学

利用在线教学平台远程联动教学，对课前、中、后重难点共享"省而实微课"资源，使得不同学校教师能在互动课堂中研讨教学。教师们借助联动评价的反馈机制，改良教学手段，优化教学过程，使不同学校优秀的师资和教学资源得到互补与共享。

3. 联动课程开发

各校课程中心和信息中心组成联动课程开发实施团队，成立线上互动编辑部，开展常态化线上分享会，集思广益、协同创新。

4. 联动评价

大数据管理平台伴随式采集教师教学过程中产生的基础数据，对教师的教学进行客观评价，对不同学校教师教学课例进行科学评级，对不同学校同层次学生进行成效跟踪反馈，推动展开反思型教研，提高教师教学质量。

四、经验成果的成效及社会反响

（一）对口帮扶

我校利用"三基四联"模式长期对口帮扶省外2所学校、省内各地市20余所学校和集团内7所学校，短期合作学校超过100所，且成效显著。这受到了广东省教育技术中心、茂名市教育局等相关部门和各帮扶学校的肯定。

（二）承办一系列教师专业发展的活动

（1）2020 年，由广东省教育研究院、广东省教育技术中心主办，我校承办的"粤教同一堂课·走进广东实验中学"网络教研活动在高中部举行，即时观看交流人次超过 56 万。

（2）2020 年"停课不停学"期间，我校积极响应广东省教育厅"省级兜底"号召，通过"云端研训 123 模式"面向全省师生开展教研活动和共享教学资源。我校初、高中面向全省开放常规课 49 节，微课 400 余节，社会反响热烈，截至 2020 年 3 月 16 日点播量突破 2300 万。

（3）2021 年，我校基于 5G、VR 等 ICT 技术的应用，以双师互动课堂的形式，送课到广东清远英德市连樟村等数十所学校。该案例被 2021 上海世界移动大会的大会宣传视频引用。

（4）在教育部组织开展的 2021 年"基础教育精品课"遴选活动中，我校共有 14 节课被评为省级精品课（全省高中 399 节），其中有 10 节拟推荐部级精品课评选（全省高中 182 节）。

附录：

广东实验中学高中物理教研组校本研修典型案例交流

吕黎洁

一、整体设计

广东实验中学物理科（高中部）现有教师 25 人，其中博士 4 人、硕士 12 人，硕士及以上学历占比 60%；中学正高级教师 2 人、高级教师 11 人，高级及以上教师占比 52%。物理教研组是一个师资综合能力突出的团体，在首届省级示范学科组的评估中省实物理科被评为省级一等奖。物理学科在正高级教师全汉炎、特级教师谢春的带领下，锐意进取、积极开展教学研究，提升教师专业水平，取得了突出成绩。以多年的校本教研经验为依托，逐步形成了以专家教师为引领，以学校"六类课型"为素材，以备课组、科组双集体研讨为主阵地，以各级教师培训活动为教师发展助力的校本教研模式。

二、主要做法

（一）专家教师引领，利用省名师工作室促进教师专业发展

科组内专家型教师有 3 位，分别是全汉炎校长、谢春老师和曾斌老师，其

227

中全汉炎校长为正高级教师。全校长从学校发展的角度给科组建设提建议、出主意，是科组建设和发展的领路人。在全汉炎校长的主持下，科组曾斌老师参与的《基于项目式学习的高中 STEM 校本课程实施策略》获"2018 年基础教育国家级教学成果奖"二等奖。

谢春老师同样是正高级教师，同时也是特级教师，担任物理学科教研组长多年。谢老师非常重视科组老师的课堂教学水平的提升，他认为教学质量是开展科组活动的永恒主题；同时，谢老师也是广东省第二批（2012—2014 年）中小学教师工作室主持人。工作室平台为教研活动的开展提供了更广阔的空间。工作室老师与学校老师相互交流切磋，还有校外导师的讲座和指导，使科组内老师收获良多。谢春老师依托其主持的"物理实验教学中培养学生科学素养创新策略的研究"课题，与赵林明、黄靖薇等老师一起撰写论文，并发表在《物理教学》杂志上。

曾斌老师是第三批（2015—2017 年）广东省中小学教师工作室主持人，2021 年又再次成为新一轮（2021—2023 年）广东省中小学教师工作室主持人。曾斌老师的第三批工作室有艾永中、陈佳、李成该、林炳发等老师共同参与，同样完成了两个省级课题的结题并发表了多篇论文。我们期待新一轮教师工作室能带领科组老师深耕细作，培养出更多优秀的中学物理教师。

（二）组织好"六类课型"，促进不同层次教师的专业发展

为促进全体教师的专业发展，学校每年都会对 6 种不同类型的公开课进行交流研讨，这"六类课型"分别是：资深教师示范课，新入职教师上岗汇报课、新上高三教师的汇报课，骨干教师的研讨课，35 岁以下青年教师的教研组内部赛课，青蓝工程，新入职教师转正汇报课。公开课涵盖了不同年龄阶段、不同教龄的教师，时间跨度几乎是一整学年。依托学校青蓝工程、骨干教师培养、资深教师示范等的梯队建设，开展不同类别的公开课研讨，为教师们提供了一个很好的交流切磋的舞台，同时通过公开课研讨还能促进教师课堂教学能力的提升和新课程改革的落地。

例如，在 2018 学年，科组内进行了如下公开课交流研讨：

2018 年 9 月 28 日资深教师示范课：吕黎洁《牛顿第二定律实验复习》（高三）、谢春《利用图像描述匀变速直线运动位移与时间的关系》（高一）。

2018 年 10 月 12 日新教师上岗汇报课：梁嘉俊《弹力》（高一）。

2018 年 12 月 7 日骨干教师研讨课：陈佳《带电粒子在磁场中的运动》、李成该《带电粒子在磁场中的运动》（高二）。

2019 年 1 月 3 日青年教师赛课：李力《电磁感应中的电路与图像问题》、李梁《电磁感应中的动力学问题》（高二）。

每节课结束，学校都会组织科组老师进行专题研讨，同时收集上课老师的课件、教学设计、教学反思等，促进上课教师和听课教师的共同成长。

除了校内的研讨课，我校在有条件的情况下也会"走出去"，与外校老师进行同课异构，促进兄弟学校间的交流、共同研讨新课程改革的思路和做法。例如，2020年10月受邀与广州市第二中学进行同课异构，我校李力老师经过多次磨课，到二中上了《电容器的电容》，受到听课老师的好评；2020年12月2日我校刚入职的博士教师梁鹏飞，到华南师范大学附属中学参加了"聚焦育人模式改革 发展学生核心素养"的广东省普通高中新课程新教材实施国家级示范校建设研讨交流活动，在备课组老师的共同努力下也取得了良好效果。

（三）发挥备课组、科组双集体研讨的主阵地作用

备课组、教研组围绕教学处的计划制定教研组计划，做到教研主题化、系列化、规范化，并上报教研组、备课组教研活动的时间、地点，写入学校总课表。

（1）备课组：每周组织一次主题教研活动，确定教研主题、核心发言人、教研时间、教研地点等并上报教研组；教研组长参加并监控教研内容及质量，做好记录；学校会有分管校长、教学处主任等不定期旁听、检查。备课组是教研活动最基层的组织，他们的教研质量决定了学校每节课的上课质量，是学校教研的核心，所以学校非常重视备课组每周的教研活动。备课活动应做到实实在在、不走过场，无论是常规教学还是疫情时期的网课，我校都要做到一致对待。比如，2021年5～6月，由于荔湾南片区的疫情，我校高中部学生只能居家上网课。针对这一情况，备课组对高一年级一周详细的教学做了如下安排。

高一年级一周教学安排

一、本周2课时教学内容（由于周一端午节放假，少了一节课）

第一课时：动量守恒定律在多过程及临界问题中的应用。

第二课时：反冲运动及人船模型。

按计划林炳发老师负责集备，仍然要在周一上午提供本周两课时内容的PPT供大家参考，以及本周周练（万有引力、机械能基础知识复习）的命题工作。

二、学生每日学习内容

6月15日（周二）：无堂上物理课，完成端午作业二并提交智学网。

6月16日（周三）：堂上学习第四节"动量守恒定律的应用"中的第一课时"动量守恒定律在多过程及临界问题中的应用"，课后完成对应步步高白本作业，上交智学网。

6月17日（周四）：无堂上物理课，课后需要完成周练（万有引力、机械能基础知识复习），上交智学网。

6月18日（周五）：堂上学习第四节中的第二课时"反冲运动及人船模型"，周末作业为：步步高白本第四节第二课时，上交智学网（本学期动量内容到此结束，剩余部分下学期继续学习）。

三、任务分配（腾讯课堂直播，每位教师需要重新开个腾讯课堂链接，用于年级大课）

1. 本周年级统一发布作业，只布置白本不布置蓝本（各班灵活处理），所以上大课的老师可以多从蓝本挑选例题，在课堂上解决。

2. 6月16日（周三）上大课（内容：动量守恒定律在多过程及临界问题中的应用）

实验班：吕黎洁

平行班：梁鹏飞

历史班：黄靖薇（内容由合格考备课组安排）

3. 6月18日（周五）上大课（内容：反冲运动及人船模型）

实验班：林炳发

平行班：王世杰

以上备课组计划详细安排了一周的教学内容、学生课堂学习内容、课后作业、备课时间、主讲老师发言内容、网课分工等。备课组准备充分细致，保证了网课高效落实。

（2）教研组：为提升科组教师的整体教研水平，开展丰富的科组内教研活动是非常有必要的。物理教研组每月组织一次主题教研，确定教研主题、核心发言人、教研时间、教研地点等并报教学处，并由学校的分管校长、教学处主任等不定期旁听、检查。科组内的教研活动主要有以下3类。

①文件、培训心得交流。广东进入新课程新高考的新一轮改革后，教师们也学习了不少文件精神。如何理解、如何落实是一线教师最关心的问题，物理教研组组织了就这些问题多次交流。2020年9月11日，教研组长吕黎洁老师给科组全体教师做了"新高考、新课标、新变化"的主题发言，从近年高考试题特点、高考评价体系、新教材变化等方面介绍了新课程改革的方方面面，同时也把自己在教学中和测验中的一些尝试与教师们分享交流，使教师们对新课程改革有了一定的认识，活动之后教师们也积极撰写心得体会分享交流。2021年4月9日，科组请了3位教师分别就3个不同问题展开研讨，李娟老师的新高考方案和课程教学实施培训心得、黄靖薇老师的学科教学指导意见文件精神学习体会、田长伟老师的学科教学暨高考备考线上课程学习体会。每位主

讲老师认真制作的 PPT 都是教研组内争相传阅的一笔财富。

②名师引领活动。谢春老师和曾斌老师都是省名师工作室的主持人，在学科引领方面有丰富经验，除了教学方面，在论文撰写上也一直躬耕不辍。如 2021 年 5 月 21 日下午，物理教研组开展了题为《如何写好教学论文》的高中物理学科论坛，本次论坛由谢春老师和曾斌老师主讲，他们给学科老师分享了教学研究论文写作的心得体会。

谢春老师发表了题为《意留寻常处，理在思考中》的演讲。他首先介绍了一线教师撰写论文具有的优势，即有学生、有活动和有学习，并分享了部分自己教研活动的经历。接下来，介绍了投稿应有的思想准备。文章写作非一日之功，需要长期的积累；投稿绝非一帆风顺，需要有打持久战的准备。谢老师结合自己多年的投稿实践，详细介绍了教学论文类型、写作方向以及格式问题。谢老师初期的教学研究以教学心得、习题解法、命题反思为主，中期转为高考命题评析，后期主要针对课堂教学理论与实践、实验教学创新等。"高山不弃抔土，故能就其大；江河不捐细流，故能成其长"，谢老师鼓励大家多积累、多历练，在教科研方面更上一层楼。

曾斌老师一直投身在教学研究中，写了 3 本专著和数十篇论文。曾老师撰写的专著包括：《物理科学与生活》《云技术支持下的高中物理高效课堂模式》《班主任经营班级的智慧与策略》。首先，曾老师通过自己丰富的撰稿经历，详细介绍了写论文的心得。论文内容包括教学心得，试卷内容与评析。随后，曾老师对自己的教学模式进行了总结，总结出了"快乐物理教学，进而构建高效课堂"的模式。曾老师也从课堂模式转向学科核心素养的研究。最后，曾老师介绍了论文投稿心得，主要谈到课题和创新能力的重要性。创新包括在教学中鼓励学生创新、教师教学方法创新、论文撰写中的创新。

最后，物理教研组长吕黎洁老师进行总结性发言。吕老师高度评价了谢春老师和曾斌老师的发言，鼓励科组老师多读、多写、多积累，不断提升教学能力和论文写作能力。

③假期读书计划。平时教师的教学任务繁重，可能难以抽出时间阅读和提升自己，所以教研组会在寒、暑假给教师们布置读书（或读论文）任务，开学回来后收集教师阅读推荐的文章，编辑成册发给科组全体教师阅读并组织科组活动时间交流分享。教师们可以通过读论文快速提升自己的教学科研水平。

以上是 2021 年寒假结束后科组编辑的论文集，由每位教师推荐一篇近期杂志上发表的优秀论文并撰写推荐语，让其他教师快速了解论文最核心的主题和值得大家学习的地方，方便教师们相互交流。教师们推荐的文章范围很广，有高考评价体系类的、教学课例类的，有对一个具体问题的探讨，还有实验课评价方案的实践，每个假期结束的交流也是一次教学思想火花的大碰撞。

通过科组内丰富多彩的教研活动，教师们有了主动学习的意识，科组的教研氛围更加浓厚，教学教研水平也稳步提高。当然，除了学校内的教研之外，我校也组织教师参加各级培训活动，无论是市教研还是省教研，科组尽量给教师多一些外出学习的机会，与同行交流学习。

为思维而教，为未来而教

——广东广雅中学教师发展指导简述

广东广雅中学　苏科庚

著名国学大师、广雅书院第 23 任校长梁漱溟先生在《我的人生哲学》中谈道："每个人都蕴蓄着一团力量在内里，要借着活动发挥出来。"学校要站在不同教师个体的角度，适时、适度予以针对性指导，激发、唤醒教师的自我发展主动性，让每一个教师实现专业化、专家型成长，进而以教师的专业发展促进学生的优质成长和学校的高质量发展。

广东广雅中学是广东省著名重点中学、首批国家级示范性普通高中，其前身是 1888 年张之洞创办的广雅书院，迄今已有 135 年历史，被称为"中国近现代教育史活的见证"。广雅中学以其深厚的历史底蕴、优秀的文化基因、先进的办学理念和卓越的办学业绩成为广东省、广州市基础教育的一面旗帜，被誉为"百年名校中的名校"。近年来，我校积极搭建多元发展平台，引导教师聚焦核心素养，为思维而教，为未来而教，教师专业呈现良好发展态势。目前，我校共有正高级教师 5 人，特级教师 17 人，省级名师工作室 5 个，市级名师工作室 12 个，名班主任工作室 3 个；国家级教学名师 1 人，广东省"特支计划"教学名师 1 人，广东省、广州市教师工作室主持人 13 人，广东省新一轮基础教育百千万人才培养工程名师培养对象 3 人，广州市基础教育百千万人才培养工程教育专家、名教师培养对象 16 人，南粤优秀教师 6 人，全国优秀班主任、全国优秀教师 2 人，广州市名班主任、名教师、优秀教师、优秀教育工作者、优秀班主任、骨干教师 66 人，广州教育学会学科专委会会长、副会长、常务理事、理事和年级中心组成员 24 人；此外还有多位教师担任广州教育学会特约教研员、职称评审专家以及各类竞赛评审委员会专家，入选教师数量居全市前茅。

为思维而教，为未来而教。这是广雅教师发展指导的总体思路，也是升校队伍建设的发展目标。

一、整体设计

（一）基本理念

教师发展应该和而不同才能美美与共。为此，我校有如下的思考：

（1）教师即课程。教师要有课程意识，用自己的眼光理解和体验课程，将自己的教学智慧、人格魅力、价值取向和人生态度渗透在课程实施过程中，使教师成为课程的内在要素之一。只有如此，教师才能真正进入课程，使静态的课程设计转化为动态的课程实施，使预设的课程转化为创生的课程。

（2）学习即发展。学习是教师开展教科研活动的基础。只有深入学习指导性文件，潜心钻研教育教学理论，更新优化教师自身知识结构，向书本学习，向同行专家学习，向学生学习，向实践学习，教师才能成为一个反思者、研究者和引领者，其专业的发展才能焕发迷人的芬芳。

（3）教学即思维。学生就像一棵树，成绩只是暴露在地表外的枝丫，思维模式才是深埋地下的树之根本。教学的重要目标之一就是发展学生的思维能力，为学生的终身发展奠定基础。我校坚信，教师之所以深刻，就在于他们善于搅动学生思维的涟漪，把课堂的温度建立在思维的深度上。为此，我校积极引导教师在课堂教学中体现"尊重之道、引导之法、激发之术"，在课堂的"发现"之旅中成为学生的引领者。

（4）名师即资源。名师是学校的珍贵资源和核心竞争力，学校要始终把教师发展指导作为教育教学工作的重中之重，努力让名师成为名校的标志。

（二）基本要求

基于国际相关组织对教师发展的研究，结合当前新一轮课程改革对教师素养能力的要求，我校教师发展指导的基本要求是：师德为先、学生为本、能力为重、终身学习。

（1）师德为先。教师要热爱教育事业，具有职业理想，实现社会主义核心价值体系，履行教师职业道德规范。

（2）学生为本。教师要以学生为主体，充分调动和发挥学生主动性，遵循学生身心发展特点和教育教学规律，提供适合的教育，促进学生生动活泼学习、健康快乐成长。

（3）能力为重。教师要把学科知识、教育理论与教育实践相结合，突出教书育人实践能力；研究学生，遵循学生成长规律，坚持实践、反思、再实践、再反思，提升教育教学专业化水平。

（4）终身学习。教师要学习了解国内外教育改革与发展的经验和做法，优化知识结构，提高文化素养，具有终身学习与持续发展的意识和能力，做终身学习的典范。

（三）基本体系

学校教师发展指导行动体系包括文化体系、支持体系、实施体系、评价体系4个内容。

1. 方向与动力：教师发展指导的文化体系

优良的学校文化能够促使教师把组织理想作为实现个人价值的方向和动力，从而为实现组织的预期目标而精神饱满地工作。学校文化也能帮助教师理解教育教学的含义，明确自身在专业发展中的责任，并能界定教师对学校任务的奉献所发挥的作用。

"和谐"是广东广雅中学办学的教育理念和学校文化。为此，我校提出了"在和谐中求优质，在优质中求创新，在创新中求发展"的思路，引导教师在教育改革中紧紧抓住对举而不对立的核心要素，推进和谐研究（如：人才培养——求德与才之和谐，课程教学——求传承与创新之和谐，校园建设——求人与环境之和谐，改革实验——求过程与结果之和谐，管理机制——求民主与集中之和谐）。我校通过"和谐"文化，引领教师践行"和谐"教育，进而实现师生的和谐发展。

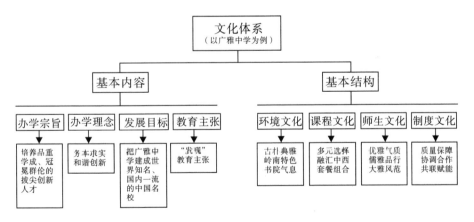

图1　教师发展指导的文化体系

2. 条件与资源：教师发展指导的支持体系

学校要为教师的发展指导构建行之有效、层次丰富的教师发展指导支持体系（图2）。其中，"组织保障"由学校领导、中层行政、科级组长成立教师发展指导领导小组，负责统筹协调规划各类教师发展指导工作，下设工作小组/项目小组/项目中心落实相关事宜，为开展教师发展指导活动提供服务；"制度保障"由培训制度、激励制度、考核制度组成，是我校为实施推进教师发展指导系列活动而制定的相关文件和制度；"资源保障"由场室建设、经费支持、时间保证等内容项目组成，是确保教师发展指导活动顺利开展，实现优质高效的必要条件。

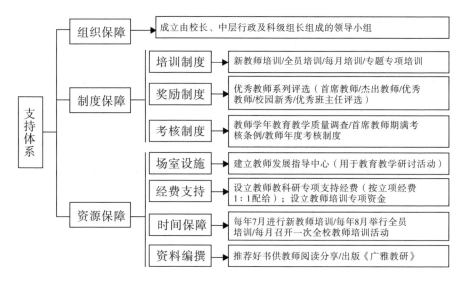

图2 教师发展指导的支持体系

3. 分类与分层：教师发展指导的实施体系

由于指导对象的差异性和独特性，同时也由于学校不同阶段对教师发展的不同规划，使得教师发展指导的实施途径有所不同。为此，我校以4个工程系列深化加强教师发展指导。

一是"基础工程"。面向全体教师的发展指导，旨在研究课程改革、优化课堂教学、提升科研能力、促进学生发展和教师身心健康方面的培训指导。

二是"青蓝工程"。面向新教师的发展指导，旨在帮助新教师尽快熟悉教学、站稳讲台、提升课堂教学和班级管理技能方面的培训指导。

三是"种子工程"。面向青年教师的发展指导，旨在培养教育教学骨干队伍，为青年教师提升专业技能、参与教学竞赛方面的培训指导，实现青年教师的个性成长和特色发展。

四是"名师工程"。引导教师明确定位，设定奋斗目标，采取多种办法鼓励教师冒尖，建立符合教师特点的激励环境，培养造就一支专业化、高素质、创新型的名师队伍。

4. 成长指数：教师发展指导的评价体系

近年来，人们已逐步认识到要发挥教师评价的激励改进和导向功能，"以评促改""评价的意图不是为了证明，而是为了改进"等观念日益深入人心。为此，我校经过实践探索，结合教师发展中存在的问题和自我诉求，研究分析并尝试构建符合中学教师发展性评价的指标体系并转化为"教师成长指数"。

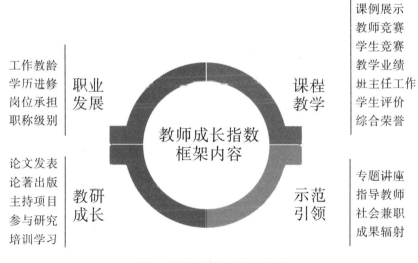

图3 教师成长指数框架内容

"教师成长指数"由4个一级指标（职业发展、课程教学、教研成长、示范引领），20个二级指标构成（图3），每个二级评价指标又分为5个等级构成三级指标，以此对教师的发展情况进行综合评估。其应用主要体现在3个方面：

一是以具体直观的指数形式帮助教师了解自己当前的发展情况。教师不仅可以测算自己个人的发展指数，也可以查询了解自己的成长指数在全校教师中的大体位置，通过知己知彼，设立目标，为后续制定自我发展规划提供参考依据。

二是学校可根据相关指标绘制教师个人发展雷达图，以分析教师的优势与不足，进而制定相应的发展指导。

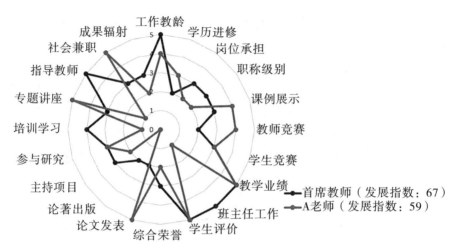

注：“首席教师”指的是学校评选的学科带头人

图4　A老师的个人发展雷达图（2019年）

从图4可知，A老师在教学业绩、学生评价、论文发表、讲座发言、社会兼职等方面表现突出，但在培训学习、班主任工作、著作出版等方面表现较弱，另外其职称评审可能缺乏一些必要条件，需要及时补足。

可见“教师成长指数”为教师分析了解自己提供了客观科学的依据，能有效激发教师自我成长的强烈诉求和巨大动力，为教师发展提供了有力支撑。

三是“教师成长指数”可以帮助学校了解不同教师群体的发展情况，及时采取相应的教师发展指导举措，不断优化提升教师队伍建设。

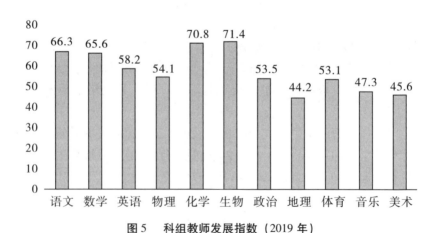

图5　科组教师发展指数（2019年）

从图5中可以看出，我校生物和化学两个学科的教师发展表现突出，地理、音乐和美术 3 个学科的教师发展不够理想，学校需要加强对这 3 个学科的问题分析和策略指导，帮助学科教师实现优质均衡发展。

"教师成长指数"尝试用一个边界清晰、内涵明确的"指数"来反映教师自我发展的现状和生态，进而转化为教师自我反思、自我规划、自我成长的内驱力，同时也为我校开展教师发展指导提供可参考借鉴的途径，不失为一种有益的探索。

二、主要做法与成效

（一）构建了教师发展"金字塔型"成长阶梯

我校经过多年探索实践，逐步形成了综合性人才成长阶梯：校园新秀—优秀教师—杰出教师—首席教师；特色人才成长路径：铜莲花勋章—银莲花勋章—金莲花勋章。为各年龄层的教师树立了目标。

（二）成立了学术委员会和广雅名家工作室

我校组织校内特级教师和首席教师成立学术委员会，邀请 19 位高校专家、省市教研员、正高级教师和特级教师成立"广雅名家工作室"，指导青年教师成长和学校各项教育教学工作。

（三）构建教师发展指导校本培训体系

学校积极创新举措，借鉴省市高端培训模式，形成了系统且有效的校本教研体系，如新教师培训、暑假教育集团全员培训、科组教研培训、科研课题培训、班主任培训等（表1）。

表1　广东广雅中学教师培训活动设置

形式	内容	活动主题	主要形式	参会教师
专题报告	由学校主管行政结合阶段工作统筹安排	□校长专题报告 □校外专家讲座 □部门工作通报	专题讲座	全体教师

（续上表）

形式	内容	活动主题	主要形式	参会教师
学习分享	由相关教师汇报分享培训体会	☐科组/部门考察汇报 ☐教师学习培训汇报	汇报分享	全体教师
示范引领	邀请学科带头人进行经验分享或开展相关教学指导	☐特级/首席教师论坛 ☐学科带头人教学督导 ☐广雅名师示范课展示	经验分享 听课评课	科组教师
专题研讨	结合学科教育教学主题开展相应研讨活动	☐核心素养研究 ☐学科教学研究 ☐特色课程研究 ☐高考备考研究 ☐科组建设研讨	专题研讨	科组教师
青年论坛	活动由青年教师轮流主持，主题由教师共同商议确定	☐读书心得分享 ☐班级管理交流 ☐优秀课例展示 ☐教师发展探讨	主题发言 自由讨论	青年教师

（四）开展一系列多维度、跨校际的教学研讨活动

我校每年均举办课堂教学技能大赛（如广雅教育集团青年教师"片段教学"比赛、青年教师同步"广一测"解题比赛）、教师年度论文评审以及多层次、多类别的多元互动公开课研讨活动（如全市教研公开课、中美教师同课异构、翻转课堂现场展示、广雅—省际著名高中同课异构等），活动形式多样，对教师专业成长产生了积极的影响。

（五）加强教师的科研指导和成果凝练

我校以课题为引领，重视教师成果的凝练，支持鼓励教师参加全国、省、市各级教育研究规划立项课题的申报。近十年来，共有173项课题获得省市教育部门立项，153项课题顺利完成结题，35位教师出版个人论著和校本教材，17项成果和项目入选广东省、广州市教学成果奖并获得表彰。

当前教师发展指导正从发展数量向提高质量转变，正如华为任正非所说"用最优秀的人去培养更优秀的人"。广雅教师发展指导的最终目的，就是引

导教师为思维而教、为未来而教，立己达人，从"明"师走向"名"师。

教师的为师之道、之术、之路、之悟，就是要成为生存共同体、学习共同体及教育共同体，通过给力、助力、借力，进而提升教师的幸福指数、生命质量和人生价值。

附录：

广东广雅中学教师校本研修工作方案

在新课程、新教材、新高考背景下，教师如何贯彻落实核心价值观，深刻理解核心素养、聚焦构建思维课堂，凸显学生主体，为思维而教、为未来而教？这是值得全体教师深入研究的议题。

以青年教师为主体的百年广雅，如何挖掘名校资源，发挥名师作用，搭建发展平台，通过积极有效的教师发展指导，促进教师（尤其是青年骨干教师）的快速成长？这是学校人才培养需要研究规划和探索实践的迫切任务和关键工作。

名师力量是广雅的核心竞争力，教师的成长决定广雅的未来发展。为实施我校人才培养工程，挖掘名师资源，加强经验传承，加快青年教师培养，促进教师发展，提高广雅教师的核心竞争力，特制订学校教师校本研修工作方案。

一、活动形式（附表1）

附表1

形式	内容	活动主题	主要形式	参会教师	地点
专题报告	由校长室或学校教育教学主管行政结合阶段工作进行工作汇报	□校长专题报告 □专题专项讲座 □部门工作通报	专题讲座	全体教职员工（教工大会）	学术报告厅
学习分享	由外出学习培训的部门、科组或教师汇报分享培训体会	□科组/部门考察汇报 □教师学习培训汇报	汇报分享	全体教职员工（教工大会）	学术报告厅

（续上表）

形式	内容	活动主题	主要形式	参会教师	地点
示范引领	邀请学科带头人进行经验分享或开展相关的教学指导	□特级/首席教师论坛 □学科带头人教学督导 □广雅名师示范课展示	经验分享听课评课	视活动主题而定（分学科或集中开展）	视活动主题而定
专题研讨	结合学科教育教学主题开展相应的研讨活动	□核心素养研究 □学科教学研究 □特色课程研究 □高考备考研究 □科组建设研讨	专题研讨	科组全体教师（科组活动）	科组办公室
青年论坛	每次活动由青年教师轮流主持，主题可由教师自己确定	□读书心得分享 □班级管理交流 □教师发展探讨	主题发言自由讨论	分团体举行（青年教工）	无逸堂三楼山长楼东

二、具体安排（2021—2022 学年下学期，见附表 2）

附表 2

时间	主题	活动内容	主要形式	培训对象	地点	主持人
暑假（8 月底）	校本培训	暑期全员培训	TED 演讲主题讲座	全体教师	学术报告厅	王穗芳
活动备注	围绕教师发展和新学期工作部署，开展全员培训					
第四周周二	专题培训	基于高中新课程新教材实施背景下学科特色凝练（学科名片推介）	分享交流	全体教师	学术报告厅	苏科庚
活动备注	邀请各学科科组长进行本学科教学特色凝练汇报和推介（10 分钟/科）					

（续上表）

时间	主题	活动内容	主要形式	培训对象	地点	主持人
第八周周二	专题培训	特级教师论坛	主题演讲	全体教师	学术报告厅	苏科庚
活动备注	邀请我校特级教师（6位）结合自己的教育理念、成长经历、课程建设、教学研究、学生辅导、教育科研等方面进行分享交流					
第12周周二	专题培训	广雅"TISA 课堂教学模式"研究与实践探索	专题培训	全体教师	学术报告厅	王穗芳
活动备注	组织教师开展基于新课程新教材实施背景下大概念（处于学科中心位置、对学生学习具有引领作用的基础知识）教学的广雅"TISA 课堂教学"模式实践					
第16周周二	读书分享	教师读书分享汇报会	汇报分享	全体教师	学术报告厅	苏科庚
活动备注	鼓励教师多读书、读好书、深读书，邀请部分青年教师推荐好书好文、分享读书心得					
第20周周二	教育科研	论文写作与发表指导	专家讲座	全体教师（青年教师）	学术报告厅	张璇
活动备注	不管是基于教育科研还是职称评审，论文写作与发表均是教师专业发展的重要基本要求。如何写出高质量的学科论文，如何提高论文在核心刊物的发表率？针对这些教师关心并有困扰的问题，结合教师年度论文的撰写，邀请专家进行专题指导					

校本教研助推师生协同发展的思考与探索

——以广州市执信中学为例

广州市执信中学　聂文彦

　　教育部基础教育司原副司长朱慕菊指出，以校为本的教研，是将教学研究的重心下移到学校，以课程实施过程中教师所面对的各种具体问题为对象，以教师为研究的主体，理论和专业人员共同参与。校本教研强调理论指导下的实践性研究，既注重解决实际问题，又注重经验的总结、理论的提升、规律的探索和教师的专业发展，是保证新课程改革实验向纵深发展的新的推进策略。

　　由此，校本教研可定义为从学校的实际出发，为了改进学校的教育教学，提高学校的教育教学质量，依托学校自身的资源优势和特色进行的教育教学研究。校本教研是基于校级教研活动的制度化规范，其基本特征是"以校为本"，强调围绕学校自身遇到的问题开展研究。广州市执信中学在"还师生完整的教育生活"办学思想的指导下，结合学校特色开展了一系列的校本研修活动，助推教师专业化成长与学生的身心健全发展。

一、理论基点与思想基础

　　校本教研的理论基点是：学校是真正发生教育的地方，教学研究只有基于学校真实的教学问题才有直接的意义。所以，校本教研不同于学术性的专业研究，而是基于学校，为了学校而进行的实践性教学研究。这意味着要把教学研究的重心置于具体的学校教学情境中，因为教学研究的问题是从学校教学实践中归纳和汇集的，而不是预设和推演的，所以要在学校的教育教学情境中发现问题、分析问题和解决问题。执信中学可以为学生提供什么样的教育，换言之，执信中学的教育教学是围绕什么办学思想和教育理念而展开的，是首先需要解决的一个方向性问题。

　　我校何勇校长凝练了广州市执信中学"还师生完整的教育生活"的办学思想：每个孩子都是独一无二的，都有其自身的价值，教育应发现和发展其潜能，激发其志趣，实现其个性发展，让学生成为最好的自己。所谓完整的教育生活，就是在教育目标上，既关注师生角色上的要求，又关注他们作为普通人身心发展的需要，体现差异发展。在教学内容上，根据学校特色、培养目标以及师生适应未来社会发展需要，提供多样化课程；在教育途径与方法上，因循师生身心协调发展，培养出他们高雅的情趣和健全的人格；在教育过程中，要基于生活、立足实践、面向社会，让师生主动参与到教育教学全过程；在教育评价上，要注重多元化、人性化和科学化，进行发展性评价，让每个人都能找到自己的方向。这与校本教研的直接目的相契合，因为校本教研无论作为一种教学研究活动，还是作为一种教学研究机制，其直接目的都是为了改善学校实践，提高教学质量，促进教师和学生共同发展。其中的核心是教师的专业发展和学生的身心健全发展，这是体现学校办学水平的主要内容。若丢掉了这个目的，"以校为本"就会变成一句空话。在这样的目标和理念的引领下，执信人以民主包容、革新进取、追求卓越的精神推动教育改革与发展，并形成了自由、开放、包容、创新的校园文化和教育教学情境，为校本教研的开展奠定了统一的思想基础。

二、制度建设与实践主体

校本教研是以改进学校实践、解决学校自身所面临的问题为目标；学校自身问题，要由学校中的人来解决；要从学校的实际出发，安排学校管理、教学、师资培训等一系列工作。要完成这一系列工作，需要学校进行顶层设计，完善组织架构和管理制度，提供教研资源，明确实践主体。

我校高度重视校本教研工作，成立了由校长担任组长的校本教研工作领导小组，成立了主管校本教研的教学管理职能部门教务处和科研处，两个处室分别负责学科组管理和教师发展，分工明确，职责清晰，管理制度完善。如教务处制定了《广州市执信中学课堂教学管理责任条例（办法）》，强化年级考勤和科组考勤，规范代课请假制度，以更好地维护教学秩序；在加强教学调研的基础上还制定了《广州市执信中学课后作业管理规定》《广州市执信中学实习生管理办法》《广州市执信中学文印室管理制度》《广州市教育系统实验室安全管理指引》《广州市执信中学教室一体机管理使用制度》等规章制度进行教学规范管理；科研处则制定了与教师发展有关的《执信中学关于新教师见习期考核的有关规定》《执信中学青年教师教学考核、优秀教师评选方案》《执信中学青年教师教学基本功大赛活动方案》《执信中学课题研究经费资助和管理办法》《执信中学青年教师论文评审办法》《广州市执信中学科组管理奖评选办法》《执信中学专业技术人员、工作人员年度考核条例》等制度，为教师专业发展指明了方向。目前，教务处已经整理好有关教学管理的制度汇编，该汇编与德育管理的制度汇编一起构成了我校校本教研的制度基础。

除了完善的制度基础外，我校还有丰富的教研资源，为校本教研的开展提供有力保障。我校 40 岁以下教师占比 47.9%，正高级、高级教师占比 41.9%，一级教师占比 44.2%，有硕士、博士以上学位教师占比 31.5%，教师的总体起点较高，师德好、业务强、有团队精神，多个学科已经成为广州市的优秀学科组，有一批在省市内有影响的名师或学科带头人，校本教研人力资源丰富。此外，我校科研管理规范，软硬件设施设备齐全，场地使用机制完善，各类图书、期刊资料丰富。学校现有中国知网基础教育数据库、广州图书馆数据库、广东省科技图书馆数据库等数据库资源，能很好地满足校本教研查阅文献资料的需求。

校本教研强调教师是教学研究的主体，只有当越来越多的教师以研究的态度对待自己的教学实践和教学工作，并且在这个过程中不断提高解决实际教学问题能力的时候，学校教学质量才有可能实现真正的普遍提高，成为整个教育创新的活力所在。我校通过学校提供制度基础、资源保障，通过科组统筹、备课组组织实践，明确指出参与教学研究是每位教师的权利与责任。近三年，学校实现 100% 教师参与校本教研，所有教师按要求参加"备课组—学科组—学校—区、市"四级教研活动，且效果显著。

三、平台建设与运行机制

校本教研强调教学研究的基地是学校，这意味着学校内部的教学研究要立足于学校自身的真实教学问题，不仅要采用自上而下的工作方式，还要更多地采用自下而上的工作方式，倾听和反映学生、教师的教学要求和教学问题。以问题为导向的研究需要成长和发展的学习平台与沟通和碰撞的交流平台。

我校在学校、科组、备课组层面都提供了丰富的校本教研平台，如学校层面有教师"六阶梯"成长规划、青蓝工程、学校科组长会议（论坛）、校级课题等；科组层面有科组教研会议（论坛）、学科讲座、名师工作室等；备课组层面有集体备课、校本课程等。学习平台有教师"六阶梯"成长规划，其包含校内规划和校外规划两部分。其中"执信合格新教师—执信优秀青年教师—执信名教师"的校内成长三阶梯培训框架，是通过对青年教师的系列培训帮助教师一步一个脚印从合格走向优秀，直至成为学校教育教学的中坚力量。接着在校内成长三阶梯培训的基础上开展下一个三阶梯培训框架："（省市级）骨干教师—（省市级）卓越教师—（国家级）教育家型教师"，目的是促使校优秀青年教师、校名教师走出学校，从专业能力、教研能力和创新能力 3 个方面凝练具有个人特质的教育教学风格，发挥区域学科带头人和骨干教师的力量。"青蓝工程"是通过教学、德育系列师徒结对的方式，实现执信"殚精求知，笃志力行，尚严善导，以身立教"的优良教风传承，助力青年教师更好地成长。校级课题与校本课程则以学校的办学思想和定位为立足点，以教师和学生的发展为切入点，聚焦实际问题。如我校经教师自愿申报和广州市执信中学学术委员会评审，纳入学校"十四五"规划的2020年度课题共有12项正式立项并获得学校经费资助；2021学年第一学期公开设初高中校本课程96门，极大地丰富了师生的精神生活与满足了师生的发展需求。此外，在校本教研中，虽然学校是主体，但是来自专家和科研部门的专业引领也是不可或缺的。我校通过各学科的名师工作室和学科讲座，加强专业研究人员的参与，在促进教育教学观念更新和骨干教师成长方面发挥了重要作用。

交流平台主要是通过学校、科组、备课组二级教研会议或者论坛进行建设。这类会议或论坛统合在学校"一个中心，两个路径，三个行动"的整体教学研究顶层设计之下，定期组织，定规划，定时间，定主题，让教师针对教育观念、教学行为、教学手段等各抒己见，畅所欲言。所谓"一个中心"是指提升教学效能；"两个路径"是指发展学生学科核心素养的高效课堂与形成基于中高考评价体系的稳定高效的备考策略；"三个行动"则是指学校提供制度基础与研究资源支撑，科组统筹设计、组织科组教研，备课组则是真正行动研究的组织者与实践者。这种学术思想的交流、思维火花的碰撞促进了教师间的了解与沟通，使教师能互相取长补短，也有利于增强教师队伍的凝聚力，创设和谐浓厚的科研氛围，助力教师发展需要与学生发展需求，有效提升教育教学质量。

此外，我校还进一步培育教师的成果意识，对本校在研课题进行过程管理和持续跟进，促进一批高质量的研究课题转化成研究成果。目前，学校还在逐步建立和完善教师专业成长跟踪档案，做好教师继续教育、各类工作室的评价和管理工作，助推教师专业化成长。

四、学科建设与具体实践

根据校本教研的主要任务，校本教研分为3种实践形式：教学型（载体是课例）、研究型（载体是课题）和学习型（载体是反思）。学校应将三者有机结合，并立足于实际，对学校的定位和现状进行分析诊断，共同制订出从实际出发、发挥学校资源优势、富有校本特色的中长期教科研计划。这就需要建设具有浓厚研究氛围的高水平学术型科组，以优秀的学术型科组为支撑组织开展教育教学活动，从而使两者相辅相成、互相促进。

以广州市执信中学英语科组为例。执信中学英语科组多年来教育教学成绩显著，在省市乃至全国的英语教学教研中发挥着示范辐射作用，成为执信中学一个过得硬的先进集体、教育战线的一个示范性窗口。

英语科组注重校本研修，鼓励科组老师阅读各类理论书籍，并组织优秀论文读书分享会，汇编反映教育教学前沿的优秀论文集，要求教师们能结合教学实践经验进行反思，力求做到掌握理论科学化、解释理论通俗化、阐述理论简明化、运用理论操作化；同时搭建和利用各类平台，落实成熟教师的专业发展规划，加强校内外的群体合作交流，发挥示范辐射作用。近5年，英语科组派教师参与来自全国、省市的同课异构活动10节，给来自国培、省培项目共计近100人次的教师开设教学讲座和公开课，得到同行们的高度赞扬。科组通过师徒结对、相互听课、考核课、实验课研讨和邀请年轻教师旁听高三培优讲座等活动，帮助年轻教师制定专业发展规划，即除了做到学校要求的"上好一节课，出好一份题，写好一个教学设计"，还要达到更高目标："上好一节市公开课，做一次市教研发言，写一篇获奖论文"，促进其尽快成长。利用学校科研年会、广东省学术论文评比、广州市中学英语教研会年会等契机鼓励科组老师总结教学，积极撰写论文、课例等并参与评比。此外，2018—2020学年英语科组辅导学生学科竞赛获奖304人次、教师荣誉获奖31人次、文章发表3人次、教师参加比赛获奖27人次、教师承担市级以上公开课和教研会中心发言11人次。科组科研氛围浓厚，已完成结题的课题有广东省"十二五"规划课题1项、广东省教研院课题1项、广州市教育科学规划课题1项、校级课题1项，目前在研广州市教育科学规划课题1项、校级课题2项。

此外，在充分调研教情学情的基础上，经过多年的摸索，执信英语科组总结归纳了极具自身特色的教学理念、教师培养计划与三年总体教学规划。科组初、高中各个年级坚持传承与创新，每个备课组都是在传承历届做法的基础上持续改进、不断完善；经过多年积累，已形成较为完善的三年一体乃至六年一体循序渐进的整体规划，并提炼出相对应的分模块、分专题的系列优秀精品课例。在每学段的起始课中，教师会向学生介绍整个学期、学年备课组的教学设想、将会使用的教学资源等，对学生进行学法指导，让学生在开学初就对英语学习有较为宏观的把握。这种持续地、螺旋式地培养学生英语综合运用能力的教学特色，确保了执信高考英语的高位稳定。在全体英语老师精诚协作、坚持不懈的努力下，英语科组获得了多项全国、省、市级荣誉，包括全国职业道德建设"百佳班组"、全国"巾帼文明岗"、首届广东省职业道德建设模范班组、"广东省工人先锋号"、广州市三八红旗集体等，并在2017年被中华全国总工会授予"全国工人先锋号"荣誉称号。

在学科建设的基础上，我校利用普通高中新课程新教材实施国家级示范校契机，引导科组在工作计划中引入新课程主题学习，组织学校的教学示范月活动。2021年示范月，我校以同课异构课堂教学、专家点评研讨、专家讲座引领、教师经验分享等活动为依托，具体策划，精心组织，以扫码直播的方式对全国开放，共开展课堂教学示范课27节，通过网络观看直播和回放的人数达121536人次。2017年，执信中学成立广州执信教育集团，将执信中学校本教研的内容、形式、管理机制移植扩散到集团校，开展集团内"优质课"展示活动，并邀请兄弟学校教师参加，或者进行全网直播，这发挥了示范作用，也使各集团校取得了良好的办学效果。2021年，我校初中"集团优课展示活动"覆盖13个学科，初中三个年级所有校区的全体初中教师展示了56节学科优课，初步形成了常态化的优课展示活动机制，进一步促进了教师成长，提升了教育教学质量。据统计，两场大型的示范校活动有超过30万的线上点击率，为区域教师研修活动的开展提供了有效支持。

参考文献

［1］朱慕菊. 改进和加强教学研究工作 深入推进新课程实验［J］. 人民教育，2003（5）：24－25.

［2］郑金洲，陶保平，孔企平. 学校教育研究方法［M］. 北京：北京教育出版社，2003：21－23.

［3］吴刚平. 校本教学研究的意义和理念［J］. 人民教育，2003（5）：28－30.

［4］郑金洲. 新课程背景下的校本研究［J］. 江苏教育，2005（3）：21－23.

［5］吴刚平. 建立以校为本教学研究制度的基本思路［J］. 教育发展研究，2003（10）：16－19.

［6］余文森. 校本教学研究的实践形式［J］. 教育研究，2005（12）：25－31.

附录：

2021学年执信中学暑期新教师岗前培训方案

教师的专业发展由专业知识、专业技能和专业理念三大部分构成，其中专业技能是教师专业发展的核心内容，教师专业技能的发展直接影响教师的教学水平，青年教师只有掌握好教学所需的各种技能，才能更好地开展教育教学工作。对1～3年教龄的新教师进行入职培训，帮助新教师熟悉教学常规，站稳讲台，提升教师的教学技能，从新手走向熟练，早日成为"执信合格新教师"。

一、培训目标

以《关于新时代推进普通高中育人方式改革的指导意见》为指导，基于中学教师"六阶梯"发展的教师培养模式，让新入职教师执行"执信合格新教师—执信优秀青年教师—执信名教师"的校内成长三阶梯培训框架，通过对青年教师的系列培训帮助教师一步一个脚印从合格走向优秀，直至成为学校教育教学的中坚力量。

附表 1　教师胜任力维度结构

一级指标	二级指标	三级指标
知识素养	教育知识	教育理论知识、教育实践性知识
	学科知识	学科基本知识、学科前沿知识
	通识知识	自然科学知识、人文社科知识
教学能力	教学设计	教学目标设定、教学对象分析、信息获取与处理、教学内容安排、教学方法选择
	教学实施	课堂组织、语言表达、教学演示、教育技术运用、启发技巧、激励艺术、师生互动
	教学探索	教学自主、教学评价、教学反思、教学研究、教学改革
职业品质	职业态度	责任心、进取心、严谨性
	职业情感	师生关系、教学情感、专业认同、待遇认同、单位认同
	职业追求	职业规划、职业理想、职业信念、职业境界
个人特质	自我特性	适应性、坚持性、计划性、自信心、幽默感、批判思维、自我调控、心理状态、身体状况
	人际特征	民主性、平等性、公正性、宽容性、沟通能力、合作精神

二、培训对象

2021 年新入职执信教育集团教师共 165 人，其中本部校区 45 人、国际班 3 人、琶洲实验 22 人、南沙学校 38 人、增城实验 36 人、白云嘉福 20 人、东风实验 1 人。

三、培训时间：2021 年 8 月 23—25 日

四、培训内容（附表 2）

（1）执信文化：了解执信百年发展历史，学习执信校训、教风、学风。

（2）师德师风：引导教师用"四个意识"导航，用"四个自信"强基，用"两个维护"铸魂，提高新教师师德水平。

（3）教学技能：通过微格教学开展教学技能培训，帮助新入职教师更好更快地实现从学生到教师的角色转换，成长为一名好教师。

附表2

时间		培训内容	主讲人	负责人
2021.8.23	上午	9：00－10：30 认识你我（以校区为单位介绍，本部最后） 颁发校徽（校长，书记） 拍集体照，休息 10：45—12：10 讲座：做一名合格新教师，你准备好了吗？ 11：00—11：50 参观校园（实验室、图书馆、执信楼、学生宿舍等）	何勇	杨劲松
	下午	2：30—3：50 讲座：师德师风的教育 师德宣誓，签约《师德承诺书》 4：00—5：00 讲座：教育的爱和智慧	陈民 林间开	
2021.8.24	上午	9：00—10：30 如何练就扎实的教学技能（全国教学技能比赛一等奖获得者） 10：50—11：50 课的导入类型（视频） 示范：李峥（物理）：牛顿第一定律（省示范校展示课） 王欣芸（语文）：《钢铁是怎样炼成的》：摘抄和做笔记（一师一优课省级优课），《寡人之于国也》	吕佳	
	下午	2：30—4：00 课堂提问和语言表达 示范：梁平（物理）：第八届全国中小学实验教学说课活动"2020年度全国中小学理科实验教学能手" 王珊珊（历史）：拿破仑法典（微课），2020年广州市教育教学创新应用二等奖 4：00—4：50 课件和板书设计 示范：王一喜（政治）：班主任，名教师 陈华梅（数学）：正弦定理（一师一优课省级优课）		

（续上表）

时间		培训内容	主讲人	负责人
2021.8.25	上午	9：00－10：00 课堂体态语、课堂纪律管理 林挺（生物）：首届广州市中小学青年教师教学能力大赛一等奖 艾歆（英语）：班主任，第三届执信教师技能大赛一等奖 10：30—11：50 课堂实操 按照学科分小组，教室6间。说课后小组讨论（导入、问题设计、体态语及板书）（小组设想：语、数、英、政史地心、理化生技、体音美） 科组长出题，第二天下午展示课题，回去写教案，可以做课件 先小组讨论，选出本小组说课人，最后一个大组评选一个优秀说课下午展示（讨论时间30分钟，说课10分钟）		
	下午	2：30—3：40 展示说课（每个人10分钟，说课＋感受分享） （没有展示的校区，派代表分享感悟，五分钟） 3：50—4：30 校长总结	彭斌	

"互动协同式"校本研修的实践探索

广州市第五中学 裘志坚

广州市第五中学是 1951 年由广州市人民政府创办的第一所公立学校，是首批国家级示范性高中、首批广东省一级学校、广东省教学水平评估优秀学校、粤港澳大湾区"智慧校园"示范校、广东省首个 5G 智慧校园试点学校、广东省青少年科学教育特色学校，是广州市认定的 12 所"广州好学校"之一、中国教科院普通高中拔尖创新人才培养实验学校。作为广州市具有先导性的优质教育品牌，广州五中师资力量雄厚、教育教学质量高，受到社会广泛赞誉和人民群众的高度认可。

我校一直高度重视教师队伍建设，逐渐探索出"互动协同式"校本研修模式，有效地助推了教师专业水平的整体提升。

一、整体设计

（一）"互动协同式"校本研修的由来

许多中小学的校本研修主要由各地教师培训机构，如教师培训中心、教师进修学校等机构负责组织实施，形式主要为听报告、讲座、集中授课等，虽然听课教师有所收获，但多出现研修内容不合理、研修方式不灵活，导致教师缺乏动力，产生研修的投入与产出不匹配的现象。这使得校本研修反而变成了教师的苦"差事"：一是缺乏针对性。讲课者一般不能紧贴一线教育教学实际，存在理论宣讲过多而解决问题方法少的现象。二是缺乏互动。教师是受训者，缺少参与热情，即使有疑惑、困惑，也无法及时解决。三是脱离实际。由于研修理论多、实践经验少，忽视对教师解决问题能力的培养。另外，在研修时间安排上，也往往不适应学校和教师工作的实际情况，出现工学矛盾，影响了教师的教育教学工作，导致教师参与研修的积极性不高，研修效果不够理想。

2008 年，裘志坚校长在美国范得堡大学参与了"中美名优中小学校长教育领导力发展学习与交流项目（ELLE）"，对美国同行采取互动式的独特培训方式印象深刻，回国后便设计成项目——"互动协同式"校本研修，并实践于学校。

（二）"互动协同式"校本研修的要义

"互动"也称相互作用，是指人与人之间的心理交互作用或行为的相互影响，是一个人的行为引起另一个人的行为或改变其价值观的任何过程。互动是社会成员通过交往而导致彼此在行为上促进或促退的社会心理现象。所谓"协同"，就是指协调两个或者两个以上的不同资源或个体，一致地完成某一目标的过程或能力。"互动协同"一词源于物理界的协同理论。

"互动协同式"校本研修是基于学校、为了学校、在学校中，将教育科研与专业培训相结合，通过以互动研讨与协作探究为主要方式来解决教育教学问题，实现教师教育教学水平不断提升，进而带动教育教学质量全面提高的一种教师教育模式。

"互动协同式"校本研修：让教师在互动式研讨中实现专业提升。在教师与教师的心理交互作用或行为相互影响中，双方及多方的教育教学行为彼此促进。

"互动协同式"校本研修：让教师在协同式探究中实现专业提升。在教师与教师的两个或两个以上的不同资源或个体的有效协调中，使教师共同体成员能一致地完成教育教学问题的解决，进而实现专业提升。

"互动协同式"校本研修：让教师在创新式实践中实现专业提升。基于互动研讨与协同探究而形成的自组织，使教师共同体成员能置身于真实的工作情境中，引发不同的教育教学经验碰撞，并以群体创新与共享成果的交流方式，极大地拓展教师专业成长的时空。

（三）"互动协同式"校本研修的架构

"互动协同式"校本研修是一种再现教育教学生活的理论的、简化的、动态的"研修"之"形"，是介于经验和理论之间的一种知识建构系统。

"互动协同式"校本研修以"提升教师领导力，促进教师专业发展，使教师成为决策者、学习者、反思者"为核心目标，进行整体框架的构建（图1）：教师基于"共同愿景"，因"赋权"而成为"学习者、决策者、研究者"，在"互动研修、学习共同体、考察分享、校级合作"四大平台中互动地协作地研究教育教学，并获益于"组织、评价、激励"三大保障机制的有效运作，从而实现"教师发展"。

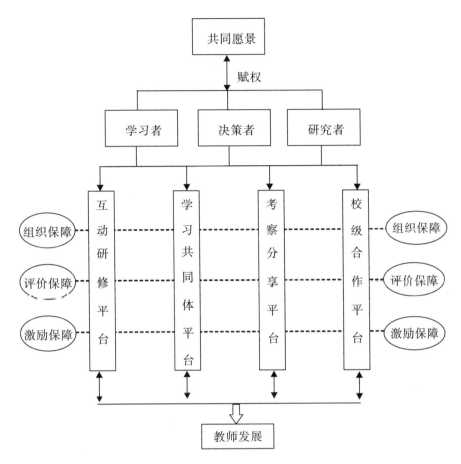

图 1 "互动协同式"校本研训之整体架构

（四）"互动协同式"校本研修的创新

"互动协同式"校本研修为重新审视学校如何展开有效的研修提供了独特的视角，不仅引领几所薄弱老校实现了完美蜕变，也为更大范围内的教师职后教育改革，培养"高素质、专业化、创新型教师队伍"提供了 个可资借鉴的成熟样本。其主要创新和贡献有 3 点：

"互动协同式"校本研修，能为不同教师主体在学科内、学科间为了共同愿景而组成教师共同体，使得教师的专业成长在"个性"和"共性"之间找到"群性"发展的切入点，弥补教师教育教学中的缺陷。

"互动协同式"校本研修的本意就是通过互动和合作实现自组织，在发展教师专业的基础上发挥教师的领导作用，其主要关注点不是"谁领导谁"，而是参与各方相互影响、集体创新、共享成果。由于教师置身于真实的工作情境中，不同的教学经验碰撞以及群体共享的交流方式，能极大地拓展教师专业成长的时空。

"互动协同式"校本研修能有效地将教师个体的实践智慧聚合起来并加以结合、共享、交流和反思，使得教师通过群体的力量共同实现办学效益的最大化，积极建构学校发展的共同体模式和专业发展的共同体；也较好地弥合了教学主体的差异、学科壁垒的缺陷和教学活动本身所固有的弊端。

二、主要做法

基于整体架构，"互动协同式"校本研修依托四大策略来展开，以实现其价值：确定教师发展的共同愿景；赋权于教师，规划校本研修目标；以教师互动为基础，打造研修平台；以教师发展为根本，建立保障机制。

（一）确定教师发展的共同愿景

共同愿景是建立在共同体成员价值观基础上的共同行动愿望，是全体成员发自内心想要争取和追求的目标。对于基础教育的教师而言，其共同愿景的核心除了是"坚定不移地致力于学生的学习"外，更重要的是"坚定不移地促进自身的发展"。随着共同愿景的树立，教师觉得自己有"奔头"，也就不只是单纯地为了学生的升学率而教学，而是更深入地研究教育教学，并扎根于实践进行探索与创新，从而变得更优秀、变得更能有效地立德树人。

广州市第五中学所树立的教师发展共同愿景是：让你我找到令自己卓越的领域。在这一愿景的引导下，全体教师高扬广州第五中学的"上马精神"，在教育之路上"策马驭教，立德树人"，展现出"追求卓越，让优秀成为习惯"的专业风采。这一共同愿景的树立，不仅承载与体现于学校"名师工程"的建设过程之中、学校新教师的一系列培训活动之中、学校教师全员卓越的培训活动之中，也承载与体现于学校锤炼师能的各类大赛擂台上、学校催生师能的各类课题研究渠道里、学校释放师能的教育教学研讨会上等。于是，一支优秀的教师团队与学生一道，共同演绎"我自豪，我是光荣五中人；我努力，我与五中共发展；我成才，我为五中添光彩"的学校核心价值观，持续释放学校高品质发展的力量。

（二）赋权于教师，发挥教师主体性

1. 使教师成为决策者

学校研修组的成员成为决策者。广州市第五中学成立了以裘志坚校长为组长、夏海波副校长为副组长、其他副校长及教师发展处和教导处主任为成员的校本研修工作领导小组；成立了以夏海波副校长为组长、教师发展处和教导处主任为副组长、各学科组长、各学科备长为成员的校本研修工作小组。基于职责分工，这些成员成为校本研修的决策者：在对外上，共同决策并组建以校外专家和本校学科带头人为主的研修团队讲学，组织教师前往薄弱学校或集团内兄弟学校开展校本研修，指导教师制定个人研修计划，组织校本研修项目申报，制定和完善校本研修管理制度，展开校本研修绩效评估；在对内上，组织校内各学科组内、备组内的校本研修活动，做好校本研修档案资料管理以及学时学分认定和登记工作等。

名师工作室的成员成为决策者。广州市第五中学师资队伍力量雄厚，有特级教师4人、正高级教师3人、全国优秀教师2人、广东省名校长工作室主持人1人、广州市教育专家工作室主持人1人、广州市名教师工作室主持人6人、广东省名班主任1人、广州市名班主任2人、海珠区名教师（工作室主持人）11人、省区市的学科带头人和骨干教师近90人。在推进"互动协同式"校本研修的过程中，这些名师工作室的成员共同决策并组建了名师教育团队，专门开展了"名师大讲堂""名师示范课"等活动，成立了"教师专业发展共同体"项目，基于需求，反向设计，对"领航教师""攻关教师""种子教师"分类别设置培养目标，进而精准策划培训课程，常态化开展师徒结对的"青蓝工程"等，为青年教师的成长提供引路人，增强校本研修的实效性和针对性。

2. 使教师成为学习者

为了更好地发挥"互动协同式"校本研修的作用引领教师成为学习者，广州市第五中学既注重专家引领，把脉教师专业发展，又依托高校，助力教师专业提升。

多年来，学校坚持聘请华南师范大学、广东第二师范学院、广东省教育研究院、广州大学、广州市教育研究院、海珠区教育研究院的专家，及各学科教研员到校进行教学指导，请专家们深入课堂，为教师们诊断把脉，既为教师厘清专业成长的方向，也为教师扫除专业成长道路上的障碍。同时，学校也鼓励教师加入广东省、广州市、海珠区的名师工作室、名班主任工作室，通过跟岗学习，明晰专业发展的方向和路径，促进其专业成长。

3. 使教师成为研究者

广州市第五中学在推进"互动协同式"校本研修的历程中，努力创造条件提高教师的教科研水平，为教师提供教科研方面的有关书籍资料和信息，积极指导协助教师申请各级各类教育科研课题，指导完成科研计划。

教师们互相抱团，共同参与课题研究，相互学习、影响、带动，积极申报课题，撰写论文，乃至出版专著，同时提炼教学成果，丰富和提升研究成果，促进自我专业发展。

（三）以教师互动为基础，打造协作研修平台

1. 搭建"互动研修"平台，让教师成为领导者

为推动新课程改革深入实践，展示青年骨干教师的教学技能，引领青年教师的专业发展，促进教师互相学习、互相交流，形成良好的教研氛围，搭建有效的校本培训平台，广州市第五中学举办了"青年教师基本功大赛""百花奖课堂教学比赛""青年教师解题比赛""论文比赛""新入职教师课堂展示活动""新入职教师教学设计比赛"等活动。

这些"互动研修"活动，以赛促教，不忘初心，着眼于提高青年教师的教学基本功，为全校各年龄段的教师搭建了一个相互交流、相互学习的平台，促进了教师专业水平的整体提升，让教师团队焕发更大的生命力。这些比赛也是推进学校课堂教学改革，提升教育教学质量的重要举措。

2. 搭建"学习共同体"平台，构建专业学习型团队

为促进青年教师的专业成长，充分发挥骨干教师"传、帮、带"的积极作用，打造一支高素质的教师队伍，广州市第五中学素有"青蓝工程"之拜师结对的好传统，这也是"互动协同式"校本研修构建专业学习型团队的重要举措。青年教师是学校的未来和希望，需要有经验的教师热心帮助和指导，新老教师共同探讨新时代的教育教学方法，可不断提升教书育人本领。前辈教师爱岗敬业、慷慨无私的高贵品质推动着年轻教师不断前行。在师父的指导和带领之下，年轻教师更加坚定理想信念，严格要求自己，主动向师父学习，多听课、多讨论、多探索、多反思、多总结，将师父的谆谆教诲内化于心、外化于行，为自我的提升发展竭尽所能。师徒共同成长、相互促进，早日成为学校教师队伍的骨干力量。

3. 搭建"考察分享"平台，开发教师专业领导力

在开发教师领导力的过程中，校本研修工作组遇到的一个问题是教师缺乏担任领导角色和承担领导职责的信心，也可能是缺乏相应的领导技能。当然，这并不是说他们不能胜任领导工作，现有很多研究表明，教师的领导力在很大

程度上能够被习得和开发出来。因此，促进教师发展的关键，是将教师们武装起来，使他们能够有效地实施领导活动。

广州市第五中学推进"互动协同式"校本研修的举措之一，就是通过"专家引领"的方式，建立考察分享平台，让"教师走出去"或"专家引进来"，通过与专家或者合作学校建立伙伴关系从而获得支持。

学校加大教师校本研修的经费投入，让教师走出去，亲近名师，多次组织科组长、级组长、班主任、备课组长等骨干教师赴北京、江苏、江西、山东、香港等教育先进地区实地考察学习，观摩优质教学，聆听专家讲座，了解各地多种教学风格和好课的共同特征，领略名师和优秀教师的高超教学艺术和崇高的教育品质。回来后，组织外出学习的教师采取讲座与上课相结合的形式，向校内教师作专题汇报，传递新观念、新信息和新方法。在汇报分享过程中，鼓励教师大胆质疑，提出困惑，促进互动交流，使教师对学校推行的有效教学策略有了更深入的了解和认识，并让教师结合校情、班情，在教学实践中，择优采用，取人之长，补己之短；起到了一人受培、众人受益的效果，从而大大提升了教师整体的教研教学水平。

4. 搭建"校际合作"平台，形成合作关系网

校际合作的形式多种多样，教师在合作的环境中更加容易发挥领导作用。校际交流能充分发挥交流学校的优势，增强互补性，发挥教师参与的积极性。校际交流有领导层面的管理交流、学校中的主题研讨，更多的是教师中的课堂教学有效策略的研究交流，使教师在交流中大受裨益。

近十年来，广州市第五中学在推进"互动协同式"校本研修中，开展了常态化的校际"同课异构"教学研究活动。"同课异构"的目的，是让不同的教师面对相同的教材，立足学生个体的差异，结合教师的生活经历、知识背景、情感体验建构出不同的设计，赋予静态教材以生命活力，呈现出不同教学风格，以此更好地促使教师发现教学问题、改进教学行为。在"同课异构"活动中，执教教师都能把"教学目标叙写""教学重心前置""先学后教""学案导学"等课堂有效教学策略应用到具体课例上，充分体现校本教学特色，从而推广研修成果。在"同课异构"课后的研讨活动中，教课者认真做好课例解读，并接受听课者的现场提问，教课者与听课者研讨共同关注的教学问题，场面非常热烈。无论是教课者还是听课者都沉浸在浓烈的研讨氛围之中，话题越研越深入，思路越研越开阔，策略越研越明确，实现了共赢。

在这种"同课异构"的合作中，学校内部以及校际之间教师们形成了新的团队，这些新的团队或基于学科而组建合作，或为解决特定领域的问题而组建形成研究团队，都能致力于学校发展的行动研究。

这充分说明，"互动协同式"校本研修远远超出了校内的影响，已在合作或联盟学校中产生了影响力，这种横向的合作比自上而下的行政推广更加有效。

（四）以教师发展为根本，建立保障机制

1. 组织的保障——分布式领导，让教师参与决策

在校本研修的各种策略中，教师的分布式领导作为促进学校可持续发展的重要方式正在异军突起。在学校活动中，无论是非正式的领导者和作为学校主管人员的正式领导者，还是学科协调人或者教学顾问，只要发挥他们的教师领导作用，必能促进学校教学的完善。

"互动协同式"校本研修能够发挥作用，最主要的是教师的领导作用。我校倡导"所有教师都是领导者"的理念，让广大教师参与到学校的管理中来。无论是暑期的校本研讨，还是学校的"结对子"活动，甚至学校参与的"海教杯""明珠杯"比赛，从计划的制订到正式的开展，以及效果的评估，教师都能高度参与管理并进行决策制定，以激发教师的内在需求，发挥领导作用。当然，教师参与决策并不意味着从事一线教学的教师就能够全程参与学校决策制定的过程。教师们在参与学校决策制定的过程中，通常以个人或集体的形式向高层团队请示。

2. 评价机制的保障——把评价权力交给教师

在学校这种专业的学习型团队中，教师对教师的教学所做的评价就是标准。教师可以通过自评、互评找到问题，明确方向，获得动力，这也是教师领导下互动协同的关键。由教师通过反思，发现问题，再通过探究观察研究，解决问题。

为了让更多的教师发现自己、反思自己，我校专门设立了"教学顾问"角色，即学校返聘优秀教师担任学校的教学顾问，进行听课、评课、反复诊断，并将评价结果及时反馈给上课教师。这种顾问式的评课方式能及时将教学情况进行反馈，并与上课教师相互探讨，鼓励上课教师进行实践反思，激发其不断改进教学。

另外，除了教学顾问评价教师外，学校在研修中还健全了教师互评机制。同伴交流是提高教师教育水平的最有效途径之一，因此，教师互评同样是对"互动协同式"校本研修效果的一种检验。在研修中，学校组织所有教师相互观摩对方的课堂教学，并就此提出反馈和改进策略，以促进教师个人和团队改进教学。

3. 激励机制的保障——让教师找到自我生长点

教师有自己的需求，有自我的成长。要想让教师全心全意为学生发展、为学校发展，很重要的就是教师激励，在满足教师基本需求的基础上，尊重教师和赞扬教师，给教师提供成长的空间。

广州市第五中学会根据学生、教师所需制定研修方案，使每个层次的教师和不同层次的学生都能找到自我的生长点。如，我们调查研究发现：30 岁以下教师，需要各种竞赛积累经验，于是学校每一学年上学期都举行一次新教师达标课课堂教学活动，要求近三年进校的教师承担公开课，并组织考核小组进行评价考核，同时鼓励教师参与学区或者市里的比赛，如果教师进入比赛，学校会组建教师团队倾心打造，共同出谋划策，直到这个教师获得奖项；而30～40 岁的教师，主要的期望就是成为名师，往往这个阶段教师容易进入倦怠期，因此，学校会提供教师各种校级交流机会，给教师成长平台。

附录：

广州五中第十一届"百花奖"
课堂教学比赛活动方案

为推进学校在教学领域进一步深化素质教育的实施，推动新课程实验的深入实践，加大有效课堂教学研究的力度，通过"有特色、有个性、高效率"的课堂教学研究与课例探讨，促进学校有效课堂的教学研究，展示骨干教师个人的教学特色和教学风格，引领中青年教师专业发展，促进教师互相学习、互相交流，形成良好的教研氛围，搭建有效的校本培训平台，特拟定此方案。

一、比赛组委会

主任：裘志坚

副主任：夏海波、金缨、林敏贤、吴晶晶、王盟、周拥军、区雪原、陈永耀

组员：汪爱华、梁艳芳、胡锦云、叶敏、陈恺嘉、初高中各学科组长

二、参赛对象

年龄45 岁以下（1976 年1 月1 日以后出生）的在岗教师（45 岁以上教师欢迎参加）。

三、比赛安排

第一阶段具体安排如下：

（一）第 4 周：校内宣传动员

第 4 周星期一由教师发展处和教导处召开学科组长会议。第 4 周星期二利用政治学习时间，由教师发展处进行动员、发放比赛方案，教师个人学习比赛方案的通知精神明确此次活动不仅能加大学校有效课堂教学研究的力度，而且能促进教师个人教学特色与教学风格的形成。因此，要求教师们积极踊跃、认真尽责参与此次活动。

（二）第 5～7 周：第一阶段比赛

（1）比赛形式：课堂教学。

（2）比赛时间：参赛教师根据本人课表自选上课时间。

（3）上课地点：教学班课室。如要借用 103 或者各专用场室请跟汪爱华主任申请。

（4）教学内容：建议根据教学进度自选上课内容。

（5）参赛教师需提交资料：至少提前 3 天把上课课题、上课时间、上课地点报给张舜华老师；赛前把教学设计、上课的 PPT 等资料发给教导处张舜华老师；现场给每位评委一份纸质版教学设计。

（6）评委团：各校长担任指导，评委名单由教师发展处指定，另行通知。

（7）当天的赛课结束后，由科组长组织科组老师评课。

（8）各科组长请安排科组老师给参赛教师们拍照及录像（录像可以在 103 室，也可以找范嘉华老师借录像机），收集评委的评分表并计分。比赛结束后，上交每个参赛老师 2 张课堂教学的相片，现场评分表、科组本次比赛的小结一并交给教导处张舜华老师存档。

（9）要求全科组老师积极参与听课，珍惜学习机会，35 岁以下的年轻教师确保听一半以上的比赛课。

（10）第 7 周周二（10 月 13 日）下午 17：00 前，初中、高中各学科组长上交各参赛老师的比赛成绩（由高到低排列）至教导处张舜华老师。

（三）第 9～10 周：第一阶段宣传总结

科组长组织写一篇本次科组比赛的通讯稿（文字稿主要突出获得一等奖教师的课堂教学、评课等），与决赛当天的课堂相片、评委听课的相片、评课相片等放在同一个文件夹，在第 9 周周五前上交给办公室叶丽丽主任。学校将通过各个渠道大力宣传表彰。

四、奖励办法

（1）坚持公平、公正的原则，严格按课堂教学比赛的评比细则进行评比。

（2）学校将会对积极参赛的教师进行表彰。初赛按一等奖占 20%，二等奖占 40% 的比例评出个人一、二等奖。其中，语、数、英 3 个学科分初中组、高中组分别评比，其余学科初、高中合并一起评比。

（3）"百花奖"获奖老师将优先推荐参加省、市、区的各级各类教学比赛、技能比赛、基本功比赛等；获得一等奖的教师将直接评定为该年度的专业技术人员考核优秀。

实现良性内驱循环，助推教师自主成长

——深圳外国语学校校本研修经验

深圳外国语学校　罗来金

成天下之才者在教化，教化之所本者在教师。名师创造名校，强校必须强师。如何打造一只强大的教师队伍，如何使学校成为一个教师自主成长的学习型组织，是我校持之以恒的中心工作。经多年的探索，深圳外国语学校（以下简称"深外"）走出了一条独特而卓有成效的校本研修之路，即实现良性内驱循环，助推教师自主成长。真正的教师成长在于自主，而自主并非一时的自主，而是恒久的自主，即习惯性的自觉。要达到这样的目的，必须持续不断地激发教师成长的内驱力，形成自主成长的良性内驱循环。

一、教师定位是实现良性内驱循环的第一牵引力

激发教师自主成长内驱力的逻辑起点在于教师的定位。教师的定位是实现良性内驱循环的第一牵引力。深外在教师队伍建设方面提炼出了"打造'有深度'的教师"这一总目标。具体而言，就是激励教师追求"五个深度"：一是深懂学生，二是深知智识，三是深谙教育，四是深会生活，五是深行所信。

不能懂人，焉能育人？当前教育问题不少，但首要的问题就是教师是否深懂学生内心。倘若只在乎分数与名次，而漠视学生心灵，父母、教师哪怕心有爱，也可能是一种伤害。因为爱的起点是懂得。深懂学生才会有良好的师生关系，而只有和谐的师生关系，才能"把人的创造力量诱导出来，将生命感、价值感唤醒"（德国教育家斯普朗格语）。鉴于此，深外在教师校本研修中，一直把"深懂学生心灵"作为首要任务。通过中西教育理论学习，通过真实的案例研究，通过教育沙盘演练等培训方式，强化教师"深懂学生心灵"的意识和能力。

教师作为传道授业解惑者，也必须是道业的深度学习者。知识爆炸的时代，学科知识及思维的精准、系统、本质、优化，都是一名优秀的教师要考量并追求的。理科知识相对而言，更有确定性，而文科知识，尤其需要审视。深外之所以理科强，文科更强，得益于深外一届又一届的教师持续不断地梳理、

审视、优化，最终形成了趋近本质的学科知识及思维方法系统。深外教师对知识、思维本质性优化的追求还体现在深外系统校本课程的建构上。把最优、最本质的知识与思维传递给学生，这是深外教师的共识。深外各学科组每周都有一天扎扎实实的备课活动，对每一堂课涉及的知识和思维，都集体探究、共同审察，以保证绝不让错误知识、伪知识以及无效的思维方式进入课堂。

有深度的教师还须深谙教育规律。教育是一门技术，更是艺术。教师所为，就是千方百计激发并引导学生完成自我教育，不深谙教学技术和教育艺术，难以成为"大先生"。授人以鱼不如授人以渔，研究"渔"之道，确保教育教学有学理依据，是深外教师着力之处。每年教师培训，都要专项研究并演练。

言传不如身教。优秀教师还须是一名深深领会生活真谛的"生活家"。教师不会生活，何以教学生会生活呢？深外的德育目标是"两敬""两高"，"两敬"指敬畏天地自然，敬畏道德律令；"两高"指做高尚的人，过高雅的生活。教师不能做到，何以能让学生做到？美国教育家杜威说："教育是生活的过程，而不是未来生活的准备。"深外一直践行这一理念。深外学子在各类舞台上呈现出阳光而有教养的姿态，与深外教师是个"生活家"的倡导分不开。

明末清初思想家、教育家颜元说过："心中醒，口中说，纸上作，不从身上习过，皆无用也。"深外教师建设，特别强调"身上习过"，即"知一字须行一字"。爱则深爱，行则深行，让教育发生得"有深度"，教育才有效度。

教师抵达的深度，就是学生抵达的高度。培养人的工作是不可逆的，教育工作者责任重大。只有"有深度"的教师才有渡人抵达幸福的彼岸的可能。浮浅庸俗为深外人不齿，因为这样的教师只能"毁"人不倦。

二、"五循环"是实现教师自主成长的第一推动力

有了前面目标的牵引力，还要有后面策略的推动力。如何推动"有深度"的教师队伍的建设？深外总结了一套良性内驱循环的校本研修方案，简称为"五循环"。

（一）教师成长轨迹循环

深外教师自主成长按"选苗子—定调子—立样子—结对子—指路子—搭台子—看步子—树牌子—育苗子"等九阶循环的专业化成长之路进行教师培养。

选好苗子是第一步。深外作为名校，对新教师的选拔尤其重视，现在深外

青年教师，清一色为国内、国际名牌大学硕士、博士。不仅专业扎实，而且品格优秀，重要的是有极好的师范素养。

好苗子入职，就需要定下教师成长的调子：来深外别无选择，只能选择优秀，终生学习，精进向上。"遇见深外，遇见最好的自己"，这是深外的宣传语，也是深外追求的成长信念。

定好调子，调整好成长意识，学校就会为青年教师们树立榜样。新教师入职前有两次岗前培训，第一次是签约之后有为期40天的角色转换培训。此时新教师还在大学未毕业，但深外的培训已经开始，通过培训，引导他们在大学最后一学期里集中精力为做深外教师而努力。第二次培训是入职后开学前的15天甚至更早时间。此次培训要检测新教师上一次培训后的发展与进步，并为新教师们树立好教师、好班主任的榜样，让他们研习榜样教师的文章和视频，并揣摩体会。

有了榜样，接下来就是为青年教师指定导师，结好对子，三年为期，由资深骨干教师以师徒制形式实施传帮带，手把手教新教师钻研教材、备课上课、批改作业、管理学生。

经过一段时间的观察、听课、评课、命题、阅卷等工作的考察，学校及导师会根据新教师的个性特长，为其定制发展路子，引导青年教师如何扬长避短，成长为个性鲜明的优秀教师。

路子清楚了，学校为青年教师搭建平台，助推其进步与发展。校内举行各种青年教师比赛，也聘请校外学者为青年教师指点迷津。深外虽然有导师制，但在培养新教师上，往往是举学科组全组之力乃至学校之力，合力助推青年教师尽快成长。

当然，通过考核检测新教师所走的每一步成长之路，做出诊断与矫正，从而促使青年教师反省自己，提升自己。是为"看步子"。

最终，待青年教师完成5～8年的成长周期，学校再为其搭建更大平台，助其树立自己的教师品牌，为其成为卓越教师奠基。

待其成长为卓越教师后，内驱循环就进到下一阶段，该带徒弟、育苗子了。这是教师成长的轨迹循环，一开始让入职教师看见自己要走的每一步路，要经历的每一个环节，有益于激发教师自主成长的内驱力。人在每一个阶段都需要目标牵引，学校没有指向，教师往往就没有方向。

（二）教师信念建构循环

"有深度"的教师需要哲学层面的信念支撑。世上平庸者多，就在于其生命缺少哲学的建构。深外教师就生命哲学达成共识，即"意义—心流—专注生命须寻求意义，而意义不须在外求，而在内求，意义须由自我赋予。生命应该赋予怎样的意义呢？追求心流。何为"心流"？这是心理学家米哈里·契克森米哈赖提出的概念，即一种将个人精神力完全投注在某种活动上的感觉，人在全神贯注、忘我投入的状态下就产生心流，而心流产生的同时会有高度的兴奋及充实感。这种体验是美妙而幸福的，故而心理学上将这种心流体验称之为福乐、沉浸、神驰、化境等。心流体验便是生命的基本意义所在，无论从事什么工作，最高境界其实就是追求心流体验。而追求心流体验，关键在投入的专注。"有深度"的教师必心无旁骛，专注于事业。专注事业就一定会推动自己事业的发展，于是获得成就感，而成就感是最好的心流体验，会激发人继续投入以追求更多心流体验的热情，有了这样的热情，生命便会行动起来，继续追求意义，从而进入良性内驱循环，实现持久的教师自主成长。

这便是深外教师的生命哲学信念。这种哲学会激发教师行动、沉静下来、全神贯注、专注投入，在立德树人中追求心流体验，获得教书育人的幸福快乐。学校通过各种方式帮助教师建构生命哲学体系，引导教师从心灵深处认同自己的本职工作，从本职工作中寻求意义感，这才能真正将专业成长升华到自主自觉的层面。

学校为了助推教师达成生命哲学的共识，设计了不少读书活动，共读相关书籍，如米哈里·契克森米哈赖的《心流》、弗兰克尔的《活出生命的意义》等；每学期都会为教师推荐书、赠送书、开读书分享会，使学校形成一个精神高地。另外，学校也会开展各种培训活动，引导教师以及学生体验心流带来的充实感。当生命有了哲学支撑，虚无感也就不复存在，教育才有热情，才有行动。

（三）教师身份自觉循环

人在社会里，角色与身份意识的养成也是塑造其形象与人格的途径。深外将教师的身份与角色确定为 5 种，即"读书人—教师—学伴—导师—读书人"。

教师首先是个读书人。为此，教师不能忘记自己的书生本色。何为书生？往大的说，是"为天地立心，为生民立命，为往圣继绝学，为万世开太平"（北宋哲学家张载"横渠四句"）；往小的说，至少应当成就君子人格，有读书人的风骨与节操。在纷繁复杂的社会潮流里，能坚持做一股清流。教师有读书人的身份与角色意识，师德边界才会更清晰，从而懂得坚守。

当然，教师最主要的角色和身份是"传道受业解惑者"。这一身份要求他

267

们"学高为师，身正为范"。倘若教师在专业上不扎实，那是没有自尊的。倘若教师不能对学生足够关照，那也是有违师风师德的。深外会努力让教师成为一种有自尊、有体面、有教养的身份，反过来，这种身份也会对教师的言行举止形成规范和约束。

深外尤其强调教师"学伴"与"导师"的身份与角色。学校教育如何落实以学生为本的理念？关键在角色与身份的转变，为此，深外强调教师首先是学生的学习伙伴。课堂内外，教师都首先要意识到，自己是学生的学伴，陪伴其学习，陪伴其探索，陪伴其思考。学伴意识建构起来，"教学相长"才不是一句空话。做好学伴的同时，教师也是学生生活及学习的导师。深外实行书院导师制，每位教师都分配有 15 个左右的学生，"学校犹水也，师生犹鱼也，其行动游泳也，大鱼前导，小鱼尾随，是从游也，从游既久，其濡染观摩之效，自不求而至，不为而成"。前清华大学校长梅贻琦先生的"从游论"诠释了导师制的好处。倘若师生关系只是"一奏技者与看客之关系"（梅贻琦），则教育被异化了。

只有当教师把学伴与导师的身份与角色扮演好，才会懂得学生丰富而个性的心灵，而当一名教师真正走进学生缤纷的内心世界，他才会强烈意识到教师之责任与使命重大，进而深刻懂得学生需要一滴水而教师应当有一江水的道理，从而回到教师的角色起点，继续做一个读书人。这一身份角色意识的良性内驱循环，需要学校通过各种学习培训活动帮助教师理解和建构，建构起来后，教师才会有角色与身份自觉，即职业自觉。有了职业自觉，则"不待扬鞭自奋蹄"。

（四）教师教学钻研循环

教师的主阵地在课堂，其工作重心是围绕课堂展开的。为此，学校形成教师教学良性内驱循环是必要的，深外主要抓好"听课—反思—备课—磨课—上课—再反思—听课"这样的循环工作。

深外入职的新教师，首先是听课，听课后要写"听课心得"；然后是个人备课与集体磨课，保证每一堂课都是集体智慧的结晶，经过集体充分磨课，才登台上课；而课后要再次做出反思，总结课堂教学情况，为后面课的改进奠定基础。但经过这样的环节，还不够，最后还要经常彼此听课。深外重视"同课异构"及"同课同构"的教学活动。"同课异构"是比较同一内容不同教学设计的优劣，从而寻找到最优教学设计方案。而"同课同构"则是比较不同教师处理同一内容、同一教学设计的授课能力。二者都是提升教学能力的好方法，尤其是后者，更利于教师彼此参照学习，取长补短。

在深外，教师教学钻研循环作为一种制度在推行，已形成群体力量，助推个人成长。

（五）教师科研发展循环

教师必须是终身学习者，停止学习，止步不前，功底再好的教师也有误人子弟的一天。

为此，深外注重建构教师科研发展良性内驱循环制度，以制度约束人，保证把终身学习理念进行到底。为此，深外把"阅读—培训—反思—实操—再反思—写作—阅读"这一循环作为深外教师的生活常态。

教师是读书人，阅读应该是其日常生活的一部分。在阅读的基础上，学校会组织各种培训，将培训当作教师的福利。而阅读与培训的关键在于反思。美国心理学家波斯纳提出了教师成长的公式：教师成长 = 经验 + 反思。经验是基础，反思是提升，如果教师仅仅满足于获得经验而不对经验进行深入反思，不能上升到学理层面，那么他的经验也将大受限制。北师大教授叶澜也指出："一个教师写一辈子教案不可能成为名师，如果一个教师写三年教学反思，就有可能成为名师。"当然，反思为的是知，但知行合一才是关键。为此，深外尤其强调反思后的实操，"知而不行，只是未知"（王阳明），只要实操，才懂得反思到位与否，反思的成效显著与否。而实操之后，又需要反思总结，才可能有真实的写作，写作知不足，则重回阅读。这便是深外教师学习良性内驱循环的逻辑。这样的循环形成，教师才能跨越职业倦怠，不断登上教学新台阶。深外围绕这一循环理解，开展了系列活动，制订了各种福利制度，如激励教师物化成果，学校出经费帮助教师出版教学专著等，这极大程度地调动了教师投入学习和科研的热情。

深外围绕"五循环"建设了一系列校本研修制度，助推教师成长，帮助教师从他律走向自律，进而走向自主与自觉。

三、校园文化风气是实现良性内驱循环的第一向心力

前有牵引力，后有助推力，还是不够。教师队伍建设还需要一个更为关键的力量，那就是教师凝聚一处、抱团发展的"向心力"。深外实现良性内驱循环的第一向心力是校园教师自主成长的文化风气的建设与营造。凡人所在之处，必有人性存在，而人性的劣根会到处生长蔓延，因此需要制度约束，而制度约束成为常态，则形成文化风气。有了文化风气，人在其中，受到濡染，也就不是化外之人。总而言之，一所学校，良好健康的文化风气的形成是其存在

的关键。学校教育如泡菜。泡菜好，需要几个条件，如：坛子好，密封性强；菜好，上等食材；一坛盐水好，精心调制。各类菜蔬进到泡菜坛子，最后泡出香脆可口而不失本味的泡菜，关键在一坛盐水。盐水就是文化风气。深外正是在这一"泡菜理论"下展开教师队伍的建设的。深外的"盐水"主要配方是什么呢？为读书、做学问创造自由空间和激励制度。深外校本研修的有效途径就是千方百计激励教师读书做学问，使教师成为真正的读书人，只有真正的读书人才会将教育当成一项成就学术的事业来做。为此，学校设计了激励物化学术成果、"请进来、走出去"的培训等一系列制度，以保障教师自主成长。

教育本就是聚一帮读书的好人，做一桩积德的好事。一个学校有读书和追求学术的风气，才会有学校应当有的可贵的"书卷气"。只要学校"书卷气"在，师生长养其间，又有生活的参与与干预，焉有不成器者？深外努力在建设一种"场"，这种"场"有磁性，磁性滋生磁力。深外教师有了牵引力、助推力以及向心力，也就有了自主成长的内驱力以及行动力。

附录：

深圳外国语学校教育教学活动视导制度

一、视导目的

为优化和提升各年级集体备课及课堂教学的质量，尤其是把握高三年级的学情与动向，促进和引导教师队伍的成长，尤其是助推青年教师探索教育教学规律，为落实罗来金校长提出的"做有深度的学者型教师"的教育理念，我校特选聘学科专家及骨干教师成立教育教学视导小组，负责指导各年级教育教学、搜集整合各年级动态信息，为领导决策提供参考意见。

二、视导原则

（1）对话原则。视导小组与视导对象在听课后平等对话。视导并非对教师吹毛求疵、拈过拿错，而是基于对话，相互尊重，友好交流，为其课堂教学以及备课组活动提供一面参照的镜子，以引导其养成自我反思、自我调整、自我追求的教育教学自觉。学校希望通过视导对话营造校园教研氛围，以形成互学同参的学术风气，从而涵泳书院文化。

（2）平衡原则。高一、高二按深外好课堂标准进行视导。高三年级的课堂教学有其特殊性，毕业年级课堂教学应凸显"五个平衡"：其一，问题及错误的提出与解决之间的平衡，高三课堂要有真问题和新问题，没有问题意识的高三课堂不是好课堂，提出问题比解决问题更重要，而解决问题要见根本；其二，知识和习题的联系与拓展之间的平衡，知识与知识之间的关联度如何，知识与习题之间的关联度如何，知识与习题之间的拓展程度如何，是考量高三课堂的重要指标，高三课堂知识及习题要有关联和拓展，不能孤立而静态地处理知识和习题，但关联和拓展须有度，过犹不及；其三，学生与教师思维流量之间的平衡，课堂的关键在思维流量的呈现，尤其是学生思维流量的呈现要充分，如果课堂呈现的完全是教师思维流量，则不是合格的高三课堂；其四，对学生状态和价值取向的关注与引导之间的平衡，教师在课堂对学生状态的关注够不够、对学生价值取向的引导是否到位，这是视导要审察的指标，高三教学仍然要坚持"立德树人"这一教育原则，但毕竟是高三课堂，将过多时间用于说教则无益；其五，多媒体与板书利用之间的平衡，多媒体运用可以提高资料呈现的效率，但滥用多媒体，则可能挤压师生动脑思索的过程，而板书可以环环相扣、步步推进，调控好动脑思索的频率。学校视导工作基于这"五个平衡"的审察而展开。

（3）保密原则。为了解和认识学校真实的课堂生态，视导之前不通知需视导的备课组和授课教师，只有了解到真实的常规课堂，才可能有实在的改进。教学需要的是优质的常态课，而非表演课。

（4）回访原则。为敦促备课与教学工作的改进与发展，视导小组适时进行课堂和集体备课活动的回访视导工作，以此观察相关活动的落实情况，尤其是经视导发现问题较多的课堂，会不时回访，敦促改进。

（5）建议原则。视导小组参与而不干预年级教育教学活动，尽可能不干扰年级的正常教学秩序，更不擅自决策，视导只描述事实，提供建议，决策交由领导及各年级。

三、视导方式

（1）成员组成。由学校教务处、科研处牵头成立视导小组，视导小组成员包括大校长、校部执行校长、教务处主任、科研处主任以及由学校聘任的各学科专家与骨干教师。根据小组成员的学科背景，分为文科组和理科组，每组各五人或六人。

（2）进行方式。不定时推门听课或参与备课活动。视导制度须有先期会议传达，让教师们有心理准备，并将视导视为常态。

（3）视导频率。一周视导 $1 \sim 2$ 次。

（4）名师献课。为给教师们，尤其是青年教师提供教学参照，视导小组也定期安排名师献课，号召教师们向名师学习授课艺术。

四、视导流程

（1）每周五由教务处根据领导意见及年级情况安排下一周视导任务。

（2）通知相关人员做好视导准备。

（3）全程听课或参与备课组活动。

（4）课后视导小组与相关教师进行座谈，各抒己见，分析授课或备课过程中的利弊优劣，提供改进意见和方法建议。鼓励为主，也不回避问题。

（5）定期撰写视导简报，指出优点和不足以及建议，分发给相关领导，供其研究决策，也分发给各年级，以期有则改之无则加勉。

有生命力的校本研修

——龙城高级中学（教育集团）的探索

深圳市龙岗区龙城高级中学　蒋雁钦

　　龙城高级中学是广东省国家级示范高中，位于深圳市龙岗区中心城，是全市最大规模的全寄宿制高中之一，是深圳市单体面积最大的校园。我校是广东省和深圳市首批课改示范校、广东省文明校园、深圳市精神文明示范单位、广东省五一劳动奖状获得单位。从 2006 年至今，连续 15 年获得深圳市高考工作卓越奖。近年，我校有 10 位同学被清华、北大录取。我校师生获得各级各类奖项十余项。2021 年高考，我校重点上线率达 73.8%，本科上线率达 99.8%。

　　优秀的教师团队是学校的核心竞争力。学校现有国家级名师 1 人，省级名校长、名师 14 人，市级以上名师 24 人，区级以上名师 94 人，区级以上名校长、名师、名班主任工作室 16 个；正高级教师 3 人，特级教师 5 人，高级教师 126 人，博士、硕士、双学士 89 人。

　　作为广东省校本研修示范校，龙城高级中学始终以师生发展为本，构建有生命力的校本研修模式。

一、文化引领、学术导向，不断激发内在活力

　　走进龙城高级中学，"崇真尚本，追求卓越"的办学理念映入眼帘。马锐雄校长充满自豪地说："龙城高中是一所充满教育理想而又遵循教育规律的学校，开办之初就确立了文化立校的发展战略。""拒绝平庸，追求卓越"成为龙高人共同的教育价值观，"人人争当名师"成为全体教师的共同追求。浓郁的教师专业化成长氛围形成了名校长领航、专家团队护航、骨干教师示范、青年教师跟进的美好局面。

　　上述的名校长指的正是学校校长马锐雄，他扎根深圳教育 38 年，是广东省本土培养的校长，同时也是深圳改革 40 年的校长代表。他是"中小学校长国家级培训专家""广东省基础教育系统名校长""深圳市特级正校长"，荣获 33 项国家和省市荣誉称号，连续 4 期被聘任为"广东省中小学名校长工作室"主持人，被广东省中小学教师发展中心、华南师范大学等院校和部门聘任为兼

职研究员和客座教授。马锐雄校长以"扬长教育"理念导向教育教学实践，充分发挥名校长的专业引领作用，成为校本研修的引航人。学校建设了"教育部中西部校长培训基地"和"深圳市教师专业发展基地"平台，供教师交流管理和教育教学经验，推动学术建设；推进了"名师＋"工程，多角度为教师赋能，提升教师发展。特别是成立集团以后，构建以马锐雄校长、罗明军等名师引领下的"名师联盟"，加强学术导向，聚集新课程研究，主动创新教育教学模式；集团内还开展初高中衔接课程、跨学科融合课程等项目的探索，开展面向未来教育的前瞻性问题的研究。

二、制度保障、组织推动，不断提供成长"养分"

有了主动研修的文化氛围和与学术导向的名师引领，我校校本研修的内生动力不断激发。为了给教师发展提供源源不断的成长养分，龙城高级中学建立了一系列科学合理的教师专业发展制度，教师发展从随意走向制度化。早在2006年，我校就颁布了《关于加强教育教学研究促进专业发展的决定》，引导教师积极主动地开展教学研究和教学反思。十几年来，我校在传承的基础上不断优化、创新，从制定《青年教师培养制度》《名师工程培养制度》等一系列制度，到完善职称评聘方案、聘后管理办法等，逐渐从控制型管理转变成激励型管理，建立职称晋级与责任提升的正向关系，唤醒教师投身教育改革的自觉意识，不断引领教师主动走专业化发展道路。

我校建设了省级教师发展基地，为教师搭建多样平台并依托平台开展环环相扣的各类活动，逐渐形成了"读训练写"四位一体的"研修行一体化"龙高样本。第一是阅读，通过"卓越论坛""青年教师学习会""文学之夜"等多种形式，引领教师崇尚读书，形成良好的读书风气，培养教师热爱阅读的情趣和善于读书的能力。第二是培训，针对教师在教育教学中存在的困惑和不足，我校邀请全国知名专家学者到校开展专题培训，先后邀请的知名专家学者有魏书生、李镇西、肖川、刘良华等。集团化办学以后，我校成立了"集团师训中心"，创新"双师制"（校内＋校外）配备导师，以及开展集团内的教师校本培训。第三是通过新教师汇报课、党员示范课、解题能力大赛、开发校本课程、课题研究等方式，让教师立足实践，反思、研究、解决自己面临的问题，主动改进教育教学行为，从而实现教师专业发展。第四是写作，学校教师专业发展专刊《发展》自2004年创刊以来已经发行154期，每年10期。该刊物既开设"校长论坛""管理者手记"等教育管理板块，也有"现场·深度""课改前沿"等创新试验场，还有"读书笔记""师徒对话"等专题设置，是少有的专注于教师科研的校级专刊。现已刊载教师专业发展文章上千万字，结集出版教师专业发展专集 4 本。这些都加强了教师的教育教学实践能力和科研水平，有效保障了校本研修的可持续发展。

三、"名师+团队"建设，扎根土壤创建优质学科

在教师发展上，马锐雄校长向来反对"塑料花式"的校本教研。所谓"塑料花式"，就是看起来很好看、很华丽，但是华而不实，没有扎根学科发展，没有在团队成长的土壤中发挥作用。

真情境、真问题、真研究，是马锐雄广东省名校长工作室的研修特色，也是龙城高级中学校本教研的理念根基。学校现有 16 个"三名"工作室、94 名区级以上名师，可谓是人才济济、群英荟萃。名师们是独自美丽，还是春色满园？如何解决部分名师"墙内开花墙外香"的问题？如何促进名师们的再发展？在解答这些难题的时候，龙城高中找到了校本研修的独特路径——"名师+团队"建设，以充分发挥"名师"示范引领作用，真正将名师发展与优秀学科建设相结合。

"名师+团队"建设体现在平台搭建上。集团成立"师训中心"，鼓励名师开发专题培训课程，充分发挥示范作用；建立"名帅联盟"，统筹推动"三名工作室"与学科建设的深度合作，开展联合教研；整合省、市、区各级"三名"工作室资源，打通校内培养与对外辐射的通道；借助"卓越论坛"、学术顾问委员会等方式激发高端人才的活力，发挥名师的学术引领作用。

"名师+团队"建设体现在教学教研上。教研活动常态化是有效校本研修的保障，也是落实优秀学科建设的重要措施。我校建成教师备课中心，落实"定时、定点、定主题、定中心发言人"的主题式教研，加强名师引领下的学科主题教研活动，并创新干部挂点学科制度，"行政力+学术力"双力督促校本研修的实地开展、有效落实。

"名师+团队"建设体现在教师梯队发展上。与很多学校一样，我校也构建了"名校毕业生—教坛新秀—骨干教师—名师"的梯队发展体系。除了"师徒结对"等常规外，我校还独创了"'校内+校外'双导师"、《青年教师成长手册》等举措，实现了教师的跨越式发展。2021 年的青年教师基本功比赛，学校获得优秀的成绩。在赛后总结中，有很多青年教师都提到了名师引领和团队磨课的力量。正如获得深圳市一等奖的温敏珍老师所说："整个（备赛）过程就是在'专家引领、集体智慧'下的跨越式成长。名师、专家的指导和耐心点拨，使我找准了方向。"

百年大计，教育为本；教育发展，教研为先。校本研修并非一时之功，而应该始终与教育教学实际相结合、与未来教育方向相统一，实现与时俱进的、可持续发展的、富有生命力的校本研修。

附录：

龙城高级中学教师校本研修制度

教学研究是提高教学质量、提高教师素质的重要手段和途径。为更好推进新课程方案的实施，我校建立了以教学部门（教学处、科研处和教务处）、学校教研组、年级科组和教师组成的4级教研网络，并制定了各级教研工作职责和工作制度，组织学习党和国家教育方针、现代教育理论，转变教育观念，明确培养目标，按照教育规律和学生认知特点，积极开展教学研究和实践。

一、指导思想

全面贯彻《关于新时代推进普通高中育人方式改革的指导意见》精神，以新课程方案和标准为导向，改进和加强教研工作，立足学校，建立以解决学校在课程实施中所面对的各种具体问题为对象，以教师为研究的主体，以促进学生健康、主动的发展和教师专业化成长为宗旨的以校为本的教研制度，使学校成为学习化组织，推动课程改革目标的全面落实。

二、基本目标

以校为本的教研制度必须立足学校，一是为了以解决学校和教师开展教育教学、促进学生发展和教师自身专业化成长中所面临的问题为指向，选择学校、教师在教育教学中经常遇到和亟待解决的实际问题，在新课程理念的指导下进行研究；二是为了解决在新课程实施中出现的问题，由学校、教研组长、年级科组长和教师共同分析探讨，形成解决问题的方案，从而使学校逐步适应新课程，改变"等"（等专家指导）、"靠"（靠行政部门、教研部门）现象；三是基于学校——从本校和教师自身的实际出发，充分发挥学校内部的教育智慧，盘活学校内部的资源及适时邀请专家参与，开展各种形式的研究活动，提高教学研究和解决实际问题的能力。

三、各级教研工作制度

（一）学校教学部门（教学处、科研处和教务处）校本教研工作制度

在校长领导下，全面制定学校教研工作规划与多项规章制度，形成一支强有力的教研队伍。根据国家和上级有关方针政策制定本校长期和近期教研工作

目标，并负责监督实施。

（1）选送优秀教师参加高层次进修，做好骨干教师的选送和培训工作，组织全校教师分期分批参加上级组织的业务培训。努力做好自培工作，包括学校自己组织的业务培训和教师的自我学习培训。

（2）根据形势发展，制定学校教科研课题，并逐级落实。

（3）发动全校师生员工从本校和本职工作出发，学习教育理论，注重联系实际，加强对实践成果的经验总结。

（4）组成老、中、青相结合的教研队伍，开展老、中、青结对子活动，并负责督促检查。

（5）负责全校的教研流程管理工作，加强对学校教师教研工作的指导和管理，组织校、市、省、国家级课题的论证、申报工作，选编学校的教科研论文集。及时检查各项教研工作的落实、进展情况和教研工作交流，及时安排和总结本校教研工作情况。

（6）加强业务学习与研究，不断提高自身的理论素养，以身作则，理论联系实际，促进全校师生形成实事求是、崇尚学术、勇于创新、不断进取的校本教研风气。

（二）学校教研组（长）校本教研工作制度

教研组是学校落实教学工作，开展教学研究和提高教师业务水平的重要组织之一。教研组长应在校长和教学部门的领导下负责组织和领导本学科有关教学研究的全部工作。

（1）组织教师学习本学科课程标准，明确本学科的目的、任务，讨论并确定分年级教学要求，制订学期教学计划。组织领导全组教师制订学期工作计划、年级教学进度计划、教学科研计划和第二课堂活动计划，并严格执行。

（2）积极开展教学研究活动。根据教学实际，围绕学校教科研课题确定教研组、年级科组和个人每学期的研究课题，有计划地开展研究与交流汇报，组织教学研究课、公开展示课活动，及时总结、交流、推广教学经验，撰写经验论文。

（3）大力抓好本学科教师的教学工作，组织本学科教师，认真钻研教学大纲、教材，探索教法和学法，认真备课，写好规范化教案，讲好每一节课，教好每一个学生。

（4）组织好每周一次的教学研究活动。主要内容有：组织年级科组集体备课、检查教案、研究解决教学疑难问题、征求学生意见等。学习教学经验、教改经验、总结工作，讨论分析学生的学习态度、学习方法、学习质量等状况，提出解决问题的措施和办法。教研组活动要有出勤和活动记录。

（5）依据学科特点和学生实际，结合教改，确定教研中心和教改课题，组织全组成员学习新理念，不断总结教学成果，推广教学新经验。

（6）每学期要在组内开展一次观摩评议活动，研究教材、教法和学法，交流经验，提高教学质量。活动要有总结材料和规范的记录。

（7）做好以老带新工作，充分发挥老教师传帮带作用，要落实到人，加速培养新教师和青年教师。坚持每月2次听新教师课。

（8）注意积累资料和总结经验。不断提高练习题、单元过关题、考试题的质量，向建立学科题库方向发展。每学期要向学校和有关学会提交一定数量的经验论文或教学改革实验报告。

（9）教研组长要保证上述各项工作的贯彻落实，开学时订好教研组工作计划，并认真组织实施。期中要协助教学部门检查落实情况，期末做好工作总结，并定期向学校行政领导和教师汇报工作。真正创建严肃活泼，刻苦钻研，文明和谐的教研组。

（三）年级科组（长）校本教研工作制度

年级科组（长）在年级组长和教研组长领导下，负责年级备课和教学研究工作，努力提高本年级学科的教学质量。

（1）组织教师认真学习教学大纲、学科教材和教法，贯彻执行教研组计划。

（2）组织制定年级学科教学进度计划、教研专题、进修计划、报教研组并组织实施。

（3）按照学校工作计划和教研组教学工作计划，拟定出本年级本学期的教学计划，并组织实施。组织备课组教师在个人独立备课的同时进行集体备课。每周至少集体备课一次。共同研究：①单元、章、节、课时的目的和要求；②重点、难点、疑点、关键点；③作业或练习；④教学过程的组织和教学方法的选择；⑤统一进度，相互取长补短，共同提高。

（4）组织指导教师听课、组织开展示范课、研讨课、观摩课等公开课活动。

（5）做好学科期中、期末的复习、出题、考试、评卷、成绩统计和质量分析工作。

（6）组织安排好教师的教学业务培训工作。

（7）积极开展教科研活动，认真落实本组教科研课题，以教学科研促进教学质量提高。

（8）年级科组要积极探索选修课的教法、学法与考法，逐步建立并稳定本学科有特色的选修课。

（9）抓好本年级活动课和研究性学习课教学，有针对性地培养学有余力、学有特长的学生，并做好差生的转化工作，真正实现大面积提高教育质量。

（四）教师校本教研工作制度

教学研究是提高教师素养的重要手段。教师是开展校本教研工作的承受者和受益者，是开展教研活动的出发点和归宿。教师参加教研活动的质量影响全校教研活动的质量和教学工作的质量，教师必须主动、认真地进行教研活动，在活动中不断成长、不断提高自己的业务水平和能力。

（1）认真参加学校各级教研组组织的各项教研活动，态度端正。认真完成学校、教研组、年级科组交给自己的任务。

（2）每位教师认真完成教研组和年级科组交给自己的备课任务，在教研组、年级科组讨论时要认真准备，积极发言。

（3）认真参加听课、说课、评课活动。

（4）在教学实践的同时，要坚持做到"六个一"：每年读一本教育教学理论著作，确定一个教学研究课题，每学期上好一堂教学公开课，完成一份心理和德育渗透教案，撰写一篇以上教研论文，每月完成一份多媒体教案或课件。

（5）要熟悉教学大纲、课程标准、教科书及必要的教参资料，认真制定好一学期的授课计划。

（6）能把握好课程标准和教材要求，认真备好课，写好教案。备课时，既备教材大纲，又备学生实际；既备知识能力点，又备德育心理渗透点；既备有效教法，又备学法指导；既备书面练习、作业，又备实验实践材料。

构建"一一三六"校本研修模式，
促进好老师不断涌现

佛山市第一中学 谭根林

习近平总书记在北京师范大学与老师座谈时，语重心长谈道："一个人遇到好老师是人生的幸运，一个学校拥有好老师是学校的光荣，一个民族源源不断涌现出一批又一批好老师则是民族的希望。"好老师不是天生的，除了老师自己持之以恒地"修身""正心""诚意"外，还与学校教师文化的耳濡目染，特别是与学校的校本研修分不开。近年来，佛山市第一中学（以下简称"佛山一中"）贯彻党的教育方针，秉承"基于学校，在学校中，为了学校"的基本理念，结合百年名校文化基因和学校教育教学实践，构建了"一一三六"主题研修校本模式，促进了教师专业成长，使学校办学质量节节攀升。

"一一三六"主题研修模式，是指在校本研修过程中，确立一个目标大主题、规划一年每月小主题、搭建三个平台、实施六项工程，拓宽研修路径，采用不同策略，深度介入全体教师专业能力发展，使教师在教学实践中，不断反思和成长。

一、确立一个目标大主题：打造一支"四有"好教师队伍

习近平总书记指出：做好老师，要有理想信念，有道德情操，有扎实学识，有仁爱之心。相信每位教师都能成为好教师，努力打造一支"四有"好教师队伍，是我校办学的重要任务，也是校本研修的最大主题、根本遵循。

斯坦福心理学家卡罗尔·德韦克在对"成功"进行了数十年研究后，提出成长型思维理念，她认为"人的能力、智力等是变化的，可以拓展，可以通过学习训练获得提高"。虽然教师在学习基础、修为、天赋、素养、态度和价值观等方面会有差异，成为好教师的路径与速度会不同，但学校领导只有秉持"成长型思维"，相信每位教师都能成为好教师，才会花大力气为校本研修搭建优质舞台，才会在校本研修的经费投入、专家聘请、教师外出培训上舍得付出。

二、规划一年每月小主题，描绘校本研修蓝图

校本研修是一种来源于实践、服务于教师的专业发展活动。我校通过调研发现，要使校本研修真正落到实处，就必须让教师从中得到"实惠"，使之成为教师的"内需"，教师才会真心实意而且满腔热情地参与。为此，我校认真了解教师发展需求，立足学校教育教学常规，制订每月一主题的学年度活动计划，描绘校本研修蓝图，切实促进教师全面、专业、个性和终身发展（表1）。

表1

时间	主题研修活动	活动主要内容
8 月	新教师跟岗学习	入职新教师
9 月	"1369 工程"启动	师徒结对：名师相伴，同伴互助
10 月	教育理论和教学技能学习	大师进校园：专家报告，思想引领
11 月	教学开放日课例研讨	同课异构：两课三研讨三反思
12 月	立足校本教研，提升科研能力	教科研培训，竞争性课题申报
1 月	教师分享教育故事	在教育路上：我的教育故事
2 月	教师读书分享会	书香四溢：共读书，同建书香校园
3 月	青年教师解题大赛	师生同题竞技
4 月	校内名师报告	名师论坛暨学术大家谈
5 月	青年教师教学基本功大赛	课例研讨：同伴互助共成长
6 月	教师命题、磨题培训	交叉命题，试题研讨
7 月	完善自我，更新知识	全员培训：高校研修

全年 12 项主题研修活动，充分兼顾不同年龄阶段、不同岗位教师在专业发展上的不同需求。比如实施以老带新、以新促老、共同提高的"1369 工程"，通过师徒结对，充分发挥骨干教师传、帮、带作用。邀请名家名帅来校开设讲座或授课，拓展教师知识的宽度和广度；开展学术大家谈活动，推荐富有经验的老教师在教职工大会上分享读书体会、教育教学经验、教研成果等。教研活动既注重自我反思，又强调同伴互助，比如每次考试结束后，备课组都要以"两个每人"模式进行质量分析：一是备课组长要根据考试数据对每人的教学情况进行点评，二是每人要对自己做得好的方面进行介绍，不足之处进行分析并说明改进措施。

三、搭建"教科培"3个平台，为主题研修提供有力支撑

众多主题研修，必须要借助相应的平台载体，才能真正开展起来，取得预期效果。校本科研能总结教育教学规律，优化教学策略，提供校本培训素材；校本教研能将科研成果进行转化，使理论与实际相结合，解决教育教学中遇到的实际问题；校本培训则能让教师掌握教科研方法，提升教科研能力。我校搭建校本教研、科研和培训3个平台，成立专门机构，指定专人负责，给予相应资金支持，使各项主题的研修顺利组织完成。例如，校本科研平台，支撑大师进校园、课题研究申报等；校本教研平台，支撑课例研讨、青年教师基本功大赛等；校本培训平台最繁荣，支撑的主题也最多。

同时还要注意，上述3个平台就像是教育发展的3驾马车，只有协调发展、有效融合，才能保证教育教学高质量。佛山一中一年一度的教学开放日"同课异构"活动，就是"教科培"3个平台有效融合的强力举措。不同学校为教师同台献课，专家进行点评、讲座、培训，多方一起聚焦课堂、共同成长。尤为重要的是，教师展示的课例要经过"两课三研讨三反思"。"两课"是"试教课"和"公开课"。"三研讨"是指在试教课前一周的科组活动上进行第一次研讨，由承担公开课教师"说课"，介绍教学设计和理论依据，其他教师就"说课"进行研讨，提供教学设计"金点子"；第二次研讨在试教课结束后进行，全组成员参与磨课；第三次研讨是在公开课结束后进行，听课教师进行评课。"三反思"以公开周执教教师为主体，第一次反思在第一次研讨后进行，教师根据科组研讨记录，反思自己的教学设计成功与不足之处，根据需要做适当修改，甚至推倒重新设计；第二、三次反思则是分别在试教课、公开课结束后进行，要求授课教师综合听课教师和专家的意见撰写教学反思。这样的活动不只是授课教师个人教学技艺的展示，更是众多老师进行集体研究和共同培训的载体。教师的个人研究和集体探讨相互融合，推动"教科培"向纵深发展。

四、实施六项工程，让主题研修落地生根

教师是校本研修的主体。校本研修的实施应该重在行动、重在过程，以多元化适应不同教师的潜能和需求，才能让教师成为真正的主人。我校立足校情，通过实施青蓝、读书、荣誉、健康、同课异构、课题研究等6项工程，努

力激发教师追求发展的内驱力，增强教师参与校本研修的主体自觉性，让主题研修落地生根。

（一）青蓝工程助成长

为促进青年教师迅速成长，我校实施"1369 青蓝工程"，即 1 年合格、3 年胜任、6 年成为骨干、9 年成名师。采取师徒结对形式，以老带新，以新促老。我校对师父和徒弟都提出明确要求，如实行师徒相互听课制度，要求徒弟每学期听师父 40 节课以上，师父听徒弟 15 节课以上，以促进教师交流，实现共同提高。

（二）读书工程提内涵

书籍是人类最佳的心灵伴侣，读书是教师进行自我研修的最好途径。我校实施读书工程，开展校长荐书活动、读书节、阅读分享等活动；为每位教师订阅专业期刊，实施"教师自写书单，图书馆购买"制度，鼓励教师们多读书、读好书，营造书香校园。华阜图书软件大数据统计显示，佛山一中在全省中小学使用华阜软件的学校中图书馆藏书量是最多的，多年来图书借阅量也位列第一。

（三）荣誉工程促提升

根据"斯格模德曲线"，一个教师走向成功至少要经历两次成长。很多教师在经历第一次成长后进入高原期，专业发展停滞不前，找不到前进的动力，容易出现职业倦怠。为了帮助教师突破高原期，开启第二次专业成长，我校实施荣誉工程，开展各类评优活动，激励教师们创优争先；设立职称小级别晋升要当两年班主任制度、佛山一中艰苦岗位和关键岗位（学校定义级长、班主任、备课组长和高三任课教师为艰苦岗位和关键岗位）津贴制度，将教师们在艰苦岗位和关键岗位的任职年限直接与佛山一中骨干教师等级挂钩，鼓励教师们在重要岗位上实现人生价值。

（四）健康工程增实效

职业压力与快节奏生活等多重因素，使一些教师感到身心疲惫，从而影响参与研修、提升自我的积极性。为此，我校秉持"健康之精神寓于健康之身体"的理念，实施以提高教师健康水平和幸福指数为目标的"健康工程"，鼓励教师强化"每天锻炼一小时，健康工作四十年，快乐生活一辈子"的人生态度和生活习惯；成立各种教工俱乐部，如羽毛球、篮球、足球、瑜伽、合唱、咏风演艺社等，帮助教师陶冶情操。针对教师的心理困惑，我校开设心理讲座，引进积极心理学，引导教师们做一名幸福教师。

（五）同课异构强根基

上好课是教师的立身之本。不同教师针对同一教学内容，构建差异性教学策略，让同伴参与课堂观察、比较分析，这种集"实践、展示、反思、互动"于一体的教学研究方式，对于提高教师课堂教学能力具有重要作用。我校要求各个备课组每学期至少组织两次同课异构活动，活动的常态化使教师逐渐淡化"比"的意识，取而代之的是一种自然实在的教研生活的实现。

（六）课题研究谋发展

教师专业发展论认为：教师即研究者。但许多教师做课题，却是为研究而研究，课题研究与学科教学严重脱节。为了改变这一状况，我校提出"问题就是课题，讨论就是研究"的思路，引导教师从大处着眼、小处着手，把教育教学中存在的问题和困惑转化为小课题，组建研究团队开展研究。我校还设立竞争性项目，对立足于学校实际、着眼于实践问题的研究项目给予资金支持。基于微课题研究的校本研修，把课题研究与校本研修结合起来，实现课题研究校本化、校本研修课题化，使教师得以在教学中研究、在科研中成长。

党建引领党业融合
构建教师队伍建设校本研修新模式

珠海市第二中学　刘　畅　高　山

2021 年 11 月 24 日，中央全面深化改革委员会第二十二次会议审议通过了《关于建立中小学校党组织领导的校长负责制的意见（试行）》。会议强调，坚持和加强党对中小学校的全面领导，要在深入总结试点工作的基础上，健全发挥中小学校党组织领导作用的体制机制，确保党组织履行好把方向、管大局、作决策、抓班子、带队伍、保落实的领导职责。要把党建工作作为小学治校的重要任务，发挥基层党组织作用，加强党员队伍建设，使基层党组织成为学校教书育人的坚强战斗堡垒。高素质专业化党员教师队伍建设是我国基础教育稳中求进持续发展的必然逻辑，是加快实现教育现代化、实现教育强国的坚实基础。党员教师首先要培养自己成为有理想信念、有道德情操、有扎实学识、有仁爱之心的"四有好老师"，做学生锻造品格、汲取知识、建构思维、报效国家的"四个引路人"。继续加强高素质专业化党员队伍建设，是为实现中华民族伟大复兴提供有力人才支撑的历史逻辑。中共珠海市第二中学党委在深入学习习近平总书记重要论述的基础上，结合自身实际，形成了一系列行之有效、富有体系的校本实践经验。

一、加强党的领导，为党员队伍建设提供政治保证

（一）抓好组织设置和班子建设，加强校党委对党员队伍建设的领导

校党委对党员队伍建设实行政治领导、思想领导、制度领导、文化领导和组织领导。加强政治领导，以党的政治建设为统领，开展好"不忘初心，牢记使命"主题教育和百年党史学习教育，全面推进学校党建工作。加强思想领导，用习近平新时代中国特色社会主义思想武装头脑，做到入心入脑、外化于行，积极培育和践行社会主义核心价值观。加强制度领导，明确党规党纪，懂规矩，心中有戒律。加强文化领导，使党员在"文化养人"的浸润中汲取百年党史的文化内涵，丰富内心世界，积蓄成长力量。加强组织领导，牢牢把好选人

用人关，做好管理干部教育、培养、选拔、考核、监督、评议等工作，完善激励和约束用人的创新程序，激发领导干部干事创业的积极性、主动性和创造性。

为了切实抓好组织建设，充分发挥党组织的战斗堡垒作用和党员教师的先锋模范作用，我校党委把抓好班子建设放在首位，把支部建立在"年"（年级）上，两级班子成员都坚持"德才兼备，以德为先"的用人标准，由民主选举推荐和上级考核产生，讲政治、顾大局、精业务、善管理、守规矩、敢担当，在群众中有威信、有口碑。无论是在工作上、学习上，还是生活上，我校党委、支部委员一班人都注重以身作则、勤政廉政，时时力求以理服人；注重民主管理、校务公开，事事强调以人为本；注重内练素质外塑形象，时时倡导以德治校；注重非权力影响作用，处处做到以情感人。

我校进一步完善并严格执行《党员评优评先实施办法》，重视对全体党员的师德考核，强化师德考核在评优评先中的"一票否决"制度，对师德失范问题"零容忍"。结合学校实际，明确我校师德师风建设的"123456"总体要求，即1个忠诚：忠于党的教育事业；2个服从：服从大局、服从领导；3个热爱：热爱学校、热爱班级、热爱学生；处理4个关系：家务与工作的关系、分内工作与分外工作的关系、吃亏与便宜的关系、提出意见与尊重人格的关系；5个自觉：自觉学习、自觉守纪、自觉清廉、自觉共事、自觉创新；六个意识：师表意识、育人意识、胸襟意识、课堂意识、质量意识、自省意识。

从校党委会到各党支部，再到党小组和全体党员，各级各层都牢牢把握政治大方向，明确教育职责使命，落实立德树人根本任务，为国育人为党育才，把学生培育成合格的社会主义建设者和接班人。

（二）建立常态化学习机制，积极打造学习型基层党组织

我校党委、各支部和党小组建立了常态化学习机制，把学习领会习近平新时代中国特色社会主义思想和党的十九届六中全会精神作为党委会议、支部会议、党小组会议的第一议题，作为组织开展专题学习、"三会一课"、组织生活、教育培训的首要内容。以支部为单位，结合实际制订学习计划，发挥党小组作用。党委书记、校长尹祖荣同志亲自带头，亲自落实，用实际行动以上率下带动广大党员沉下心来学习。我校党委为各党支部订阅党史报刊书籍，并定期下发学习资料到支部。学校聘请专家教授为全体教职工、党员教师、青马工程学员做《百年大党的精神谱系》《全面深化前海深港现代服务业合作区改革开放方案》《横琴粤澳深度合作区建设总体方案》等党史专题讲座。校党委委员、党组织书记严格落实"三会一课"制度，带头为支部和青年学生上党课。

以打造"学习型"党支部为抓手，理论与现场教学相结合，自学与集中

学习相结合，普遍教学与重点培养相结合，从政治上全面提升党员教师意识，统一思想开展工作。认真学习《习近平总书记教育重要论述讲义》《论把握新发展阶段、贯彻新发展理念、构建新发展格局》《中共中央关于党的百年奋斗重大成就和历史经验的决议》等书籍，全面提高党员的政治素质和基层党组织的号召力、凝聚力、战斗力、向心力，不断完善基层党支部各方面制度建设。根据上级要求，统一推进并不断完善标准化党支部建设工作，开展"一个支部一个品牌""一个支部一个堡垒""一名党员一面旗帜"建设，发挥好基层党组织战斗堡垒作用，以党建工作促进立德树人工作的顺利高质量开展，提高育人质量。

（三）充分利用各种载体，全面提升党史学习教育效果

自 2017 年开始，校党委专人负责每周定期短信推送"二中微党课"和"二中意识形态学习材料"，利用便捷的学习媒介，常抓不懈提高学在日常、悟在经常的学习效果。全体党员结合所发书籍自主学习《习近平总书记教育重要论述讲义》《我是共产党员——新时代最美教师》等，在厚厚的学习笔记和心得中不断感悟，涵育教育情怀。

校党委书记带领全体党员开展现场教学，先后赴广州、珠海等多地党史教育基地、红色教育基地开展现场教学，红色故地且瞻且怡，现场教学走实走深。各支部和青马工程学员则分别前往苏兆征故居、瞻仰烈士陵园等开展党团活动。很多党员表示，出发前的宁静和期待在现场教学时转化为内心的澎湃和震撼，信仰的力量在先辈们的身上有如此巨大的彰显，自己更要坚定理想信念，踏实做好本职工作；身逢世界百年未有之大变局的时代，在教育教学上会有更多的挑战，但是只要有"革命理想高于天"的精神，练好内功、提升修养，勤学苦练、增强本领理想的目标一定会尽快实现。

二、抓好一条主线，大力提升师德师风教育成效

教育是国之大计、党之大计。《中共中央关于党的百年奋斗重大成就和历史经验的决议》中强调，党和人民事业发展需要一代代中国共产党人接续奋斗，必须抓好后继有人这个根本大计。要坚持用习近平新时代中国特色社会主义思想教育人、用党的理想信念凝聚人、用社会主义核心价值观培育人、用中华民族伟大复兴历史使命激励人，培养造就大批堪当时代重任的接班人。作为教育工作者，我们要不忘立德树人初心，牢记为党育人、为国育才使命，积极探索新时代教育教学方法，不断提升教书育人本领，埋头苦干、勇毅前行，在

新时代新征程中办人民满意的教育，为培养德智体美劳全面发展的社会主义建设者和接班人做出新的更大贡献。

以"党史学习教育"为主线，全校总动员，扎实推进党史学习教育"进校园、进课堂、进头脑"。

（1）我校每学期召开两次师德师风教育培训会议。我校党委委员、纪委书记组织专题学习关于师德师风培训有关材料，党委组织制定了《珠海市第二中学教职员工工作守则》，并与每位教师签写《师德师风承诺书》，要求全体教职工认真领悟遵循，坚守政治、法律和道德底线，加强师德修养，争做"四有"好教师。

（2）打破空间局限，校党委建设中国共产党党史文化长廊，珠海二中人将红色精神谱系入脑入心。作为珠海唯一一所与特区同龄的高中，珠海二中将"敢闯敢试、敢为人先、埋头苦干"的特区精神作为自己前行的精神力量，鼓励教师踏踏实实做好教育本职工作，用教育教学优秀成果献礼建党一百周年。

（3）我校党委订阅和发放《论中国共产党历史》、《论把握新发展阶段、贯彻新发展理念、构建新发展格局》、《中国共产党简史》、《改革开放简史》、《社会主义发展简史》、《中华人民共和国简史》、十九届六中全会等指定学习材料，丰富党小组学习资料，并统一订制专用学习笔记本，汇总心得。

（4）各班充分利用如班会课、晨会等契机开展党史教育，教务、教研统筹指导任课教师结合学科融入党史教育，历史、政治等科组开展专题研讨，全体校党委委员为青马工程学员专题讲党史等。

（5）我校秉承"党建引领，政府搭台"的服务理念，积极参加街道辖区活动。作为辖区学校，参加狮山街道办2021年首场凤凰树下音乐会，校筝乐团、声乐团等还在光华街美丽街角表演，活动现场吸引近百名家长及市民群众驻足观看，定格一个个精彩瞬间。

（6）政治备课组切实落实"思政小课堂与社会大课堂相结合"，第二课堂走进东风社区居委会进行《基层群众自治制度》现场教学，组织开展"不忘初心、牢记使命"红色故事会，党史教育走进课堂，发挥立德树人关键作用。

（7）校艺术科"永远跟党走逐梦新时代——'百歌颂中华'歌咏活动"和优秀舞蹈作品《桥》在省市获得大奖，红色题材、红色教育，营造共庆百年华诞、共创历史伟业的浓厚氛围。

我校综合各种立德树人途径，实施立德树人教育。通过课程育人、文化育人、活动育人、实践育人、管理育人、协同育人等途径，将育德与育智、育心有机结合起来，创新育人路径，提高德育实效，培养担当民族复兴大任的时代新人。

三、突出一个重心，着力打造基层坚强战斗堡垒

紧紧围绕学校党委提出的"围绕教育抓党建，抓好党建提质量"的指导思想，党业融合，全体党员同志扎扎实实搞教育，促成果。

（1）将支部建在年（年级）上。实行校领导蹲组联班制，开展创先争优、先锋示范活动。以学科组、备课组为单位组建党小组，基层党组织会议认真落实第一议题，理论学习与专业学习共促进步，小组活动与学科活动有效结合，积极推进"党业融合"。

（2）政治科组发挥立德树人关键作用。把思想政治工作紧紧抓在手上，深入开展社会主义核心价值观教育，抓好学生德育工作，把弘扬革命传统、传承红色基因深刻融入学校教育中来，厚植爱党、爱国、爱人民、爱社会主义的情感，努力培养德智体美劳全面发展的社会主义建设者和接班人。政治科组全体总动员，科组党委委员上党课，科组全体成员开读书分享会，青年党员教师为青年学生上专题讲座，红色科组展现红色力量。

（3）发挥党建带团建重要作用。校团委组织师生开展诗文朗诵比赛、主题团日、志愿者服务、学生代表大会、手抄报评比等活动，引导全校师生在诵读中充分领悟经典的魅力，激发读书热情，提升综合素质，加深对党的热爱，营造良好的书香校园氛围。

（4）成立"校务评议团"。学生校长助理架起了学校与学生之间沟通的桥梁，将学生纳入学校的民主管理中来，畅通学生对学校管理的反映渠道，协助学校进行科学民主决策，并进行有效监督。

（5）推进"青马工程"建设。以爱国主义教育为主线，以体验教育、实践教育为基本途径，我校积极致力于培养优秀青年学生，坚定青年学生的共产主义伟大信仰。此项工程对加强青年马克思主义教育，培养青年马克思主义者，对中华民族伟大复兴和建设中国特色社会主义事业具有深远意义。

（6）落实"我为群众办实事"。把此项活动作为党史学习教育重要内容，校党委多渠道多方面广泛征求意见，切实解决大家最关心最直接最现实的各种问题。各年级组织师生结对"一帮一"爱心助学活动；工会做好校务公开、招投标等监督工作。走出校园，深入社区，在"双报到"工作中，学习强国报道。我校还协助东风社区党委做好"长者饭堂"，帮助社区老人解决生活难题。

（7）以疫情防控为重心，多措并举，发挥党支部战斗堡垒作用和党员先锋模范作用。先后制定和完善了《珠海市第二中学深化"新冠肺炎"疫情防控工作实施方案》等，部门联动，党员带头，密切关注学生安全。党员教师

主动承担任务，积极化解矛盾，以身示范，带领广大教师执行党的政策，在教师队伍中形成正确的舆论导向，恪尽职守，完善措施，共克时艰，保持抗击疫情的高压态势。

四、坚持"一体四翼"，整体提升学校教师队伍素质

党员教师队伍建设落到实处的关键在于形成促进党员发展的校本体系。珠海市第二中学从不同的对象群体出发，构建了"一体四翼"的党员发展培训体系："一体"是一支教师队伍；"四翼"就是四个关键群体，包括党员教师、思政队伍、班主任和青年党员。

（一）加强党员教师队伍建设

引导全体党员在工作中创先争优，在思想上积极引领，在人际关系上滋润协调，构建和谐上进的党群关系。组织开展"七个一"系列活动（举办一次专题学习会、开展一次专题大讨论、重温一次入党誓词、精读一本好书、举办一次征文比赛、开展一次主题党日活动、树立一批创先争优典型）教育和引导广大党员干部"学党史、悟思想、办实事、开新局"，不断增强党员意识，擦亮党员身份，砥砺家国情怀，锻造政治品格，铸就政治灵魂。

（二）加强思政课党员教师队伍建设

办好新时代思政课，关键是加强思政课党员队伍建设。我校的具体做法如下：一是健全组织领导，打造精英团队，强强联合，相互支撑。加强校党委领导，健全制度规范，加强科组力量，按照"目标启动、理论促动、骨干带动、培训推动、激励驱动、关心感动、反馈轰动"的总体思路，切实加强思政课党员教师队伍建设。二是坚持理论学习，把握政治大方向。加强马克思主义理论学习，读原著、学原文、悟原理，自觉用习近平新时代中国特色社会主义思想武装头脑。三是坚定理论自信，创新课堂教学机制。增强上好思政课的决心、信心、耐心，引导学生增强对党的政治认同感，弘扬家国情怀，加强道德修养，增强法治意识，不断提升文化素养。

（三）加强班主任队伍建设

一是强化班主任工作职责，完善与落实《班主任岗位聘任办法》和《班主任绩效考核办法》，明确班主任岗位职责，发挥党员班主任的领头雁、领头羊作用，充分调动班主任工作的积极性、主动性和创造性，提升班主任的育人

水平。二是依托各级名班主任工作室，抓好"青蓝工程"班主任培训工作，全面提高班主任的专业能力和育人水平。三是完善德育体系，开发校本课程，上好班会课。积极建构与遵循"德育序列化体系方案"，开好主题班会。

（四）加强青年党员队伍建设

健全党员专业发展制度，构建"教研训"一体化的提升机制。落实"青蓝工程"结业制度，使青年党员在磨炼中求得专业发展。开展"拜师结对"活动，做好"传帮带"工作。安排名师、骨干党员专题讲座，教导、指引青年党员认清努力方向，激发他们的上进动力。组织青年党员参加专业培训和考试，帮助青年党员了解教育改革方向，掌握高考命题动态，提升教育教学能力。开展青年党员基本功大赛、命题比赛、优质课比赛、青年班主任能力大赛等活动，促进青年党员驶入专业发展的快车道。倡导青年党员自觉通过专业教学、专业反思、专业阅读、专业写作、专业研究、专业交往等途径提升专业能力，更好地落实立德树人根本任务。加强管帮扶工作。做好入党积极分子、发展对象、预备党员和正式党员的教育。加强党内激励关怀帮扶，加大从单位优秀青年教师中发展党员的力度，严格执行发展党员程序，加强把关和跟踪培养。

中共珠海市第二中学委员会坚决落实党组织领导的校长负责制，充分发挥党组织的核心作用，群策群力、和衷共济，让这片文化教育热土，处处呈现出团结奋进、生机勃勃的气象！未来，二中党委将继续带领全体教职工团结一心、克难奋进，发挥全体党员教师的尖兵作用，朝着"卓越高中"目标迈进，为珠海市教育高质量发展贡献力量！

参考文献

［1］习近平．坚持中国特色社会主义教育发展道路 培养德智体美劳全面发展的社会主义建设者和接班人［N］．人民日报，2018-09-11.
［2］习近平．论把握新发展阶段、贯彻新发展理念、构建新发展格局［M］．北京：中央文献出版社，2021.
［3］本书编写组．习近平总书记教育重要论述讲义［M］．北京：高等教育出版社，2020.
［4］尹祖荣，杨月和．以德育人 以文化人：用心做好新时代德育工作［M］．西安：陕西师范大学出版社，2020.

附录:

珠海市第二中学启航青年教师成长工作坊活动方案

青年教师的状况关系着学校的未来。提高青年教师的综合素质,有利于优化教师队伍群体结构,有利于培养、造就德才兼备的教师队伍,以适应学校发展的需要,实现我校教师队伍的良性交替。为此,结合我校校本研修和青年教师培养的工作实际,我校成立了珠海市第二中学启航青年教师成长工作坊。工作坊活动方案如下。

一、工作目标

(1) 团队成员的教育教学理念、专业态度、专业追求、专业知识和专业技能都能得到发展,并逐步明晰自身教育教学风格、特色的走向。具体的个人发展目标是:以"合格型教师""骨干型教师"为发展目标,争取成为对我校学科有影响的教学力量。

(2) 通过探索学校青年教师的成长,实现课堂教学改革的路径,从而带动我校教学质量的提高。

(3) 探索有效的青年教师研修模式,为我校校本研修工作积累有效的经验。

二、工作原则

(1) 针对性原则。从思想业务入手,突出教师研训和课堂教学重点。

(2) 共享性原则。以专家引领、导师示范、同伴互助、自我反思为主要活动方式,实现共研、共享、共成长。

(3) 创造性原则。发挥创新精神,努力使"工作坊"工作生动、活泼、有效,确保可持续发展。

(4) 层次性原则。针对青年教师发展需要的不同,实施层级性研训与指导。

(5) 实效性原则。活动植根于教师日常的教育生活,躬身于教师日常的教育实践,有针对性地探讨研究教师专业发展中的现实问题和教学中的共性问题,使教师的个人提高和促进学生的发展相结合。

三、组织机构

(1) 启航青年教师成长工作坊总坊。

总坊主:校长。

副坊主：主管副校长。

指导专家：外聘专家、省市级名师、学术委员会委员。

管理部门：教研室。

学员：参加工作未满 5 年的青年教师。

（2）各学科分坊。

理论导师 1 人：副高级以上职称、45 周岁以下。

实践导师 1～2 人：青年骨干教师、40 周岁以下。

学员 3～5 人：参加工作未满 5 年的青年教师。

如果学员数在 2 人以内，只配备导师 1 人。

（3）班主任分坊。

理论导师 1 人：市级名班主任。

实践导师 2 人：有经验的青年骨干班主任。

（4）"工作坊"由学校校长办公室领导，教研室主任专管，学术委员会协助开展培训工作。

（5）工作坊工作领导小组成员。

校长、主管副校长、教研室主任、学生处主任、教研室副主任、学术委员会秘书长、学术委员会副秘书长。

四、运行机制

（1）实行"教师结对"制。工作坊每位学员要与理论导师和实践导师拜师结对，理论导师全面负责各分坊的培训研修工作，跟踪督查，引领团队成员共同学习、研究和实践。

（2）实行"带题研究"制。团队成员围绕工作坊的研究主题，结合自身教学需求，自定研究微课题。

（3）实行"主题课例式研训结合"培养模式。针对具体课例进行主题研讨，再围绕主题课例和主题研讨进行"微培训"，使"研中有训、训中有研"。

（4）实行自主研修为主，定期集中学习制度。工作坊成员每月集中研修 3 次，活动保证"三定"：定时间、定地点、定主题，进行观课议课、教学研讨、课题交流等活动；同时将学校教研活动纳入工作坊的研修活动，增加彼此合作学习研究的机会；每次课例研训之后，导师对参与者撰写的教学反思或听课随笔进行针对性的点评。引领青年教师把握学科特点，提升青年教师的教学能力。

五、工作职责

（一）导师职责

（1）制定青年教师成长工作坊工作计划和学员培养考核方案。

（2）工作室建立定期"主题"研讨制度。由工作坊导师根据研究方向确定主题，定期集体研究。每学期导师听课至少 20 节。每个月至少组织集体研修活动 3 次。

（3）组织理论学习，提高理论素养。指导青年教师学习中外先进的教育理论、新课程理论与物理课程标准。不断更新知识结构，了解国内外教育发展动态，准确把握学科教学的切入点。

（4）开展教学研究，锻造精品课堂。组织工作坊成员上示范课，围绕研讨主题，带着问题听课，并积极发表见解，将研讨成果迁移到自己的课堂教学中去。引领教师把握学科特点，打造特色教师团队。

（5）开展课题研究，引领学员发展。梳理课改以来学科教学所取得的经验，分析课堂教学中存在的热点、难点、疑点和盲点问题，关注国内外课堂教学发展的动态，开展小课题研究活动，提升教师的科研能力。

（6）整合和开发优质的课程资源，收集优秀的教学成果，积极撰写教学论文、教学案例、教育叙事等。

（7）及时总结，撰写好工作报告。

（二）学员职责

（1）严格遵守工作坊管理制度和考勤制度。

（2）制订三年个人成长发展目标和每学年具体的学习计划和工作计划。

（3）每位学员至少订阅 1 份教学专业报刊或杂志，加强理论学习。每学期完成 1 本教育教学书籍的阅读，并撰写读书心得。

（4）每位学员一学年至少听课 40 节（每学期 20 节），分学期上交听课记录本至学校教研室。

（5）每位学员一学年至少完成 4 节（每学期 2 节）校级或校级以上公开课，由工作坊对其公开课的效果作出评价，分学期将公开课资料（教学设计、学案、课后反思、工作坊评课意见）上交学校教研室。

（6）积极参加各级各类教学研讨活动。每学年每位学员至少参加 1 项课题研究，撰写 1 篇专业论文。

（7）做好个人专业成长记录，及时撰写阶段性发展总结。

六、管理制度

（一）考核制度

工作坊各科分坊的考核由工作领导小组负责。

工作坊学员的考核由导师和学校教研室负责，主要对成员师德规范、自学情况、参与培训情况、参与工作室活动情况、随笔论文撰写情况、开设研究课、专题讲座、学术论坛、个人计划达成等情况进行量化考核。考核不合格者学校要进行诫勉谈话，取消评先评优资格。

每个工作分坊每个月需要完成线下集体研修3次以上，可以以观课议课、课题研究、教学研讨等形式组织，做到有活动（活动方案）、有记录（青年教师研修记录文）、有总结（照片、小结、反思）。每个月各分坊上交1份活动材料，工作坊工作领导小组根据上交材料进行月考核。

工作领导小组根据每个月的考核结果，评出年度优秀分坊和优秀学员，并对导师和学员给予表彰和奖励。导师聘期为3年。超过3次月考核不合格的导师，学校有权提前解聘。

（二）档案管理制度

建立工作坊档案制度，工作坊及学员的计划、总结、研究资料、听课、评课记录、公开课教学设计、课件、教学案例、教学录像等资料均需存档，及时收集、入盒入柜，归档工作由教研室与工作坊成员共同完成。

（三）导师遴选制度

导师人选采用个人申报和科组推荐相结合，由工作坊工作领导小组评审决定，经公示、公布后确定。

（1）认真贯彻落实党和国家的教育方针，热爱教育事业，师德高尚，有扎实的理论基础和较成熟的教学主张。

（2）原则上具备大学本科以上学历，从事教育教学工作8年以上，教育教学经验丰富，理论导师需具有副高级以上职称，实践导师需具有中级以上职称。

（3）工作热情高，责任心强，身体健康，能胜任工作需要。

（4）具有较强的教学科研能力，在所任教的学科领域有较高的知名度和影响力；有较丰富的青年教师指导经验，是本专业教书育人的模范、教学和科研能手；具有较强的专业引领、培训指导和组织协调能力，能指导骨干教师开展教育教学和课题研究。

（四）条件保障制度

学校为工作坊的开展在工作时间和经费等方面给予积极支持。

校本研修赋能教师专业成长的激励机制及实践

岭南师范学院附属中学　李文送

　　《中共中央 国务院关于全面深化新时代教师队伍建设改革的意见》强调，教师是教育发展的第一资源。教育离不开教师，要培养和造就一支业务精湛、信念坚定、勤教务实、敢于担当、与时俱进的高水平的教师队伍，既要靠教师自身长期的不懈努力，也离不开学校好的制度机制对教师的激励。从心理发展角度来讲，激励是根据人的需要，科学地运用一定的外部刺激手段，激发人的动机，使人始终保持兴奋状态，朝着期望的目标积极行动的心理过程。根据哈佛大学管理学院教授威廉·詹姆斯等人的研究，缺少必要的激励，一个人的工作能力往往仅能够发挥 20%～30%；而在有效的激励之下，一个人的工作能力则能够发挥 80%～90%。可见激励在个人能力发挥和工作绩效中起着举足轻重的作用。

　　纵观世界教师专业化的进程，不难发现教师专业化运动的重心已逐渐由关注教师职业地位的提高转移到关注教师的专业成长。这一转变并不意味着教师职业地位的提高变得不重要了，而是因为教师的专业成长是提升教师专业地位的根本，是教育改革成败的关键，是学校发展与教育质量提高的基础。

　　对北京、河南、安徽、河北、山西、山东等 10 个省市中学教师专业发展激励机制的调研结果表明，我国欠缺鼓励学校促进教师专业发展的激励政策，学校缺乏服务于教师专业发展的激励性环境和制度，教师个人的专业发展自主性和主动性不足。这表明当前我国实行的教师职务酬金、绩效工资、先进教师评选等机制还不能或没有很好地发挥出对教师专业成长的激励作用。因此，当前和今后都应加强教师专业成长激励机制相关研究。

　　激励机制是指使教师专业成长效能最大化的制度与措施。根据激励主体不同，可以分为教师自我激励和非自我激励。非自我激励又称外力激励，主要是指学校对教师专业成长的激励制度，如教师年度考核制度、课堂教学评价制度、教研成果奖励制度等。为了克服广大教师的职业倦怠，提高教师的专业发展水平，岭南师范学院附属中学以校本研修为突破口，建立了一系列激励机制，且取得了显著效果。

在"至诚至真"核心理念的引领下，我校校本研修通过抓好一个关键（积极创造研修文化，让校本研修在和谐的环境中生根）、抓好一个重点（以中青年教师为重点，分层打造）、抓好一项技术（让现代信息技术，在研修中发挥其独有的作用）和高举一面旗帜（创新研修平台，让校本研修更有实效），特别是在党员教学示范岗立榜样、教学巡视焕发专业自信、课题研究强壮师者肩膀、各科赛课秀课百舸争流、名教师工作室辐射区域、示范性教研组引领成长和集体备课发挥群体效应等方面取得了一定效果。

校本研修是学校发展的重要保障，参与校本研修应成为每一位教师的习惯和终身工作的需要。我校通过校本研修的实施，促使教师自觉运用新的教育观念、理论、方法来指导新课程教学改革实践，让教师在研修中工作，在研修中成长，在研修中超越。我校在校本研修中促使教师专业发展方面做出了一定的成绩，尤其是在教师专业成长激励上初步探索出一条适合我校校本研修的道路。

一、环境激励：以文化厚植教师专业成长的沃土

校本研修的主体是人和人的活动，人的态度直接决定校本研修的效果。如果能让教师在校本研修中充满激情，研修效果肯定不一般。因此调动大家的积极性，让人人都有研修激情就显得非常重要。为此，我校致力于和谐研修文化的构建，目的是为教师专业成长创造自由而宽松的环境。我校以承担的广东省重点项目"校本研修引领教师专业发展的实践研究"为契机，重视并主动创造研修文化，且让校本研修在和谐的环境中生根、发芽和开花。

在"尊道敬人"校风的熏陶下，我校认识到，每个教师都是独立的生命体，都有着各自的生命态，成长的方式和方向都可能存在差异，所以我校需要营造宽松的环境，帮助教师自由成长。因为我校相信，好教师的成长需要自由的空气、自由的土壤和自由的氛围来孕育其独立之精神、自由之思想。正因为在校本研修和教师队伍建设方面取得了优异成绩，我校先后被确定为中国好老师公益行动计划基地校、广东省基础教育研究实验基地学校、广东省校本培训示范学校、广东省中小学教师培训实践基地、广东省示范性教师教育实践基地、广东省基础教育校本教研基地校和广东省中小学教师校本研修示范学校。

文化就如一个"磁场"一样，进入到这个场的人都会被吸引，从而走向自律自强，自觉成长自己。在校本研修的文化场的激励下，附中教师成长比较快，这是市内外教育同行普遍的共识。我校现有特级教师 4 名，正高级教师 6 名，教育部"国培计划"骨干教师 30 名，国家级和省级名教师、骨干教师和

班主任 130 多名，广东省研训专家库成员 7 人，湛江市"名教师"和"名校长"培养对象 20 名，师范院校兼职（客座）教授或指导教师 23 名，湛江市教育局兼职教研员 30 名。此外，我校先后还有 12 名教师被调到市教育局教研室和岭南师范学院工作。

二、示范激励：以榜样树立教师专业成长的典型

教育需要榜样，教师专业成长同样离不开榜样。我校注重培育"校园专家"，致力于打造"党员教师示范岗"品牌，发挥名教师工作室和示范教研组的示范引领作用，为教师的专业成长树立了典型，找到了标杆。

（一）党员教师示范岗立榜样

为发挥基层党组织战斗堡垒作用和党员教师队伍先锋模范作用，我校早在 2010 年就启动了"党员教学示范岗"项目，并于 2015 年始增设"党员班主任示范岗"，共同构成"党员教师示范岗"两大项目。截至 2021 年，先后设立了 7 批共 67 个"党员教学示范岗"、4 批共 24 个"党员班主任示范岗"。"党员教师示范岗"教师的课堂是开放的，教研是随时的，资源是共享的。通过示范课、推门课等向全校教师展示、交流，充分发挥党员教师示范岗的带动、引领和辐射作用，这对挂牌教师和班级既是一种鼓励，更是一种鞭策。

党员教师示范岗的设立，极大地增强了示范岗教师的使命感和责任感，有效促进了教师的专业成长，取得了良好的示范效果，得到省委教育工委创先争优活动领导小组办公室以简报的形式面向全省推广，并获得广东省一等奖和湛江市党建活动创新奖。

（二）名教师工作室辐射光亮

为发挥名师的辐射作用，我校鼓励教师申报省市"三名"工作室，并大力支持各工作室开展教育教学活动，以发挥工作室及成员的智慧光亮。我校校园虽不大，但是湛江市首个省名校长工作室、省名教师工作室和省名班主任工作室都诞生在这个地方。我校制定了《岭南师范学院附属中学"三名"工作室管理办法》，加强名师工作室的建设，定期以此作为教师交流、互动、成长的有效载体，为教师的专业成长营造精神家园。

我校以名校长工作室为核心，以名师工作室和名班主任工作室为阵地，积极构建工作室共同体；以理论学习、教育教学研讨、课堂观察、网络研修、专家引领为主要的研修形式，通过成员自主研习和集中研修，建设充满灵性和教

育智慧的名师名班主任工作（室）团队，为我校教师专业发展做贡献。

经过2018—2020年的建设，我校拥有省名校长工作室和省名教师工作室共6个，市名教师工作室和名班主任工作室12个。各工作室以听课、评课或参与班主任工作指导为主要依托，以教育教学研讨为主要内容，以教育科研为主要方法，在上级部门的领导和学校名师名班主任工作室领导小组的规划下，结合学校实际情况，有计划地开展一系列工作，发挥区域辐射的作用。

（三）示范性教研组引领成长

教研组是学校开展各种教育教学活动，实施校本研究，培养研究型教师的最基础阵地。我校历来重视并不断强化教研组工作，优化教师队伍建设，培养名学科、名教师，构建学习型组织，提高教育教学质量。在湛江市首届示范性教研组评选过程中，学校数学、英语、生物、物理、历史、地理、化学等7个教研组当选。目前我校共有11个省市示范教研组。

教研组建设工作实现制度化，教研组每2周进行1次主题明确的教研活动，如业务讲座、课例研讨、主题研修等。我校以"精细化管理"为工作标准，以"精心是态度，精细是过程，精品是成绩"为理念。在工作中逐步落实"成功源于过程，精彩来自细节"，要求工作的每一个步骤都精心、每一个环节都精细、每一项工作都出精品；要求教研活动的组织和策划者，从内容到形式，精心策划每一个环节，确保每一次活动有效、高效，保证让每一位参加者都有收获和思考。各教研组坚持以教学为中心，强化管理，进一步规范教学行为，办求常规、创新与特色有机结合，积极开展立足于课堂教学的教研活动，实现"诚真高效"的课堂教学。在不断学习、提高本组教师自身能力的同时，发挥示范作用，推动兄弟学校的发展。

三、科研激励：以课题强壮教师专业成长的臂膀

岭南师院附中人坚信：科研可以兴校，科研可以强师。正如著名教育家苏霍姆林斯基所说："如果你想让教师的劳动能给教师带来一些乐趣，使每天上课不致变成一种单调乏味的义务，那你应该引导每一位教师走上从事一些研究的这条幸福的道路上来。"为了鼓励广大教师积极开展课题研究和发表成果，我校早在2010年就出台了《教科研成果奖励方案》，启动了"校本小课题"立项申报工作，还制定了《课题研究管理方案》。

我校以课题研究为目标寻找理想课堂抓手，引导教师以研究的状态去反思和改进教学。特别是校本小课题的立项与研究，从教师课堂教学中的困惑与问

题出发，通过教师小团队的实践与探讨，尤其是以课例和主题的（为）载体的研讨，有效促进教师的共同提升。我校每学年都对这些研究成果进行评审，并在全校推广先进的经验与成果。当省市级课题申报的机会降临时，我校指导这些校本课题组将自己前期的探索成果进行整理，提出新的研究方面与思路，优先推荐申报省市级课题，由于所申请项目有前期的研究积淀，因此，我校申报通过立项的项目在全市遥遥领先。

四、帮扶激励：以结对铺设教师专业成长的道路

从教师的年龄结构看，我校中青年教师占80%以上，所以我校紧紧抓住这个特点，针对不同的群体，采取不同的目标定位，铺设适合教师专业成长的个性化道路。比如，对新教师的成长，通过"传、帮、带"措施进行引导和辅导，让他们迅速成长。

成功做法有二：一是成立了"有效教学视导室"，聘请退休的特级教师，在教导处指导下，专门开展年轻教师的帮扶工作。"视"就是调查和了解，"导"就是指导和引导，目的很明确，就是通过调查和了解，然后有针对性地对年轻教师进行指导和帮助，促进其快速成长。其主要职责是指导做好教师发展规划、常规教学、开展校本研究、计划主持教学教研讲座和学校教学管理部门建议。二是"一帮一"师徒结对项目，给每位年轻教师配备一名经验丰富的教师进行"一对一"的指导，"手把手"的教导，大力推行教师个性化帮扶的激励机制。

我校发现，随着学校发展，教师人数越来越多，旧的"集中式"教学检查已越来越形式化，教学检查的作用不断弱化。如何根据实际情况，革新教学检查方式，使其更有实效、更具可操作性。在教研组的共同参与下，教导处修订了《岭南师范学院附属中学教学巡查制度》。每一次巡查活动都对年级所有班级、年级所有教师进行教学调研与指导，并及时召开反馈会议，对年级教学工作进行指导。这种集现场检查、学生反馈、教师座谈于一体的教学检查方式，已得到大多数老师的肯定，有效实现了业务检查中与教师的对话和交流，更有利于教师的专业提高。实践表明，开展教学巡查，有利于焕发教师的专业自信。

五、竞争激励：以比赛搭建教师专业成长的舞台

竞争是激发斗志、发现优势和磨砺成长的有效路径。为此，我校积极组织

教师参加赛课和秀课，主动加强校内和校外的教学交流，不断搭建教师专业成长的舞台，让教师在赛课秀课中形成百师争锋和百舸争流的"风景"，使教师迅速成长起来。

近三年，我校教师参加市级以上教学（含教学论文）等比赛获奖 170 多次。例如，李翔、李慧、麦建华、刘春燕、杨美燕等 5 位老师荣获 2018 年广东省首届中小学特色课堂精品课例比赛一等奖；李爱红老师获 2018 年广东省思想政治课社会实践活动成果教学设计一等奖；吴帅、刘妹、李应育、梁宇云、陈宇智、欧阳丽洪、全水兴、陈茂、杜晓华、魏水娣、周典、刘春燕、李翔、余秋梅等 14 位老师荣获 2018 年湛江市中小学微课征集活动市一等奖；夏姣老师勇夺 2019 年广东省第二届青年教师教学能力大赛决赛高中化学组第一名；余秋梅老师荣获 2020 年广东省中小学实验教学说课活动一等奖；黎招准老师荣获"2020 年新媒体新技术教学应用研讨会暨第十三届全国中小学创新课堂教学实践观摩活动"高中组示范课例（相当于全国一等奖）和 2020 年广东省教育"双融双创"行动暨教育教学信息化交流展示活动一等奖；詹林鸳老师荣获 2021 年广东省中学语文青年教师课堂教学展示活动一等奖。

总而言之，通过上述激励机制的构建与实施，有效促进了广大教师的专业成长。在前期实践探索和反思的基础上，我校体悟到，任何外在的激励都要转化为教师内在的自我激励，方能发挥出应有的效能。

附录：

岭南师范学院附属中学校本研修工作方案

校本研修是利用学校这个教师工作、成长的平台，把校本研究和校本进修结合起来，构建以校为本、以研导修、以修促研、提高教师素质、提高学校教育教学和科研水平的教师培训模式。

一、校本研修的目的

（1）提升教师素质，促进教师专业发展，养成教师终身学习、终身发展的能力和习惯。

（2）提高学校的工作质量，建立学校文化和教师精神家园，形成具有长效影响、广泛熏陶的精神特质。

（3）构建能促进教师专业发展、终身学习，促使学校持续、和谐发展的学习型学校。

二、校本研修的任务及方式

（一）任务

（1）一般性内容：如学校精神、校园文化的建立，教育学、心理学、管理学学习及现代教育技术培训等。

（2）专业性内容：如学科教学研究、学科与现代教育技术整合、学科学法研究等。

（二）方式

研修的主体是本校教师，提高的对象是本校教师，研修的课题是工作中的问题。

（1）以研导修，即在研究指导下的进修，在研究中提高教师素质，确保进修提高的专业方向性、问题针对性和工作适用性。

（2）以修促研，即通过提高教师素质，健全研究队伍，提高教育科研的质量，增强教育科研的导向功能。

三、校本研修机构

根据我校实际情况，为了加大对校本研修的领导力度，成立由校长、副校长任组长的校本研修、课程资源开发指导小组；同时，进一步完善《岭南师范学院附属中学集体备课制度》《岭南师范学院附属中学备课组长工作职责》《岭南师范学院附属中学听课评课制度》《岭南师范学院附属中学科组业务学习方案》《岭南师范学院附属中学科组考核方案》《岭南师范学院附属中学研究性学习课程实施方案》等制度，利用制度、计划作保证，明确目标，责任到位，实行规范化管理。

组　　长：陈圣德（校长）

副 组 长：林文良（党委副书记）

　　　　　　蒋承国（副校长，分管教学和教研工作）

　　　　　　刘峥嵘（教导处主任）

秘　　书：李文送（教研中心主任）

核心成员：级长、学科教研组长和其他骨干教师

四、校本研修的内容

（一）教学工作环节：建立研究型备课制度，促进教师形成反思意识

（1）在备课制度上做到五定，即定时间、定地点、定人员、定专题、定主讲人。

（2）每个备课组每次备课的主讲人要定期轮换，备课组内每位教师在每学期至少要主讲一次。

（3）在备课组长督促下，每位教师在备课之前要先形成自己的个案，然

后再参与集体备课，修改自己的个案，充实备课组集体讨论的成果。

（4）每月第 4 个教学周，备课组必须进行 1 次课堂教学反思交流活动。形成书面反思材料，并推荐 1 篇优秀的教学反思上报到教导处，学校统一存档，以备交流使用。

（二）教学研究活动

1. 建立课改研讨交流制度，提高我校教育教学水平

（1）每年 8 月 25～27 日组织开学前校本培训活动，针对上一学年出现的教育教学问题进行研讨。

（2）每年 10～11 月份组织"诚真高效课堂"教学比赛活动，以青年教师上课为主，同时邀请兄弟学校教师观摩，加强校际交流。

（3）每年 5 月份组织"激情五月"教育教学开放日活动，同时邀请兄弟学校教师进行同课异构、观摩，加强校际交流。

（4）每学年组织毕业班教师上复习研讨课，探讨复习课的科学性与实效性。

（5）每学期组织"新教师汇报课—青年教师研讨课—骨干教师展示课"立体式教研活动，并建立"校内教研活动日"，为校内教研活动的开展创造条件。

2. 建立健全教师学习制度，提升教师专业素质

（1）认真研读、讨论每学期学校教学工作计划与教研组、备课组工作计划。

（2）认真阅读学校推荐的课改书籍，结合自身教学实践，反思课改后课堂教学模式的转变问题，形成书面材料。

（3）学校每学期组织科研专家或课改专家进行通识培训，强化广大教师的课改意识、科研意识，为自身教学实践做好理论准备。

（4）集中学习与自我学习相结合；外出学习与校内学习相结合；理论学习与课堂实践相结合。

3. 建立教师发展的自我规划，关注教师成长历程

（1）每位教师每学期结合学校工作计划，必须撰写自我规划。

（2）每学期期末对自我规划进行反思，撰写自我工作总结，每年度末的工作总结要上交到教导处，作为教师考评的依据之一。

（3）建立教师业务档案，装填教师每学期自我规划、期中与期末考试成绩、量化评估表、学生反馈、家长意见、组内互评、教务处常规检查等内容，关注教师成长历程。

4. 建立教师帮教制度，促进青年教师成长

新教师来到我校后，我校立刻组建一对一的帮教小组。

（1）拜师第一年，青年教师要写 1 篇详细教案并有指导教师详细评语，全校联评，校内展览；要制作 1 个优质课件，并作简要讲评。

（2）拜师第二年，青年教师要参加教学基本功大赛。

（3）拜师第三年，青年教师要上 1 节高质量的汇报课。

5. 建立校际交流制度，促进学校发展

（1）学校应与省内外知名学校，实现校际协作、互动。建立协作与交流制度，在教育教学各方面进行研讨，实现学校间资源共享与交流，实现共同发展。

（2）积极参加区域性社团活动，如地区教学比赛、学术年会等。通过大型教学交流活动，锻炼教师队伍，扩大学校影响。

6. 建立教学研究课题立项制度，教研、科研相结合

（1）以教导处为主导，建立我校科研网络，形成我校科研制度，指导我校科研工作。

（2）提出针对我校实际的"课题"，申请立项。以课题研究为推动力，带动广大教师工作热情，以解决我校实际问题为最大科研成果，并对成果加以推广。

（3）在教育教学各方面首先都要树立科研意识，用科研方法去寻找解决学校实际问题的思路。

（三）教学研究的保障

1. 建立教学评价制度，保障校本研修顺利开展

（1）教师自评，每学期教师要针对自己的自我规划及教学成绩进行自我评价。

（2）组内互评，每学期教研组经过研讨，教研组长在组内教师意见的基础上，形成书面评价材料。

（3）学生反馈，每学期期中学校召开各班学生代表座谈会；期末以班级为单位，学生根据任课教师的具体教学行为进行全员涂卡。

（4）家长意见，家长委员会在每学期期中和期末都要和学校进行班级任课教师的交流，反馈对任课教师的意见。

（5）常规检查，教务处每学期都要对每位教师的教案、听课、多媒体教学等 10 项教学常规进行细致的检查，作为评定教师的依据之一。

2. 聘请专家指导，推进校本研修

（1）长期聘请课改、科研专家到我校定期进行课改工作指导，实现对我校教育教学工作的专业引领。

（2）各教研组、备课组积极参加市里举办的各种教研培训，实现"同伴互助"，提高自身的业务能力。

3. 强化教研组、备课组地位，深化校本研修

（1）加强教研组学术建设，每周固定时间召开教研会，在教研组长主持下，商讨学术问题，落实本组工作计划。

（2）教研组对 3 个学年的教学工作要分别加以讨论，各学年备课组要取长补短，尤其要加强对高三教学工作的督导作用，教研组长必须深入毕业班教学。

（3）以学年为单位的备课组要针对学年学生的特点，制订切实可行的教学计划。在备课组长的领导下，备课组有义务培养青年教师成长、有权利实施本学年学科改革，同时对本学科成绩负有重要责任。

特殊教育篇

特殊教育学校多元融合协同"1+5+N"校本研修模式实践

湛江市特殊教育学校　黄　岱　刘少敏

为探索特殊教育学校多元融合协同教师校本研修模式，湛江市特殊教育学校依据新时代特殊教育发展的要求，确立"1+5+N"多元融合协同教师校本研修运行路径；以创建特殊教育学校校本研修模式为导向，搭建"1+5+N"校本研修架构，采取创建校内外优质资源、创建省市校级优质项目、依托名师（名校长）工作室、开展校际合作研修活动等主要措施，打造多元融合协同新型校本研修模式。本实践对特殊学生成长、特殊教育教师专业发展、学校优势学科培育、特殊教育学校内涵发展和区域特殊教育文化营造等均有显著成效。

通过开展有效的校本研修，促进教师专业发展，推进教育高质量发展，已成为教育工作者的共识。湛江市特殊教育学校（简称"湛江特校"）创办于1988年，是广东省规模较大的一所为听障、视障、智障、孤独症、脑瘫及多重残疾孩子提供学前教育到高中阶段教育康复的综合性特殊教育学校。面对新时代特殊教育发展的新要求和湛江市打造北部湾科教中心的战略目标，湛江特校作为湛江特殊教育中心学校、湛江市特殊教育资源（指导）中心与湛江市残疾人教育专家委员会挂靠学校，认真贯彻落实新发展理念。湛江特校以特殊教育学科带头人和教学能手为骨干，以培养复合型特殊教育种子教师、骨干教师和名教师为目标，按照"多元融合协同办学新思路"，成功构建了聚合团队智慧、整合学校资源、融合多方力量锤炼教师特殊教育专业能力的多元融合协同"1+5+N"校本研修新模式，成功实现了湛江市级特校教师与粤西乃至全省特殊教育教师共同成长，成功助推区域特殊教育高质量发展。

一、多元融合协同"1+5+N"校本研修模式的内涵

运用学习型组织理论，多元融合协同"1+5+N"校本研修模式立足本校，着力推动本校高质量发展和教师专业发展，引领带动湛江县（市、区）特殊教育教师与融合教育教师成长，共建辐射粤西乃至广东特校教师专业化发展。"1"即融合协同高校专家、省市教研员和学校省市级名教师工作室主持

人等力量，组建一支优秀的研修指导团队。"+5"即融合协同湛江市特殊教育学校、省市特殊教育名教师（名校长）工作室、省中小学百千万人才培养工程项目组、湛江市特殊教育资源（指导）中心、岭南师范学院等5大资源，共促特殊教育教师专业成长。"+N"即融合协同特殊教育、普通教育、残联系统、文化系统，以及爱心文化企业、行业协会、社会团体等多元力量，为特殊教育教师专业成长搭建学习与交流平台。具体如图1所示。

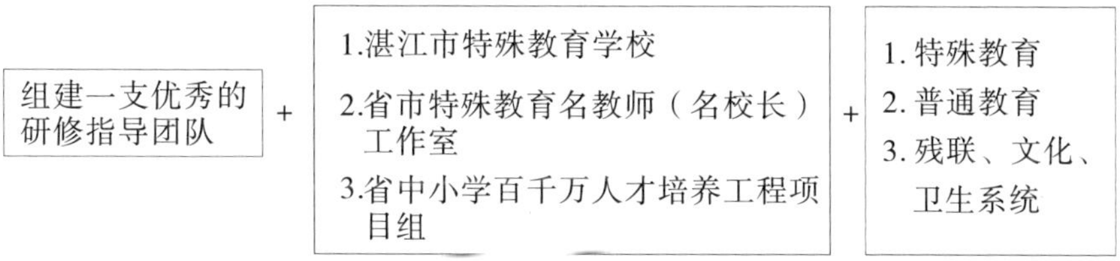

图1　多元融合协同"1+5+N"特殊教育教师校本研修

二、多元融合协同"1+5+N"校本研修模式的架构

湛江特校实施"梯度培养"策略，搭建"五级十类"特殊教育教师校本研修架构，开展分类分层校本研修（图2）。"十类"是指包括集中研修、分学科组研修、班主任培训、德育骨干培训、项目教师培训、骨干教师培训、融合教育教师培训、学科带头人培训、工作室成员（学员）研修、名师培养对象研修等十个类别的校本研修项目。"五级"是指按照培养层次从低到高五个梯度，着力建设一支校级优质特殊教育师资队伍、打造一批优秀校级中心教研组团队、培养一批湛江市优秀特教骨干（名教师、名校长）和融合教育巡回指导教师（特殊教育资源教师）、培训一批粤西优秀骨干（校长）特殊教育教师、培育一批广东省特殊教育骨干教师（名教师、名教师培养对象）。

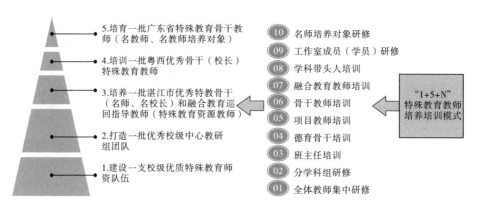

图2 "五级十类"特殊教育教师校本研修框架

三、多元融合协同"1+5+N"校本研修模式的实践路径

(一)创建校内外优质资源,优化校本研修环境

1. 设立校内研修资源

(1)设立校本研修指导机构。湛江特校充分利用湛江市教育局依托本校挂靠的湛江市特殊教育指导中心、湛江市特殊教育资源中心、湛江市残疾人教育专家委员会等市级特殊教育发展机构(图3),统整特殊教育资源处,设立湛江特校教师校本研修处,并下设建设指导组、师资培训指导组、教学研究指导组,成立由湛江特校校长主持的教师校本研修工作领导小组,形成以名师为引领、以骨干教师为核心、以教研组为主战场的校本研修团队。

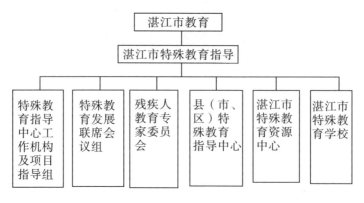

图3 湛江市特殊教育发展机构

（2）配套校本研修场室。建设功能齐全、环境优美、设施完善的多功能、开放式、示范性特殊教育学校是我们的追求。湛江特校把特殊学生康复教育、职教培训、文化传承、精品展示、特教科研与教师校本研修的功能场室建设紧密结合，建设校舍面积达39000平方米，建有教师培训用的学术报告厅、多功能活动中心、国学室、学员客房、餐厅等功能室，还建有教师跟岗学习用的教师备课室、500平方米图书馆、艺术馆、校史馆，以及残疾人就业创业孵化园、幼教部、融合幼儿园等功能用房。

（3）建设网络研修资源。为打造服务区域的网络资源，湛江特校成立了特殊教育信息技术项目开发小组，先后建成校园电视台、盲人电影院、录播室、摄影室等功能室，并与湛江市教育局装备中心、信息技术爱心企业等优质网络资源团队，开展常态化线上教师校本研修活动。

2. 整合校外优质资源

圣人积聚众善以为功。湛江特校办学33年来，非常重视发挥各方面力量办学，非常积极主动整合大学、教研机构、名家名师等校外优质资源以提升教师专业水平。近5年，湛江特校邀请省内外高校专家、省教育研究院博士、省内普特教名师名校长等来校授课指导160多人次。与湛江市教育局教研室、县（市、区）特校与随班就读（融合教育）学校，以及湛江市残联、湛江文化馆等部门及共建文化企业、行业协会、社会团体开展教师联合培训学习文化活动。与岭南师范学院共建特殊教育实验基地，实施校地"双向融合"师资培养培训工程。岭南师范学院10多名教授、博士经常到我校开设专题讲座和开展家庭教育培训。岭南师范学院每年安排特殊教育专业大学生到湛江特校实习、见习。湛江特校刘少敏等8名名师、骨干教师经常受邀到岭南师范学院指导大学生实践课程或省内外特殊教育教师培训课程等。湛江特校还特别重视引进爱心名师名家团队支教，与本校教师协同教学、教研，已聘请医生、康复师、书法家、摄影家、美术家、篆刻家、音乐教授、朗诵名师、节目主持人、非遗传承人、民间工艺师等爱心名师名家100多人，校外爱心专家30多人，面向本校（市）师生、家长线上线下师生授课，以丰富本校创建"善美特校"的内涵。

（二）创建省市校级优质项目，激活校本研修动力

"以项目创特色，以项目促提升"是湛江特校多年来总结出的经验。主要做法是：一是创建校级特色项目，主要有医教结合教育康复项目、特殊学生语言康复与发展项目、艺术体育康复教育项目、职业教育培训项目、课程研究项目、文化创意建设项目、区域特殊教育与融合教育巡回指导教师培训项目等；

二是申报省市级示范项目，主要有岭南师范学院特殊教育实验基地特教人才培养项目、广东省特殊儿童发展与教育重点实验室课题研究项目、广东省示范性教育教师教育实践基地大学生培养项目、广东省省级校园生活垃圾教育基地校园生活垃圾分类项目、广东省特殊教育内涵发展项目、湛江市文化创意基地文创产品开发项目和康复、教育、展示"三位一体"湛江市特殊艺术文化创意园项目等。通过这些项目打造学校办学特色，同时为全体教师提供更大研修学习和发展平台。如在医教结合教育康复项目实施过程中，湛江特校成立了幼教部、融合幼儿园，争取残联的支持共建了湛江市听力语言康复中心，支持早期康复教育合作研修开展医教结合教育康复特色项目研究的同时，充分发挥教师康复教育技能优势指导本校、本市特校义务教育、高中教育阶段教师和随班就读学校教师开展康复教育教学，支持教师参加学前教育、特殊教育和残联系统主办的抢救性早期康复培训等有关康复教育方面的专业学习，助力教师成为复合型教师。

（三）依托名师（名校长）工作室，提升校本研修品质

名师（名校长）工作室是教师成长的摇篮和动力源。2015年来，湛江特校依托2个市级名教师工作室、1个省级特殊教育名教师工作室、1个省级特殊教育名校长工作室和10个校级工作室，充分发挥工作室在校本研修中的引领带动作用，开展省、市、校级校本研修活动，通过"五种学习"、课题合作、教研主题周等多种路径助力教师专业成长。

1. "五种学习"促提升

一是诊断交流学习。主持人带领成员到所在学员特校，针对教师上课情况进行观摩诊学与研讨交流。二是引领指导学习。如定期邀请工作室顾问、导师或名师深入课堂听课指导、专题讲座培训；主持人定期开设专题讲座、读书沙龙、磨课评课议课等活动，指导学员提升专业水平。三是研修交流学习。如定期开展工作室团队跟岗研修、课题成果分享、课例研修等交流学习。四是自下而上的主题学习。结合"五级"特殊教育校本研修培养目标，由各级工作室组织学科教研组、校级、市级、粤西片教师（校长）开展线上线下校本研修活动。五是自主提高学习。主要工作室学员（网络学员）通过专业阅读、聆听讲座、教学实践、自我反思等形式自主提升专业素养。

2. 课题合作塑精品

湛江特校借助工作室主持人及成员的示范引领作用，指导学员与网络学员及相关教师合作申报校级、市级和省级课题，以课题为主线，开展常态化合作学习与教研。近年来，学校支持教师主持、参与的省市校级教育科研课题共

29 项，其中 7 项为校本课题，现已结题 7 项，立项在研 22 项。其中广东省教育科学"十三五"规划项目课题《听障儿童人工耳蜗植入后家校协同康复教育研究》《特殊学校语文"教育戏剧"课程开发与研究》等省市级重点课题成为区域教师校本研修精品项目，其成果推广正在进行中。

3. 教研主题周展成果

湛江特校建立了各级工作室团队与学校教研组合作开展教研主题周制度，将课题研究、教学公开周、教研组成果展示与校本研修相结合，每学期开展教研主题周活动。如湛江市名教师工作室主持人黄岱结合《特殊学生汉字文化传承教育与课程开发研究》校级研究课题，开展传承中国汉字文化主题周系列教研活动。在主题周里，有的教师执教汉字文化教育研究课（如低视力写字教学与解字教育、听障生汉字教育戏剧、听障生春联书法教学与汉字艺术设计等课程），有的执教汉字文化实践活动课（如猜灯谜、识字游戏、人体拼字、汉字艺术作品展示等）；书法教师、书法家则开设汉字文化教育课程专题讲座，并组织校内师生开展作业书写、硬软笔书法、篆刻、竹木传统书法雕刻与拓印、汉字点心、汉字拼盘等语言艺术作品竞赛与展示活动等。这些举措，不仅引领特校根据不同类别残疾学生开展适合的汉字文化教育，助力特校开发汉字识字、书写、诵读、作文、书法、篆刻、书法雕刻与拓印等一体化特色课程，还增强团队文化创意意识，提高教师组织力、研究力和创造力。

（四）开展校际合作研修活动，推进校本研修可持续发展

为推进特殊教育内涵发展，助推区域特殊教育均衡高质量发展，面对新时代特殊教育发展趋势，湛江特校主动进行功能转型，在办好本校的同时，主动发挥市级特校、广东省中小学教师校本研修示范校的作用，通过多种形式辐射带动区域特殊教育教师专业发展。一是校际合作教师校本研修。如：2021 年 10 月 6 日—11 月 21 日，湛江特校牵头主办省、市、校级名教师工作室"校际合作、联片研修"线上线下研修活动，将研修课程分享到粤西 12 间特校，包括湛江特校、茂名特校、阳江特校、阳西特校及湛江县（市、区）8 间特校，7 个省市校级名师工作室，初步构建了以湛江特校为中心、粤西片特校和省、市、校级名教师工作室区域校际特教教师融合研修模式。二是建立送教校本研修机制。发挥校本研修示范学校的作用，建立以湛江市特殊教育资源中心和校本研修指导团队为指导、以示范（培育）特校及受援特校学校教师为主体，协同湛江县（市、区）特校和融合教育普校（幼儿园），建立送教服务和协同校本研修融合工作机制。近 5 年参训教师共达 1200 多人次。

四、多元融合协同"1+5+N"校本研修模式实践成效

(一) 多元融合协同校本研修模式助力特殊教育教师专业成长

湛江特校教师通过参与多元融合协同教师校本研修模式创建，特殊教育教师心怀大爱、身怀普特融合教育技能，特殊教育观念逐步从单一学科教育向"康教结合、普特融合"的复合型教师专业发展转变，从服务本校教育教学到服务区域特殊教育转变。教育乐教善教，每年积极辅导特殊学生或参加各类各级才艺（教学技能）比赛等。近5年，教师参加市级以上各项竞赛获奖达406人次，其中国家级8人次、省级156人次、市级237次。教师主持或参与校级及以上课题研究33项达218人次，论文发表市级及以上共160篇，编写校本教材近20册、论著4册。涌现了一批优秀教师和优秀教研团队，有30多名教师先后获得"特级教师""南粤优秀教师""广东省第七届特殊教育优秀教师""广东省百千万工程名师培养对象""五一劳动奖章"等荣誉称号，幼教部分别被授予"湛江市巾帼文明岗""广东省巾帼文明岗"，培育了一支随班就读巡回指导教师团队和一支送教上门服务专业团队，有2人成为广东省百千万工程名师培养对象导师。

(二) 多元融合协同校本研修模式助力创建语言康复教学模式

1. 听障学生语言康复"3+X"协同教学模式

"3"即教师采取家校、校社、家校社政协同语言康复教育。"X"是指教师通过多元协同教学促进听障学生听力语言康复。

2. 盲校语文教育戏剧"3+5"教学模式

即视障教师在语文教学中通过创设融合型、拓展型、展示型3大特色课型，采取教育戏剧教学法、教育戏剧主题活动、教育戏剧校本课程、语文教育戏剧社团、教育戏剧活动等5个教学策略，提高语文教学效果，培养学生语文素养。

3. 普特融合作文"SCC"教学模式

为推动融合教育理念，语文教师结合聋、盲和普校课标对于写作的要求，协同普通小学语文教师，以写作为载体开展普校与特校学生融合互动，学习作文的一种融合教育模式。S指的是策略（strategy），包括书信互动、共读共写、融合实践、写作指导和作文展示。C指的是能力（capacity），即普特融合作文项目提高普特学生的书面表达和社会交往等能力。C指的是文化内涵

（culture connotation）项目组通过建设，达成传承传统文化、弘扬民族精神、建设和谐文化、共建自强文化的文化价值内涵。

4. 听、智障教育语言文字"一旨五课四展"教学模式

为开发听、智障学生书写、手工等方面的艺术潜能，语文教师协同艺术、职业教育教师探索听、智障学生语言文字艺术教学策略。"一旨"是以继承和发扬湛江非遗文化为宗旨；"五课"主要是面对听障和部分智力障碍学生，以课本和校本教材为依托，课程由语文教师、艺术教师、职业教育教师和爱心艺术名师名家担任，重点开发书法、篆刻、书法拓印、书法雕刻、汉字文创五项语言文字艺术课程；"四展"主要指校级、市级、省级及国家级展示本校及兄弟学校师生语言文字艺术作品。近年来，师生书法刻艺、书法拓印等艺术作品每年都被湛江市文联或湛江市宣传部选派参加深圳文博会等全国、省级展示。

通过以上教学模式，特殊学生语言康复与发展项目成为湛江特校的特色成果，每年吸引一批批省内外特教同仁、社会各界亲临观摩、参与交流，有效激励了特殊学生自主自强和传承优秀传统文化的兴趣，有效开发了特殊学生语言潜能和培养艺术与职业教育素养，有效吸引了社会各界关心支持湛江特校的发展，为湛江特校营造了"善美特教"文化氛围。湛江特校被湛江市残联确立为"湛江市听力语言康复中心"，被湛江市文化广电旅游体育局确立为"湛江市文化创意设计基地"，被湛江市政府确立为"湛江特殊艺术创意园区"。

（三）多元融合协同校本研修模式助力湛江特校成为示范校

在多元融合协同"1+5+N"校本研修模式实践与探索中，湛江特校发展迅速，学前至职业高中特殊学生逐年增加至660多人、各类特殊教育教师逐年增加至220多人，办学规模跃居广东省同类学校前列。湛江特校于2017年成为湛江地市残疾人精准康复服务定点机构和评估机构，承担视力定向训练、听力残疾人支持性服务、孤独症认知及适应训练与支持性服务。2019年，被确立为广东省省级校园生活垃圾教育基地，同年被评为"全国教育系统先进集体"。2021年，成为湛江市特殊教育资源中心挂靠单位，同年被评为"广东省中小学教师校本研修示范学校""广东省特殊教育内涵发展项目示范学校""广东省绿色学校"等。

（四）多元融合协同校本研修模式助力构建区域特教文化圈

湛江特校多元融合协同教师校本研修活动近年愈加活跃。湛江特校与县（市、区）8间特殊教育学校，与阳江、茂名两市级特校经常开展校本研修活动。通过本校到校际、名师（名校长）工作室、广东省特殊教育教师发展联盟、省市级特殊教育项目合作等多层次、多渠道、多形式的良好教师校本研修互动，协力构建了粤西特殊教育文化圈，形成粤西特殊教育融通发展格局，增强了粤西特教共同体意识。如2018—2019年湛江特校承办的广东省艺术职业教育研讨会、广东省特殊教育学校校长论坛暨非遗传承教育师生作品展活动深受好评；2021年湛江特校融合省市校级工作室、省内校本研修示范校（培育学校），成功举办多次粤西片教师校本研修活动。还有，近年广东省特殊儿童发展与教育重点实验室在湛江特校建立了特殊教育师资培训与合作研究项目，北京市红丹丹视障文化服务中心在湛江特校建立了盲生影视讲述师资培训基地，茂德公集团在湛江特校建立了湛江非遗传承师资培训与学生实践基地，崇爱医院在湛江特校建立了医学康复师资培训与康复教育合作科研中心，湛江特校成为广东省教育学会特殊教育专业委员会副理事长单位、广东省职业技术教育学会特殊教育工作指导委员会副主任单位、广东省特殊教育教师发展联盟第二届理事会常务理事单位、广东省高等教育学会特殊教育专业委员会常务理事单位等。这将推进湛江特校不但成为湛江市特殊教育教师融合发展的"湛江市特殊教育师资培训中心"，还助力其创建促进粤西特殊教育协同发展的"粤西特教中心"。

多元融合协同"1+5+N"校本研修模式是湛江特校33年来凝聚多方智慧的实践总结，是全纳教育背景下特殊教育学校转型发展和特殊教育"复合型教师"培养的一个范例。多元融合协同"1+5+N"校本研修模式为推进本校及区域特殊教育教师和学校发展打下了坚实的基础。然而，在实践过程中也面临诸多困难和存在诸多问题，诸如特殊教育教师专业发展精准支持服务、特殊教育与融合教育教师协同研修等方面还有待不断深化和优化。迈入"十四五"，湛江特校将加快湛江特校校本研修资源建设，完善多元融合协同特殊教育教师校本研修模式，持续聘任一批高水平校本研修专家加入校本研修指导团队，深度整合湛江市残疾人教育专家委员会、湛江市特殊教育资源中心等多方力量，建设"多功能，大服务"的新型市级特教教师校本研修指导机构，努力构建服务"市域联动，共建共享"省级特殊教育教师校本研修支持体系，助推本校及区域特殊教育高质量发展。

参考文献

［1］黄锐，于桐芮. 多元融合协同视角的地方高校人才培养模式研究［J］. 长春教育学院学报，2018，34（12）：12–14.

［2］魏寿洪."教康整合、普特结合"复合型特殊教育人才培养模式的探索与实践：以重庆师范大学特殊教育专业为例［J］. 现代特殊教育（高等教育研究），2019（9）：

27 - 32.

［3］黄岱. 特殊教育学校多元融合协同办学模式的探索与实践：以湛江市特殊教育学校
　　"5 + N + 5" 模式为例［J］. 师道·教研，2020（3）：4 - 5.

［4］郭裕湘，庞跃华. 学习型组织理论在中小学校本培训中的运用［J］. 新学术，2007
　　（6）：74 - 76.

［5］赵铭春. 实施梯度培养战略助力青年教师成长［J］. 文理导航：教育研究与实践，
　　2018（12）：1.

［6］吴积军. 校本研修与教师专业成长［M］. 南京：江苏凤凰教育出版社，2015.

［7］张涛. 乡村教师互助式校本研修共同体创新实践研究［J］. 课程. 教材. 教法，2016
　　（11）：101.

附录：

2021 年度湛江市特殊教育学校融合 "四名工作室" 开展 "特殊学生语言康复与发展项目" 校本研修方案

一、指导思想

《中华人民共和国国民经济和社会发展第十四个五年规划和 2035 年远景目标纲要》提出建设高素质专业化教师队伍，提升教师教书育人能力素质。根据广东省教育厅关于加强《广东省中小学教师校本研修工作的指导意见》《广东省教育厅关于印发广东省中小学教师校本研修示范学校和示范培育学校工作指南的通知》要求，我校按照 "1 + 5 + N" 多元融合协同校本研修模式，围绕 "残疾学生语言康复与发展" 校本研修示范项目，着力解决教师在语言与康复的教育教学中面临的实际问题，努力建设一支能够在粤西地区特殊教育界起到示范辐射作用的语言康复与发展教师队伍。现决定由我校融合 "四名工作室"（广东省刘少敏名教师工作室、湛江市黄岱名教师工作室、湛江市林观兰名教师工作室、湛江市特殊教育学校周翠娇名教师工作室）开展我校 "语言康复与发展项目" 校本研修活动。具体方案如下：

二、培训目标及任务

（1）通过对我校、湛江市各县市区乃至粤西地区语言与康复教育教师的培训，使他们在新课标要求下教学设计和听评课能力、理论知识和操作技能、课题研究和阅读写作能力等得到进一步的提高。

（2）认知语言康复与发展的相关项目，初步具有教学研究兴趣和能力。

（3）解决教师在语言与康复的教育教学中面临的问题和困惑，提高参训教师自我反思能力。

（4）促进参训教师在教材改革、教师培训等方面发挥示范辐射作用。

（5）完善多元融合协同"1＋5＋N"特殊教育教师校本研修模式，促进教师职后教育的改革和发展。

三、研修时间

2021 年 11 月 16 日—2021 年 11 月 23 日。

四、研修人员

湛江市特殊教育学校全体教师，校本研修项目培育学校阳江市特殊教育学校教师，帮扶校廉江市特殊教育学校、雷州市特殊教育学校、徐闻县特殊教育学校、坡头区特殊教育学校、吴川市特殊教育学校教师，广东省刘少敏名师工作室、湛江市黄岱名师工作室、湛江市林观兰名师工作室、湛江特校周翠娇工作室学员等。

五、研修地点

湛江市特殊教育学校、线上腾讯会议。

六、研修模块

附表 1

课程模块	课程模块内容
模块 1	师德修养与专业发展
模块 2	团队建设与职业规划
模块 3	教学设计与组织
模块 4	教学策略与艺术
模块 5	教学反思与研究

本次研修分为两个阶段，一是线上研修阶段，二是线下研修阶段，共由 5 个课程模块组成。

七、具体安排

研修时间 7 天，共 56 学时。其中线下研修 5 天，线上研修 2 天。

附表2

日期	上午/下午	时间	研修内容	主讲专家、教师	研修形式	地点	课程模块
11月16日星期二	上午	9：30—12：00	从优秀走向卓越：专家型教师成长之路	岭南师范学院许占权	专题讲座	启智楼八楼学术报告厅	模块1：师德修养与专业发展
			午休				
	下午	14：45—17：30	1.破冰之旅 2.工作室及教研组制定三年规划及个人三年规划	各研修团队	团队建设	启智楼八楼学术报告厅	模块2：团队建设与职业规划
				各研修团队	团队建设	启智楼八楼录播室824	
				各研修团队	团队建设	启智楼行政会议室726	
				各研修团队	团队建设	启智楼525	
				各教研组	团队建设	教研组研讨室	
11月17日星期三	上午	8：30—10：00	基于学习目标的特殊学校课堂教学活动设计	南京特殊教育师范学院王辉	专题讲座	启智楼八楼学术报告厅	模块3：教学设计与组织
		10：00—11：30	基于个别化教育理念与课标的特殊学校课堂教学目标设计	南京特殊教育师范学院王辉			
			午休				
	下午	14：55—15：30	《呼吸训练》	谭芊君	项目式学习	启智楼八楼录播室824	模块4：教学策略与艺术
		15：40—16：20	《有趣的声响》	覃雅	项目式学习	启智楼八楼录播室824	
		16：30—17：30	评课	刘少敏、陈欢	工作坊	启智楼八楼录播室824	

（续上表）

日期	上午/下午	时间	研修内容	主讲专家、教师	研修形式	地点	课程模块
11月18日 星期四	上午	8：30—9：05	《神奇的小石头》	陈嘉娣、蔡昊辛	合作式学习	启智楼八楼录播室824	模块4：教学策略与艺术
		9：15—9：55	《认识平均分》	王杨花	项目式学习	启智楼八楼录播室824	
		10：05—10：45	《陶瓷绘画装饰技巧》	陶婧	美劳融合教育	陶艺坊	
		10：45—11：30	《气球小熊》	陈小霞	学前康复教育	八楼录播室824	
			评课	刘少敏	工作坊	各团队建设地点	
			午休				
	下午	14：30—17：30	阅读沙龙	各研修团队	学习交流	启智楼八楼学术报告厅	模块4：教学策略与艺术
				各研修团队	学习交流	启智楼八楼录播室824	
				各研修团队	学习交流	启智楼行政会议室726	
				各研修团队	学习交流	启智楼525	
				各教研组	学习交流	教研组研讨室	
11月19日 星期五	上午	7：00—12：00	听课观课	雷州特校校长	工作坊	雷州市特殊教育学校	模块4：教学策略与艺术
			午休				
	下午	14：30—17：30	评课	陈欢	工作坊	雷州市特殊教育学校	模块4：教学策略与艺术

（续上表）

日期	上午/下午	时间	研修内容	主讲专家、教师	研修形式	地点	课程模块
11月20日星期六	上午	8：30—11：30	《基于ICF的阶梯式儿童语言评估与干预模式》	刘巧云	专题讲座	启智楼八楼学术报告厅	模块5：教学反思与研究
	午休						
	下午	14：30—17：30	《教师如何进行课堂观察》	刘少敏	专题讲座	启智楼八楼学术报告厅	模块5：教学反思与研究
11月21日星期日	上午	8：30—11：30	《身体语言表达的作用与魅力》	金雨萱	专题讲座	线上	模块5：教学反思与研究
	下午	14：30—17：30	《认识声音类型 塑造声音形象》	金雨萱	专题讲座	线上	
11月22日星期一	上午	8：30—11：30	《走近身心在场的教育戏剧》	张蓉	专题讲座	线上	
	下午	14：30—17：30	《游戏与习作》	张蓉	专题讲座	线上	
11月23日星期二	上午	8：30—11：30	《课题选题技巧》	谌小猛	专题讲座	线上	
	下午	14：30—17：30	《论文者如何用新颖点子征服编辑》	工林发	专题讲座	线上	
	晚上	20：00—21：00	培训结业典礼	各教研团队	圆桌会议	线上线下相结合	

八、考核评价

考核评价采取过程性评价与终结性评价相结合、定性评价与定量评价相结合的方式，分两个阶段对参训教师进行考核，最后依据参训教师各个阶段的表现情况对其学习做出综合评定。采用优、良、中、合格、不合格 5 级分制进行评分，其中 90～100 分为优，80～89 分为良，70～79 分为中，60～69 分为合格，60 分以下为不合格。综合评定"优"的学员被评为"校本研修先进个人"。

附表 3　考核内容及所占比例

培训阶段	考核内容	所占比例
线下培训	出勤情况	10%
	课堂参与情况	10%
	执教观摩课情况	20%
	听课笔记	10%
	个人成长规划 1 份	20%
	线下集中培训小结 1 份	10%
线上培训	在线参加网络讨论交流情况	10%
	研修小结一份	10%